◨ **新时代** 数字经济创新系列教材
"双导师制"创新教材

新时代 数字经济创新系列教材
"双导师制"创新教材

新时代 数字经济创新系列教材

"双导师制"创新教材

数字金融概论

INTRODUCTION TO DIGITAL FINANCE

主　编　侯晓辉
副主编　程茂勇　李　锐
实务导师　赵旖旎

西安交通大学出版社
XI'AN JIAOTONG UNIVERSITY PRESS

内容提要

本书结合数字金融领域出现的新现象、新发展和新知识，系统梳理并阐述了数字金融方面的最新学术研究进展及实践应用问题，构建了一个各章节自成一体，同时又相互联系、逐层递进的数字金融逻辑体系。全书共分为九章，具体包括数字金融引论（发展背景与趋势）、数字金融基本理论、数字金融征信、传统金融机构变革、金融科技的分类及应用、传统金融机构转型与金融科技公司的竞争与合作、区块链与数字货币、智能投顾、数字金融业务的监管等内容。

本书不仅引领性地生动反映了当前数字金融发展的时代特征，而且能够帮助学生更为具体、深刻、全面地把握和理解数字金融领域的知识脉络和实践动态，适合于金融以及经济与管理类其他各专业方向的本科高年级学生和研究生使用，也可作为企事业单位及行业监管机构从业人员的参考资料。

图书在版编目(CIP)数据

数字金融概论 / 侯晓辉主编；程茂勇，李锐副主编. — 西安：西安交通大学出版社，2022.10(2024.5重印)
ISBN 978-7-5693-2787-8

Ⅰ.①数⋯ Ⅱ.①侯⋯ ②程⋯ ③李⋯ Ⅲ.①数字技术-应用-金融业-研究 Ⅳ.①F83-39

中国版本图书馆 CIP 数据核字(2022)第 175581 号

书　　名	数字金融概论 SHUZI JINRONG GAILUN
主　　编	侯晓辉
责任编辑	袁　娟
责任校对	柳　晨
出版发行	西安交通大学出版社 (西安市兴庆南路1号　邮政编码 710048)
网　　址	http://www.xjtupress.com
电　　话	(029)82668357　82667874(市场营销中心) (029)82668315(总编办)
传　　真	(029)82668280
印　　刷	陕西思维印务有限公司
开　　本	787mm×1092mm　1/16　印张　13　字数　281千字
版次印次	2022年10月第1版　2024年5月第2次印刷
书　　号	ISBN 978-7-5693-2787-8
定　　价	39.80元

如发现印装质量问题，请与本社市场营销中心联系。

订购热线:(029)82665248　(029)82667874
投稿热线:(029)82665379　QQ:296728019
读者信箱:xj_rwjg@126.com

版权所有　侵权必究

新时代数字经济创新系列教材

编委会

主　任　孙　早

副主任　冯宗宪　　王国林　　张倩肖　　侯晓辉

编　委　（按姓氏笔画排序）

　　　　　　王　文　　艾　浩　　任一蕾　　刘　航

　　　　　　刘宜园　　李　锐　　赵旖旎　　胡晓敏

　　　　　　段丁允　　程茂勇　　鲁慧鑫　　樊五洲

总 序
General Preface

  2022年10月22日,中国共产党第二十次全国代表大会胜利闭幕。对于未来的发展,二十大报告作出全面部署:全面建成社会主义现代化强国、实现第二个百年奋斗目标,以中国式现代化全面推进中华民族伟大复兴。报告特别提出要建设数字中国,加快发展数字经济,促进数字经济和实体经济深度融合,打造具有国际竞争力的数字产业集群。

  数字经济的发展是现代化产业体系建设的重要组成部分。作为一种新型经济形态,和传统产业相比,数字经济最大的优势是可以为其他产业赋能,提升实体经济的竞争优势,促进产业向高质量、智能化和绿色化的方向发展。

  在历经了三次工业革命之后,基于技术进步的社会生产力已得到极大提升,人类社会迎来了空间技术和电子计算机技术的飞跃进步。而新一轮科技革命和产业变革是由人工智能、生命科学、物联网、机器人、新能源、智能制造等一系列创新所带来的物理空间、网络空间和生物空间三者的深度交叉与有机融合。数字信息技术的广泛应用及数字经济的相伴发展必将成为新一轮科技革命和产业变革的主要推动力量。数字经济既是实体经济的服务者,又是实体经济发展中出现的新的经济增长点。数字经济下的互联网平台已成为人们留存、憧憬新时代美好生活的载体。

  根据国家互联网信息办公室发布的《数字中国发展报告(2021年)》,数字中国建设已取得显著成就,我国业已建成全球规模最大、技术领先的网络基础设施。截至2021年底,我国已建成142.5万个5G基站,总量占全球

60%以上，5G用户数达到3.55亿户。全国超300个城市启动千兆光纤宽带网络建设，千兆用户规模达3456万户。农村和城市实现"同网同速"，行政村、脱贫村通宽带率达100%。2017年到2021年，我国数字经济规模从27.2万亿元增至45.5万亿元，总量稳居世界第二，年均复合增长率达13.6%，占国内生产总值比重从32.9%提升至39.8%。数字经济已成为推动经济增长的主要引擎之一。

以习近平新时代中国特色社会主义思想为指导，全面推进社会主义现代化强国建设，实现中国式现代化的实践方案。党的十八大以来，党中央高度重视发展数字经济，将其上升为国家战略，全面部署推动数字经济发展。从发展逻辑到产业结构，再到实现路径，数字经济发展的三个维度日益明确、清晰。有鉴于此，适时推出包括《数字经济概论》《数字金融概论》《数字货币概论》《数字贸易概论》在内的数字经济创新系列教材，对于推动我国数字经济实践发展进程中的学术进步和人才培养都将起到重要的作用。未来可期，未来已来。

是为总序。

2022年10月

前言 Foreword

党的十八大以来，习近平总书记多次强调要发展数字经济。2021年12月召开的中央经济工作会议已明确提出要"加快数字化改造，促进传统产业升级"。2021年底召开的中国人民银行工作会议深入学习了党的十九届六中全会精神，并再次强调要加强数字金融的应用与管理。

数字金融主要是指现代信息技术手段与传统金融产品与服务相结合所形成的一种新的金融发展业态。其最初起始于金融领域的"去现金化"潮流，之后又随着互联网金融的迅猛发展而蓬勃兴起。由于数字金融仍处于发展初期，涉及的各类金融业务形态存在不同程度的差异，以至我们平时所讨论的数字金融的精准含义较为模糊，并且经常与金融科技、互联网金融等概念交替使用，难以辨析。

数字金融与金融科技是既有联系又有区别的两个金融学新兴概念。两者在"通过运用现代科技手段改造或创新金融产品、经营模式、业务流程等，以推动金融发展提质增效"方面是一致的。金融科技的实质是由技术驱动的金融创新，其含义更加偏向于对相关技术进步及其具体影响的关注；而数字金融则经常被理解为一种金融发展的新业态，更为强调数字化技术对于资源跨期有效配置体系的系统性影响。金融科技进步有时又可被视为金融体系实现数字化转型的手段和途径。互联网金融从技术层面上来讲属于金融科技的一种形式，但就其对于金融业态体系及监管实践的冲击而言，它也是数字金融发展最典型的代表之一。

大学的培养与教学内容应当引领社会经济的发展方向，但如若所使用的教材内容滞后于实践的发展，则教学与培养的"引领"作用就难以有效发挥。为此，我们结合多年的教学经验与研究积累，对数字金融在理论与实践当中的发展进行了初步的梳理与阐述,并力争做到系统性、前沿性与实践性三者间的有机协调和统一。本教材以习近平新时代中国特色社会主义思想为指导,特别强调了在推动数字金融快速发展和促进数字金融人才培养的进程中应当始终坚持"经世济民、诚信服务、德法兼修"的发展理念。

具体来说,本书详细阐释了数字金融的发展背景与趋势、数字金融基本理论、数字金融征信、传统金融机构变革、金融科技的分类及应用、传统金融机构转型与金融科技公司的竞争与合作、区块链与数字货币、智能投顾、数字金融业务的监管等内容。同时,为了更为贴近实践发展和我国高等教育"双导师制"改革的要求,编写团队还邀请了深圳市中兴新云服务有限公司副总裁兼知识总监赵旖旎女士参与到编写的过程之中,她为本书的编纂提供了很多有价值的建议,尤其是对有关实务及案例方面的内容进行了方向性指导。

数字金融在金融体系中的全方位迅猛发展使得本书的编写颇具难度,并常常会有一些探索性和学术争议性的内容,虽然难免有挂一漏万之嫌,但我们相信提出问题是真正解决问题的关键一步,希望本书的出版能够在推动我国数字金融方向的学术进步和人才培养中起到抛砖引玉之作用。

本教材由侯晓辉教授拟定编写提纲,具体编写为:侯晓辉、赵亦璋(第一章);侯晓辉、孙雪丽(第二章);侯晓辉、王腾宇(第三章);程茂勇、孟瑜(第四章);程茂勇、姚昱彤(第五章);程茂勇、李振军(第六章);李锐(第七、八、九章)。最后由侯晓辉教授总纂定稿。感谢杨蕊和赵婧雯在全书统稿和教辅材料制作方面给予的协助。由于编者时间与学养有限,书中不足之处在所难免,恳请广大读者对书中出现的问题和错误不吝指正。

侯晓辉　等

2022 年 5 月

目 录

第一章 数字金融引论 (1)
 第一节 发展背景与历程 (1)
 第二节 互联网金融的基本特征 (5)
 第三节 数字金融的发展趋势与挑战 (13)
 本章小结 (18)
 思考题 (19)

第二章 数字金融基本理论 (20)
 第一节 数字货币、信用与经济周期 (20)
 第二节 数字科技与基础理论 (26)
 第三节 数字金融的主要特征与优势 (34)
 本章小结 (37)
 思考题 (38)

第三章 数字金融征信 (39)
 第一节 征信与数字征信 (39)
 第二节 征信产业的发展 (45)
 第三节 我国数字金融征信的典型案例 (52)
 第四节 我国数字金融征信所面临的挑战 (55)
 本章小结 (56)
 思考题 (57)

第四章 传统金融机构变革 (58)
 第一节 互联网银行 (58)
 第二节 互联网证券 (72)
 第三节 互联网保险 (80)
 本章小结 (88)
 思考题 (89)

第五章 金融科技的分类及应用 …… (90)
- 第一节 金融科技简介 …… (90)
- 第二节 应用场景与问题分析 …… (98)
- 本章小结 …… (109)
- 思考题 …… (110)

第六章 传统金融机构转型与金融科技公司的竞争与合作 …… (111)
- 第一节 传统金融机构的经营管理转型 …… (111)
- 第二节 传统金融机构的业务重组 …… (116)
- 第三节 竞争与合作的优势 …… (118)
- 本章小结 …… (126)
- 思考题 …… (127)

第七章 区块链与数字货币 …… (128)
- 第一节 区块链的概念与特点 …… (128)
- 第二节 数字货币的预备知识 …… (134)
- 第三节 数字货币的概念与特点 …… (138)
- 本章小结 …… (146)
- 思考题 …… (147)

第八章 智能投顾 …… (148)
- 第一节 智能投顾业务的基本介绍 …… (148)
- 第二节 智能投顾的理论基础 …… (154)
- 第三节 智能投顾的发展实践 …… (162)
- 本章小结 …… (167)
- 思考题 …… (168)

第九章 数字金融业务的监管 …… (169)
- 第一节 数字金融业务的风险特征 …… (169)
- 第二节 数字金融业务监管的动态与趋势 …… (172)
- 第三节 数字货币监管的动态与趋势 …… (177)
- 第四节 ICO 及其监管 …… (186)
- 本章小结 …… (189)
- 思考题 …… (189)

主要参考文献 …… (190)

第一章 数字金融引论

【本章提要】 数字金融主要是指现代信息技术手段与传统金融产品与服务相结合所形成的一种新的金融发展业态。本章第一节阐述了数字金融的发展背景与历程。第二节阐述了互联网金融的基本特征。第三节讲述了数字金融的发展趋势与挑战。

第一节 发展背景与历程

随着数字信息技术的进步和世界金融体系的演化与发展,在经济全球化的背景下,数字金融作为一种新的金融发展业态也在逐渐成长、进化。数字金融最初起始于金融领域的"去现金化"潮流。本节将通过"去现金化"的发展历程导入数字金融的发展背景,并基于宏观背景分析的 PEST 架构简要介绍数字金融发展的政治、经济、社会与技术环境。

一、去现金化

"去现金"不是"无现金",而是指在金融领域中以移动支付为代表的支付工具多元化和支付生态多样性对实物现金流通和使用造成巨大冲击的现象与趋势。"去现金化"的兴起是从信用卡时代开始的。在过去的十几年中,"去现金化"经历了四个时代,其分别为信用卡时代、电子货币时代、手机支付时代,以及刷脸、指纹与物联网支付时代。其中,"去现金化"的刷脸、指纹与物联网支付时代主要是在中国支付宝和微信引领下发生的。在北京、上海、深圳等大型城市,刷脸支付等无现金结算体系已经被频繁使用了。

"去现金化"无疑引起了很多争论,其优势包括有利于节约物理资源,有利于普惠金融的推广,有利于货币政策的推行,等等;而其劣势与缺陷也明显存在,比如,不利于老年人的消费支出等日常活动,数字货币无法取代纸币的作用,等等。综合而言,"去现金化"本身的发展仍得到了政府部门与监管机构的推广与支持,并且仍处在不断发展的阶段。

另一方面,科学技术在工业化、数字化领域的进步衍生出了自动化、无人化、共享化与服务化的发展趋势,给传统的金融活动也带来了深刻的影响,具体表现在"去现金化"进程的不断推进。2018 年,软银、雅虎、LINE PAY 和乐天 PAY 共同推出了非现金结算服务,业界与学界将其称为"去现金化"发展的新阶段。回顾以上"去现金化"的发展背景,可以看出当前"去现金化"的内涵,主要体现在以下几个方面。

(一)自动化

"自动化"是指机器设备、系统或过程(生产、管理过程)在没有人或较少人的直接参与下,按照人的要求,经过自动检测、信息处理、分析判断、操纵控制,实现预期目标的过程。自动化技术广泛用于工业、农业、军事、科学研究、交通运输、商业、医疗、服务和家庭等方面。采用自动化技术不仅可以把人从繁重的体力劳动、部分脑力劳动以及恶劣和危险的工作环境中解放出来,而且能扩展人的器官功能,极大地提高劳动生产率,增强人类认识世界和改造世界的能力。因此,自动化是工业、农业、国防和科学技术现代化的重要条件和显著标志。

在工业化发展的 4.0 阶段,工业的自动化与数字化生产已经在工业企业中获得大量使用与生产性投入。以韩国的乐天集团为例,乐天预计将建立"超级物流中心"和"乐天快递"等,基于集团本身拥有的高质量数据和 AI 技术,建立自动化的仓储和物流系统,减少物流成本,提高物流质量。

而在传统金融活动方面,各发达国家的商业银行都在开展数字化和自动化转型,以日本的数字银行和新加坡的星展银行为例,它们均在采用数字自动化的方式进行业务重塑。将"公司的核心业务数字化"是星展银行提出的理念之一,这意味着该银行并非仅仅是在对外服务、在线服务和移动服务等方面进行自动化转型,更将基于自动化改造对公司核心业务、员工和管理层加以全方位的改进和提升。

(二)无人化

"无人化"的出现是由"自动化"衍生而来的,由于世界各国尤其是发达国家的人口老龄化、少子化问题已经影响了许多劳动密集型产业的生存,结构性劳动力不足的问题尤为突出,因此通过"自动化"衍生出的"无人化",无疑是一种有效的应对途径。

近年来,世界各地都出现了无人化的智能产业,例如中国境内的京东无人仓、阿里无人零售、百度无人驾驶,国外的亚马逊无人机、西门子无人工厂,等等。以中国为例,阿里巴巴集团的"无人化"服务,从酒店入住、商店购物到买菜服务等,都是在将信息技术智能化设施与物流活动加以深度融合,从而推动"无人化"的进一步发展。美的数字化智能基地——美的集团组装的自动化工厂,其全部生产活动均由电子计算机进行控制,生产第一线配有机器人而无须配备工人,从加工部件到装配以至最后的成品检查,都可在无人的情况下自动完成,既节省了人工成本,又提高了生产效率。而在国外,以美国的无人餐厅为例,虽然厨师还是人类大厨,但服务员为机器人,机器人的标准化操作流程也促进了人工工作的高效率与高质量改进。

而在传统金融行业内,证券交易所在人工化时代广泛采用的是场内证券交易员制度,即使用人工的方式促进交易的达成,而随着"无人化"的推进,现在的证券交易所普遍采用了电子交易撮合系统,即以电子化的形式替代人工撮合,由此大量增加了对于软件编写人员、系统维护人员的人力资源需求,并进一步推动了相关电子设备的研发和生产。

(三)共享化

"共享化"是一种商业理念,也是一种价值体系。它面向客户,强调对产品、数据资源的共享。"共享化"随着"去现金化"的深化而推进,形成了"去现金""自动化"和"共享"三位一体的理论联系。"共享化"的基本前提是"去现金",随着智能手机的广泛应用,中国国内的"共享化"热潮也在走向大众生活。除此之外,可持续性也是共享价值观的一个部分,通过共享的生活方式,能够促进可持续性发展的实践和可持续性价值观的普及。

"共享化"在中国最早是由自行车行业推出的,共享单车的出现是基于移动支付、GPS卫星定位等互联网技术,由市场提供的一种公共服务产品。共享单车作为一种具有公共性的混合物品,也是打通公共服务"最后一公里"的中国方案。而各行业"共享化"的发展又离不开金融产品与服务的有效支持,特别是对"去现金"条件具有高度的依赖性。

(四)服务化

"服务化"是指随着生产力的迅速发展和国民收入的不断提高,第三产业(亦称广义服务业或服务业)在国内生产总值和就业中所占比例会越来越大,最终将占据主要地位,并使得三大产业从大到小的产值和就业比重最终成为"三、二、一"的发展态势。而在数字金融发展历程中,"服务化"与"共享化"都是"去现金"的衍生结果,也是一种新的商业理念与价值观的体现。

在传统金融与互联网金融的融合发展过程中,"共享"与"服务"逐渐成为不同产业与公司发展的共同指导理念和经营策略,例如亚马逊对客户体验的重视、星展银行提供的优质客户体验和客户旅程服务,以及微信支付和支付宝的频繁客户接触等。

二、基于PEST的数字金融发展背景简介

PEST分析是指从政治(politics)、经济(economy)、社会(society)、技术(technology)这四个视角展开的对于宏观发展环境的描述与分析。在分析某事物所处的背景的时候,通常是通过这四个方面来分析其所面临的环境状况。在数字金融发展的背景方面,根据PEST框架可以对不同国家数字金融的发展环境与发展前景进行概括与描述。下面将基于PEST框架具体展开阐述。

(一)PEST分析框架

PEST是一种宏观环境分析框架,其中P指政治(politics),E指经济(economy),S指社会(society),T指技术(technology)。在分析商业经营战略、公司或产业所处的环境背景时,经常可以使用这四个维度进行具体描述与分析。

P即政治。政治环境是指对研究对象具有实际与潜在影响的政治力量和有关的法律、法规等因素。当政治制度与体制、政府对组织所经营业务的态度发生变化时,或政

府发布了对企业经营具有约束力的法律、法规时,企业的经营战略必须随之做出调整。具体的影响因素主要有企业和政府之间的关系、环境保护法、外交状况、产业政策、专利法、政府财政支出、政府换届、政府预算、政府其他法规、政府管制、特种关税、专利数量、政府采购规模和政策、进出口限制、税法的修改、专利法的修改、劳动保护法的修改、公司法和合同法的修改、财政与货币政策等。

E指经济。经济指一个国家的经济制度、经济结构、产业布局、资源状况、经济发展水平以及未来的经济走势等。由于经济学所研究的对象多为处于宏观大环境中的微观个体,对于微观经济个体而言,在做出决策的过程中还需要关注、搜索、监测、预测和评估本国及其他国家的经济状况。此处,具体的影响因素有 GDP、利率水平、财政政策与货币政策、通货膨胀率、失业率、居民可支配收入水平、汇率水平、能源供给成本、市场机制的完善程度、市场需求状况等。

S指社会。社会包括人口环境与社会文化因素,人口环境又包括人口规模、年龄结构、人口分布、种族结构以及收入分布等因素,社会文化因素是指组织所在社会中成员的民族特征、文化传统、价值观念、宗教信仰、教育水平以及风俗习惯等因素。在人口环境方面,人口规模是最为重要的变量,人口数量决定了一个国家或地区市场的容量,年龄结构则影响了消费品的种类及推广方式。在社会文化因素方面,每个社会都有人文的差异,不同国家也有其不同的核心价值观,它们常常具有高度的持续性,这些价值观和文化传统通过家庭繁衍和社会教育而传播延续。每一种文化都是由许多亚文化组成的,它们由共同语言、共同价值观念体系及共同生活经验或生活环境的群体所构成,不同的群体有不同的社会态度、爱好和行为,从而表现出不同的市场需求和不同的消费行为。

T即技术要素。技术要素包括引起革命性变化的发明,与企业生产有关的新技术、新工艺、新材料的出现和发展趋势以及应用前景。在实际应用中,需要考虑科技进步能否降低产品和服务的成本,科技创新是否为消费者和企业提供了更多的创新产品与服务,科技是如何改变分销渠道的,数字信息技术的发展是否为企业或金融机构提供一种全新的与消费者或投资者进行沟通的渠道,等等。

(二)基于 PEST 框架的数字金融发展背景

基于 PEST 框架,这里将世界上最大的发达国家(美国)与最大的发展中国家(中国)进行四个维度的比较分析,由此就能凸显出中国数字金融发展的时代背景、所处阶段及竞争优势。而其他各国数字金融发展的宏观环境也可以做类似的逐个或逐区域比较分析,本书不再赘述。

首先是政治或政策要素。中国与美国均为大国。美国在特朗普执政后,频频退出一些国际组织及协定,至今其国内各项政策仍多有反复,政策不确定性增加。中国方面,为了促进数字金融的快速发展,2015 年中国人民银行等十部委发布了《关于促进互联网金融健康发展的指导意见》,2022 年中国银保监会又印发了《中国银保监会办公厅关于银行业保险业数字化转型的指导意见》等一系列政策文件,旨在推动数字金融的领先性发展。

其次是经济要素。目前,美国是世界第一大经济体,以2020年的统计数据分析,中国人均GDP仅为美国的16%,中国GDP总量为美国GDP总量的70%左右。据宏观统计分析预测,中国预计在2030年赶超美国,成为世界最大经济体。基于这种经济发展的态势与背景,中国在数字金融领域,以微信产品为主的腾讯集团和以支付宝、淘宝产品为主的阿里巴巴集团都在不断推动互联网金融和金融数字化转型方面做出了很多创新性贡献。中国人民银行自2018年开始数字货币系统的开发,2020年4月宣布数字人民币在深圳、苏州、雄安、成都开展试点测试。目前中国的数字货币在世界上处于领先地位。

第三是社会要素。美国自特朗普执政后,社会文化和民族多样性有所倒退,因多样性倒退引发的社会环境问题在一定程度上也对互联网金融和数字金融在广大消费者与投资者中的普及和推广产生了负面影响。与之相反,中国在这些方面则取得了不小的成就。我国居民对数字金融和互联网金融的接受和使用已经渗透到了生活的方方面面,以阿里巴巴和腾讯集团为代表的数字金融产品线使消费者在不知不觉中广泛接受、使用了数字金融产品和工具,互联网金融已经高度融入了中国居民的日常生活和工作之中。

最后是技术要素。科学技术作为推动社会革命性变革的最重要因素,是在衡量任何经济研究对象绩效的过程中必不可少的组成部分。以硅谷为代表的高科技技术生产基地为例,美国作为技术创新的引领者无疑是占有优势的,但是中国在科学技术创新方面也取得了巨大成就,在许多关键性技术领域也存在着先发优势。在人工智能、数字技术、信息通信等数字金融的重点技术领域保持着世界领先地位,这些技术方面的积淀与优势为数字金融的可持续发展奠定了物质基础。

第二节　互联网金融的基本特征

在第一节里,我们了解了数字金融的发展背景与历程。接下来,将对一些传统金融概念进行介绍,并结合作为数字金融广义表现形式之一的互联网金融的创新与发展,阐释传统金融概念的转变与新兴数字金融概念的交叉融合。互联网金融是由移动互联+金融业务形成的数字金融初始形态。本节将借其说明数字金融所具有的基本特征和要点。

一、金融活动

金融是指一种资源跨期有效配置的活动。按照资金供给方与资金需求方之间的资金流转的直接或者间接性,金融活动可以分为直接金融与间接金融。在数字金融的交叉融合下,直接金融与间接金融的含义也产生了部分转变。

(一)直接金融

就传统定义而言,直接金融是相对于间接金融而言的,指的是资金供给方与资金需求方分别作为最后贷款者和最后借款者直接进行借贷,或者由资金供给方直接购入资金需求方的有价证券而实现资金融通的金融行为。即直接金融的运作方式为不通过中介机构,交易双方直接进入市场,按照一定的条件直接进行交易。

直接金融的优点在于:第一,可以更直接地将资金供需双方相结合,有利于资金融通的效率和速度的提升,有利于多种信用形式的发展,以及投资的尽快落实;第二,由于直接的投融资关系可以使资金供需双方加深彼此的了解,资金供给方可以对资金需求方的资金使用情况有更深层次的认识,资金需求方也能更直接感受到资金供给方的压力;第三,直接金融本身不需要中介机构的参与,因此节省了一部分的中介成本和资金流通成本。

直接金融的局限性在于:第一,对于资金供给方而言,直接金融比间接金融承担了更大的风险。由于没有中介机构的作用,资金供给方需要承担更大程度的风险,比如市场风险、信用风险等。第二,直接金融的要求较高。资金供给双方对资金借贷的数量、期限、利率等方面均能匹配,才可以进行直接融资,因此沟通成本会增加,而借贷契约达成的概率则会降低。第三,在不够成熟的金融市场中,直接融资证券资产的流动性较差。

(二)间接金融

间接金融是相对于直接金融而言的,是资金供给方与资金需求方之间通过金融中介机构间接实现资金融通的金融行为。在这里,以金融机构作为中介所发行的证券为间接证券,银行等金融机构所发行的债券就是一种间接融资债券。

间接金融的优点为:第一,更为便捷灵敏、资金匹配方式更多样、融资方式更高效。银行等金融机构作为中介机构,由于资金供给双方的数量更多,银行可以提供批量资金、融通方式和金融工具,能更高效地满足资金供需双方融资的要求。第二,风险性更低。在直接金融借贷方式中,资金借贷的风险主要由资金供给方承担,而在间接金融中,则是由金融中介机构承担。由于资金中介机构如银行等的资产负债结构的稳定与复杂性,针对某个个体的资金借贷活动的风险便可以被分散承担,安全性也因此更高。第三,流动性更高。风险性更低的表现之一就是流动性更高,因为银行等资金融通中介机构信誉高、接受性强,因此这样的中介机构发行的融资证券,更容易被接受和流通,具有"准货币"的性质。第四,可以帮助形成规模经济。从事间接金融的资金融通的中介机构,由于其营业资质的标准和经营活动的要求都比较高,其拥有的资产总量、现金流量、专业人员数量都有比较大的规模。通过这样的资金融通的中介机构,不仅可以对全国或者全地域范围的金融市场进行数据的收集整理与分析,同时也能够拥有更高水准的数据分析人员与数据分析工具,通过数据的收集与分析,资金的调用与投资,可以对整个金融市场的活动进行干预与调节,更有利于形成规模经济。

(三)数字金融条件下的直接金融与间接金融

在数字金融条件下,首先是借贷关系方式的扩充。从传统的股权融资、债券融资的方式到一个公司、企业甚至个人可以通过互联网借贷的方式进行融资,一般这里的中介机构主要是互联网借贷公司、创投公司和其他金融公司等。这样的借贷方式的转变,优点在于:第一,缓解了直接金融的匹配难度大、对接困难等问题,能在更大范围内对接资金供给方与资金需求方;第二,通过数据的收集与整理和专业从业人员的筛查,可以更好地帮助双方了解资金投资流程与资金使用流程;第三,在数字金融环境下,普惠金融的普及能更好地改善微型及中小型企业的融资难问题。然而,其存在的缺点也十分显著,即由于互联网借贷公司的资质审查不严格、针对数字金融与互联网金融的监管不完善等不足,使得其风险性更高,更容易出现爆雷事件,对资金供给方的风险压力更大。此外,容易产生联动性的市场风险,对整个金融市场的稳定性与安全性都会产生影响。

再者,在数字金融环境下,以银行为主的间接金融借贷方式的质量、效率与安全性有所提高。由于数字金融的普及,征信系统与征信数据逐渐完善,也更加方便获取。金融机构可以通过个人、公司、数据加工企业等,建立更完善的数据系统,通过数据系统的收集、分析与建立,可以在此基础上塑造更完善的征信系统;对于征信与信用、信用与大数据的构建与运用,也能够更好地帮助银行等中介金融机构了解资金借款方,分析其资金总量水平、信用水平、公司现金流等,这些对于风险的降低与安全性的提高都有明显帮助。

二、数据与金融产品

鉴于包括互联网金融在内的数字金融的特点,数据的大体量生成、收集、分析与使用是学界与业界发现与达成的数字金融发展的共识,由此导致了金融产品的改变与调整、数据与金融产品的互相影响与不断进化。这里先对传统金融产品加以介绍,进而对数字金融条件下,这些金融产品概念的演化与应用进行说明。

(一)数据

数据的定义首先为数值,即通过观察、实验或计算得出的结果。广义而言,数据的种类可分为数字、文字、图像、声音等。数据可用于科学研究、设计、查证、计算分析等。在金融数据方面,一般的数据平台会提供包括资管资讯、资金资产价格、理财产品查询与统计、理财市场指数、产品定价、产品画像、产品资产配置、创新产品案例、信托综合统计、公募与私募基金统计、资金价格、银行理财、信托、公募基金、私募基金、研报、资管新闻与政策。

而在数字金融领域,这里的数据更多指的是"大数据"。麦肯锡全球研究所给出的大数据的定义是一种规模大到在获取、存储、管理、分析方面显著超出了传统数据库软件工具能力范围的数据集合,具有海量的数据规模、快速的数据流转、多样的数据类型和价值密度低四大特征。也有定义认为大数据是指不能用随机分析法(抽样调查)这样的捷径,而必须采用所有数据进行分析处理的全体数据集合。

大数据具有5V特点,分别为:大容量(volume)——数据的容量决定所包含的价值和潜在的信息,高速(velocity)——获取数据的速度较过去更快,多样性(variety)——数据类型的多样性,低成本(value)——大数据可以创造更低的平均成本,真实性(veracity)——数据的真实性有较强保证。

大数据需要特殊的处理技术,以有效地处理大量数据。适用于大数据的技术,包括大规模并行处理(MPP)数据库、数据挖掘、分布式文件系统、分布式数据库、云计算平台、互联网和可扩展的存储系统。因此,大数据的实现也需要物理的条件,即大硬盘技术、数据库管理技术、分析体系与分析工具。

除此之外,大数据的配套基础建设也需要具备。首先,全球大数据产业链正在逐渐形成。产业链的上游为大数据的收集端,也可以称为大数据的第一个层次,一般指从企业、公司、政府部门搜集数据,而数据也逐渐成为一种宝贵的资产和资源,属于数据设施、数据展示、数据采集等数据采集体系的前端。中游,也可以称为大数据的第二个层次,指提供数据分析、数据挖掘的软件公司,属于大数据的后台综合处理体系。而大数据的下游是指大数据的应用部门,即第三个层次的后台实施机构,主要是使用数据进行分析的机构,例如政府部门、公司、研究机构、高校等。

大数据的价值主要包括:第一,由于互联网经济的发展,有大量的客户和企业可以提供对于产品、服务的大量数据,进而可以根据这些数据进行研发和应用;第二,中小型企业可以利用大数据的中游产业链部分进行业务转型;第三,由于大数据浪潮的驱动,可能演进出许多新兴的经济模式。

(二)金融产品

金融产品是金融机构在对潜在目标客户群分析研究的基础上,针对特定目标客户群开发设计并销售的资金投资和管理计划。在理财产品这种投资方式中,银行只是接受客户的授权管理资金,投资收益与风险由客户以客户与银行事先约定的方式承担。数字金融条件下所指的金融产品大体分三类:其一是数字货币及其所采用的区块链技术;其二是在数字金融、新金融的背景下由新一代金融业的参与者所研发的创新性产品;其三是传统金融行业所引进的新策略和新产品。

1. 区块链技术

区块链技术与数字货币紧密相连。区块链的狭义定义是指一种将数据按照时间顺序组合成特定数据结构,并用密码学算法保证数据不可伪造、全程留痕、可以追溯、公开透明的去中心化共享总账和共享数据库;广义的定义是指一种智能合约,这种智能合约可以利用区块链式数据结构验证与存储数据,利用分布式节点共识算法生成和更新数据,利用密码学的方式保证数据传输和访问的安全,利用自动化脚本代码组成来保证可以编程和操作数据的全新的分布式基础架构与计算范式。

区块链的发展起源于无政府主义和"去中心化"的社会思潮。这里的"去中心化"是指在虚拟空间内,创造一个无政府的环境,在一个分布有众多节点的系统中,每个节点都具有高度自治的特征。区块链发展的经济学基础主要来源于自由主义经济学派,是一种反对国家干预经济生活、主张自由竞争的经济理论和政策体系。在区块链技术中,充分体现了这种自由主义经济学派的观点,即每个人都有发行、使用、购买货币的权利。另外,在社会生活方面,在人类社会从工业社会到信息社会的转变中,"分布式系统"将成为社会的主要结构,这同样也在区块链技术中有所体现。同时,随着人类社会的进步,信用体系逐步建立,在信用体系建立后,信用体系的一些产物也将起到货币的作用。

从结构化的视角出发,区块链可以分为通信层、数据层、通用协议层和商业应用开发层。其中,通信层指的是公有链与私有链所在的那一层。在公有链层,任何下载者都可读取、发送交易且用户信息公开透明,最有名的代表就是比特币;而在私有链层,成为链条节点需要得到管理者的批准,且用户信息不公开。数据层是指算法构成的分布式数据库。区块链本身就是以共识算法记账的分布式账本。通用协议层涉及隐私保护协议,通过密码算法对信息进行转换,在保证隐私的情况下,方便第三方的读取与进一步信息处理。最后,商业应用开发层是要利用区块链进行商业价值开发与应用。

2. 新一代金融业参与者所研发的创新性产品

数字金融条件下的金融产品系新一代金融业的参与者所研发的创新性产品,例如亚马逊公司的"万能公司"金融业务,阿里巴巴的蚂蚁集团业务、支付宝业务,腾讯集团的微信支付业务,日本的乐天等业务,等等。

亚马逊"万能公司"金融业务是指亚马逊公司提供了从"在线电子商务"到"离线实体商店"的全部消费活动。同时,亚马逊公司还在开展亚马逊借贷和在线支付产品,甚至存在替代银行的业务产品。亚马逊作为经营平台,向个体商家提供贷款服务,即短期运行资金贷款。为保证还款的简单与安全性,每月从卖家的销售额中自动扣除欠款。除此之外,亚马逊还提供礼品卡和亚马逊现金业务,即可以通过银行转账、现金存入等方式,将存款直接存入亚马逊的系统账户中,这一业务部分替代了银行的存款功能,并且吸引了一些本身没有银行账户的用户使用。

同样,阿里巴巴和腾讯的支付业务也有类似的服务。阿里巴巴集团通过支付宝提供了货币支付业务,并且获得了中央银行的支付业务许可,支付宝同时还具有多样的功能,通过便利的服务吸引更多的客户,同时优化了客户体验。值得注意的是余额宝和支付宝承接了销售其他金融机构产品的职能,这相当于提供了证券行业与银行业的部分业务。除此之外,通过淘宝、芝麻信用、网商银行等展开了借贷业务。阿里巴巴还利用本身掌握的数据库与信用系统,对个人与企业进行信用采集与信用分析,在保证安全性与收益性的前提下,展开小额贷款业务,其融资效率和融资速度都超过了普通商业银行。

这些金融科技公司从消费者和用户体验方面入手创新出的金融产品已经覆盖了银行所能提供的各种服务,包括存贷款、汇兑等。互联网金融公司与传统银行相比的优势在于其掌握的信息与数据能对物流、商品流和资金流全面覆盖,从而更精准地对每个客

户进行借贷,并且能够对每个消费者个体、商业个体进行资金的融通。

3. 传统金融行业引进的新产品

传统金融行业在应对数字金融冲击的过程中也开发了一些新兴金融产品。下面以星展银行、日本银行的数字化转型为例做一介绍。

星展银行进行的数字化转型将核心业务数字化,在主要的业务程序、业务软件与硬件方面均开展了数字化转型。星展银行通过运用现在的云计算、谷歌云盘等技术,将银行本身的硬件、软件的信息与业务转为数字化形态,借此提高了银行的效率,降低了人工成本,同时更重要的是提高了客户的体验感与银行的可信任程度。其数字化转型的成果也极为可观,在星展银行推行数字化转型的 12 年时间里,发现数字化交易客户的成本大幅下降,比起传统获客成本要低 57%,而数字化交易的净资产收益率比起传统获客净资产交易率的 19% 要多出 8%。

日本银行的数字化转型是通过与金融科技公司积极展开合作的方式启动的,这样对银行的好处在于能够获得更多数字化、云计算的数据与数据系统,可以获得更多样化的客户并改善客户体验。同时,对于金融科技公司而言也是有利的,它们可以获得传统金融机构的现有客户,不需要获得银行执照的审批,能够进入更多的数据库。之后银行业务的数字化转型有序推开,商业银行尽量扩充数字化、电子化的渠道,推进人工智能的应用,例如使用人工智能进行票据处理、业务审查、文件审查、数据分析等,并且开始了数字货币的发行,如三菱日联的 MUFG coin 就是基于区块链技术的虚拟货币。各商业银行在贷款业务以及信用与征信等方面也大量采用了人工智能与大数据技术。

三、用户界面与用户体验

在数字金融时代,金融科技公司作为新兴的金融从业者,深谙只有满足了用户的体验、完成了用户的需求,才能够实现企业的盈利、发展与扩张。故用户界面与用户体验是其核心关注的方面。

(一)用户界面

由于数字金融时代的到来,用户界面由实体与物理的窗口转换为虚拟电子界面,用户界面是互联网金融公司的核心关注点之一。以三菱集团为例,在互联网金融应用中,必须提供多种交易途径来应对交易方式的变化。首先,三菱集团增加了线上的交易途径,例如智能手机应用程序和自动应答电话,也包括促进使用面向个体用户的互联网银行业务,改善用户界面,扩充功能。

对于一些传统金融业务颠覆者,即新兴的互联网金融公司而言,例如亚马逊、阿里巴巴、腾讯、乐天、LINE、雅虎软银和 SBI 等,这些公司都是由互联网公司起家,优质的用户界面是它们发展的命脉。除了建构互联网支付平台的功能之外,也需要提供能够吸引用户的界面。同时,为了吸引更多的客户,也要逐渐拓展汇款、信贷、保险、投资和存款等金融业务。

(二)用户体验

用户体验是数字金融条件下,金融科技公司关注的又一重点。亚马逊的创始人贝索斯在亚马逊建立初期就提出了"成为全球最以客户为中心的公司"的宏愿。他认为只有达成了低成本,才能产生低价格进而促进用户体验,通过用户体验满意度上升达到交易的增加,从而使得企业总量与流量增长,完成一个良性的指数型循环,进而进一步促进客户体验的满意度,不断扩大公司的经营与业务,最终形成亚马逊的规模经济。

为此,亚马逊公司主要从以下两个方面的标准入手进行自我约束:第一,在亚马逊公司内部,公司的管理者将客户体验上升为企业哲学的核心部分,即将用户体验放在一个非常具有战略重要性的位置上。第二,达成"低价格、产品种类丰富和快速配送"。在不同的年代、针对不同的客户、不同的商业背景和科技支持,持续满足低价格、产品种类丰富、快速配送的客户体验,并且随着科技的进步,力争提供更快速和高质量的服务。如何平衡商品的成本、物流系统和仓储系统也是该类型公司重点考虑的问题之一。

四、风险与风险管理

在数字金融时代,风险的定义有所改变,随之而来的是使用大数据进行风险分析与风险管理的演变趋势。下面将分别介绍传统的风险管理与大数据在风险管理中的应用。

(一)传统风险管理

传统风险可以简单划分为信用风险、市场风险和操作风险。信用风险的管理方法主要有标准法和内部评级法。标准法,即根据巴塞尔资本协议的分类进行风险管理;内部评级法,即根据银行的内部数据和自有模型进行信用风险的分析。市场风险指由于基础资产市场价格的不利变动或者急剧波动而导致衍生工具价格或者价值变动的风险。基础资产的市场价格变动包括市场利率、汇率、股票、债券行情的变动。操作风险是指由于信息系统或内部控制缺陷导致意外损失的风险,引起的原因包括人为错误、电脑系统故障、工作程序和内部控制不当等。

(二)大数据在风险管理中的特点与应用

1. 特点

大数据技术在风险管理中具有的特点主要有:第一,拥有大量的基础数据;第二,有统一的管理模式,即必须有统一的机制和数据格式;第三,要有刚性的系统控制,即不能随意篡改系统格式;第四,要有标准的数据流程和格式,这样才能够保证数据的质量;第五,具有多维度特征,注意数据之间的结合,即静态数据与动态数据的结合、微观数据与宏观数据的结合、结构化数据和非结构化数据的结合、行内外数据的结合等。

2. 应用

大数据在银行风险管理中的应用,简单来讲,可以应用于信用风险、市场风险和操作风险三个方面。信用风险管理所需要的大数据涉及客户评级、债项评级、地方政府评级、国别评级、零售评分、组合管理、贷款自动化审批等。在市场风险管理方面,所需要的数据遍布风险计量模型、限额管理、压力测试、产品控制和事前风险控制等全过程。在操作风险管理方面,大数据技术可应用于反欺诈、反洗钱、运营风险监控等场景。

1) 大数据应用于信用风险管理

使用大数据技术进行信用风险分析与管理,对于企业类用户而言:可以用大数据提升用户评级,判断风险预测能力;可以使用用户信息作为大数据素材,包括用户的账户信息(资产、贷款、交易累计发生额度、企业结算账户、存贷比等)、用户的财务信息(财务规模、偿债能力、杠杆比率)、用户的外部征信信息(未结清业务、不良负债金额、对外担保记录、欠税记录)和用户的代发工资信息(企业月均工资、工资波动、连续代发工资时间长度)等,进行多个模型的大数据分析进而确定用户的信用评级;还可以使用大数据对信贷产品进行评估,即对全部的信贷产品进行大数据的债项评级评估,综合对用户与债项的评级,获得完整的信用风险测量结果。大数据的覆盖范围包括风险信息(违约概率、违约损失率、违约风险暴露、有效期限)、损益信息(收入、支出、成本、利润)、属性信息(行业、区域、规模)和资本市场信息(市值与价格)。

而对个人用户的风险管理而言,大数据技术可覆盖用户业务活动的全部周期,包括对开户前、开户后、违约后的全部业务信息的搜集、清洗与分析。通过评级系统、模型管理平台、违约认定系统、压力测试系统对全部用户的全部业务周期进行多系统测量。还能够使用大数据辅助审批活动,如贷款的自动审批、抵押品的自动估值。最后,可使用大数据支持个人消费贷款营销,并对个人客户开展交叉营销活动。

2) 大数据应用于市场风险管理

使用大数据技术进行市场风险管理需要建立统一的数据库,覆盖交易管理系统、风险计量系统、产品控制系统、交易对手信用风险计量系统、资产负债管理系统、财会公允价值计量系统、全球风险管理系统、每日风险计量、预测与限额管理系统等,每日需对交易头寸和敞口进行定价估值和损益测算,对交易组合进行限额监控,常态化开展各层级压力测试。此外,可以使用数据和模型对大型极端事件进行建模,按照一定频率对当前银行环境进行压力测试,并将大数据应用到事前控制、事中控制和事后控制中去。

3) 大数据应用于操作风险管理

在使用大数据进行操作风险管理方面:可以使用操作风险高级计量法对银行的未来损失进行评估;可以使用大数据进行反欺诈监测,即基于大数据技术对用户的日常交易和行为建立模型,一旦有异于日常情况,就进行特别监测直至干预,此外,可以实施企业层级的反欺诈,建立统一的反欺诈数据和客户视图,推广职能反欺诈技术手段,以覆盖业务的全周期进行反欺诈;还可将数据模型应用于反洗钱监管,将"案例特征化、特征指标化、指标模型化",使用大数据和人工智能对反洗钱业务加以提效;最后,在内部运营风险监控方面,以数据分析为基础,使用监督模型和业务运营风险特征因素,进行运营风险的早期识别。

第三节　数字金融的发展趋势与挑战

随着数字金融的演化与发展,数字金融使传统金融的概念、观点、理论与实际应用都受到了冲击与挑战,但同时也带来了新的发展机遇。展望数字金融的发展趋势,明确数字金融发展过程中可能面临的挑战,对于数字金融未来的高质量、可持续发展都具有重要意义。

一、传统货币与替代性金融工具

传统货币的部分职能正逐渐被一些创新性金融工具,包括数字货币等替代。这些替代性金融工具的功能已经覆盖了传统货币的储蓄、借贷、流通等职能。在面对数字金融带来的挑战时,厘清替代性金融工具与传统货币的区别尤为重要,这也是回答传统货币未来演化前景问题的必要前提。

(一)传统货币

货币作为使用价值的"转换器",是指在商品或劳务的支付与债务偿还中被普遍接受的任何东西,是固定地充当一般等价物的特殊商品。虽然货币的本质含义在经济学发展史上存在着一些争论,但就其所具有的职能而言,基本上都包括了交易媒介、计价单位、支付手段与价值储藏等。

在数字金融快速发展的趋势下,电子货币是相对于传统货币而言的,在信息技术进步与数字科技突破支持下衍生出来的新一代货币概念。实际上,纵观货币职能演化的历史就可以了解,货币的内涵是处在不断演变之中的。从人类社会早期因为以物易物的困难,而发明了使用贝壳等实物作为商品货币开始,随着历史的演进和科技的进步,货币又逐渐从代用货币发展为信用货币直至目前在本质上仍为信用货币的电子货币形态。实际上,随着货币职能的逐渐分化,货币体系内的交易成本也在逐渐降低,其中包括了信息成本、中介成本、技术成本、协商成本和结算成本等。

(二)替代性金融工具

作为信用货币新形态的数字货币,与承担了部分货币职能的传统金融机构或金融科技公司研发的,包括但不限于承载了新的支付方式、存储方式、借贷方式的替代性金融工具,是传统货币体系在数字金融时代的新产物与新发展。

数字货币理论最早起源于 1982 年大卫·乔姆(David Chaum)提出的匿名、不可追踪的密码学网络支付系统,1990 年,他又将这个理论发展为密码学匿名现金系统。数字货币理论包括群盲签名、公平交易、离线交易、货币的可分割性等,早期的这些理论为后来数字货币理论的发展奠定了良好的基础。数字货币与电子货币并不完全相同。数字货币还应具有一些延伸特性,包括不可重复花费、匿名性、不可伪造性、系统无关性等。数字货币的类型又具体分为央行发行、算法模型发行、众筹发行和资产锚定几类。

由中央银行发行的数字货币一般被视为电子货币,英文全称为 central bank digital currencies,即 CBDC。英国的央行英格兰银行对于中央银行数字货币的定义为:"中央银行数字货币是中央银行发行货币的电子形式,家庭和企业都可以使用它来进行付款和储值。"在我国,中央银行数字货币被定义为"由人民银行发行,指定运营机构参与运营并向公众兑换,以广义账户体系为基础,与纸钞和硬币等价,并具有价值特征和法偿性的可控匿名的支付工具"。

业界与学界所说的 DC/EP 指的就是中国版的央行数字货币,具体名称为"数字货币和电子支付工具"。在 2018 和 2019 年,国际清算银行支付与市场基础设施委员会对全球的中央银行进行了两次问卷调查,问卷内容包括了在数字货币上的工作进展、研究数字货币的动机以及发行数字货币的可能性等问题。70%的受访央行都表示正在参与或将要参与数字货币的研究。

除此之外,还有算法模型发行的数字货币,例如比特币。比特币在 2018 年由中本聪提出,并于 2009 年 1 月 3 日正式诞生。根据中本聪的思路,比特币是一种 P2P(person to person)数字货币,建立在开源软件和 P2P 网络之上,其交易记录公开透明。作为由算法发行的数字货币,比特币使用 P2P 的去中心化特性,算法本身可以确保无法人为操控币值,并使用密码学的设计以确保货币流通各个环节的安全性。比特币的总数量有限,产生前 4 年的总数量少于 1050 万个,之后的总数量将始终少于 2100 万。2021 年 9 月 24 日,中国人民银行发布《关于进一步防范和处置虚拟货币交易炒作风险的通知》,确立了在我国虚拟货币不具有与法定货币等同的法律地位。比特币作为数字货币本身具有不稳定性和风险性,但是其具有数字化货币的显著优点与特征,包括了去中心化、低交易成本、全世界流通等。

众筹发行的数字货币,例如以太币,涉及区块链技术。实际上,以太币本身就是一种公有区块链。同样的,其也是一种由算法产生的货币,并且通过众筹的方式一次性发行。以太坊为以太币所在的开源的、有智能合约功能的公共区块链平台。

资产锚定的数字货币,即将某种资产映射在区块链上,以该资产作为标的资产发行数字货币,在购买数字货币时,也要购买对应资产的数字条码。在欧美等国家,都允许将资产的产权登记在区块链上。

(三)传统货币与数字货币等替代性金融工具的区别

在已经了解了传统货币与替代性金融工具的前提下,可以对两者之间的区别加以进一步探讨。

从货币理论的角度考虑,可以考察替代性金融工具能否和传统货币一样被作为普遍接受的交易媒介;如果将货币视为一种净财富,也可以进一步分析这些替代性金融工具是否能满足净财富的特征要求。此外,某种物品是否能成为货币还取决于公序良俗与法律制度,而非仅依赖于某种经济理论。货币是一种容易储存、变现、风险较低、流通性高的资产,有着被普遍接受为交易媒介和被视为净财富的特点。货币经济学认为在理想状态下,当具备成熟的市场、完善的科技条件及无法律限制的情形下,传统货币和金融衍生物、实物商品、股票、债券、票据等非货币金融工具之间并没有实质区别。货币市场理论认为"市场创造了自身的货币",银行存款一开始是作为人们普遍需要的金融工具出现的,随着银行间的合作与经济的发展,银行信用变成了一种普遍的货币形态。即从理论的角度上讲,可以认为替代性金融工具与传统货币的区别仅在于具体规定与法律约束,甚至某些经济学流派认为替代性金融工具与传统货币在理想状态下并没有区别。

然而,从现实角度出发,替代性金融工具实际上在现阶段还是很难替代传统货币的所有职能的,其原因主要在于法律的限制、政治因素、对替代性金融工具的普遍接受程度等。实际上除了极少数国家外,大多数国家的官方货币仍是固定的,需要法律批准,有法律保障。欧美部分国家已逐渐认可虚拟货币的发行,但在我国,已明确虚拟货币不具有与法定货币等同的法律地位。虚拟货币本身的构造来源是无政府化、去中心化,而世界各国政府和组织对货币与币值的掌控与稳定诉求、货币政策与经济政策的有效实施等都需要传统货币体系的支持。实际上货币最初始的功能就是交易媒介,是能够被人们普遍接受的价值尺度。然而替代性金融工具在现阶段的普及程度与大众认可度还不能达到普遍接受、币值稳定的要求。

二、互联网对货币和金融体系的影响

(一)互联网对货币的影响

承接前面的内容,由于互联网的影响,数字货币与电子货币诞生并对原有信用货币体系造成一定冲击,影响了传统货币的"法定地位",进而也影响了中央银行的中心地位,货币制度随之得到了新的发展。其次,由于基于互联网的各类替代性金融工具互相竞争,导致了金融工具功能的演化与扩张,使得部分替代性金融工具逐渐货币化。

(二)互联网对金融体系的影响

互联网将金融活动集中于网络支付平台,以支付平台作为中介,将分散的无组织的交易转变为统一的有组织的互联网市场。同时,互联网通过改变市场中的各种要素催生了金融体系的变革,下面逐一对其展开说明。

1. 互联网金融的主要特点

(1)互联网金融伴生于电子商务平台。互联网金融的载体,即互联网商务平台是一种虚拟营业场所;电子商务一旦以独特的商业模式确立了在互联网商务领域的一席之地,具有一定规模的用户基础和流量之后,都会延伸进入互联网金融领域,实现电商与金融的一体化运营;而互联网电子商务以网络支付为实现条件,为网络金融提供了可延伸性平台。

(2)跨界性。互联网商务平台的可延伸性,即虚拟经济产业界面的切换相比于实体经济产业会更为轻松;电商企业通过跨界参与互联网金融的各类金融服务;主流金融机构互相跨界。以商业银行、证券、保险等传统金融机构为例,这些金融机构开展支付、网贷、金融理财和财富管理服务,提供一站式综合金融服务,加速了金融混业发展的趋势。

(3)广泛连接性。所有虚拟平台和金融产品通过互相连接和互动,为对方引流,增加客户量与流量。总之,连接就是资源,就能够带来价值。

(4)用户的重要性。用户是个人、机构和金融资产的集合体;用户是消费与投资的出发点和终点;而用户本身亦是一个营销单位,可以利用用户的大数据进行定制营销。

(5)普惠性。互联网金融服务的普适共享与低成本可以带来普惠性。而且,互联网可以超越空间的距离,提供无差别的普惠金融服务。

2. 互联网对金融业务活动的影响

互联网金融的发展路径是由电子商务、互联网支付、互联网金融到综合金融服务直至全能型金融服务公司。首先,互联网金融随着电子商务的发展而兴起;其次,互联网金融以大流量电商为基础,在以电商为基础的互联网支付平台上不断延伸互联网金融业务;第三,互联网金融的发展需要不断创新,包括技术创新、产品创新、模式创新等。互联网平台的可延伸性推动了金融业务活动的不断创新、规模扩张与价值的持续增强。

3. 互联网对金融行业的影响

第一,对消费金融行业的影响。互联网消费金融有力地支持了居民消费升级。互联网消费金融具有的优点为:①降低了服务的门槛,使普惠金融成为可能;②降低了服务费率,使廉价金融成为可能。

第二,对银行业的影响。具体而言,互联网对银行业的影响主要有如下几个方面:①在互联网金融的浪潮下,调整银行的营业模式与战略已成为大势所趋。互联网金融模式为中小银行创造了与大银行竞争的机会。互联网金融企业利用用户数据信息的优势,直接对商业银行的资产负债业务产生了影响。②互联网提供了更多吸引客户的窗口。客户是商业银行等金融机构各项业务的基础。互联网金融模式有利于商业银行拓展客户基础。在互联网金融模式下,商业银行可以将新的虚拟电子途径和传统的物理网点相结合,从此吸引到更多的新客户。③提升资源配置效率,有效解决小微企业融资难题。互联网金融企业本身具有的大数据、云计算和微贷技术,可以帮助信贷审核,降低违约风险,分析申请贷款人的信用信息等。互联网金融本身的技术优势与数据优势,可以更低的成本进行资源配置,提高信贷支持的成功率。④价格发现功能与推进利率市场化。互联网金融模式能够客观反映市场供求双方的价格偏好,是应对利率市场化的有效方式。在利率市场化的环境下,商业银行应该参考互联网金融市场的利率信息,根据多种模型与数据,形成对于利率基准、走势、水平的判断。⑤加速金融脱媒。传统银行主要充当金融交易的中介,但互联网公司在成为虚拟支付平台的同时,也在逐渐取代金融中介的功能。在互联网金融模式中,互联网平台可以充当资金信息的中介,为客户提供传统银行的金融服务。

4. 互联网对金融监管的影响

在互联网金融快速发展的情境下，必须要考虑互联网金融监管问题。第一，在互联网金融领域存在着大量的非理性的个体。第二，个体的理性与集体的理性并不等同。在货币市场出现大幅波动的情况下，个体投资者为控制风险而赎回资金是完全理性的，但从集体的角度而言，货币市场基金将会遭遇挤兑，从集体行为看是非理性的。第三，市场规则不一定能有效地防止损失。由于市场风险的存在和普通投资者金融知识的不足，导致风险定价机制在一定的程度上是失效的。第四，有的互联网金融机构的用户资金规模较大，出现问题后很难通过市场出清方式解决。如果还涉及支付清算等基础业务，破产还可能会构成系统性风险。第五，互联网金融创新可能存在严重隐患。P2P产品和公司存在爆雷问题，高风险的产品和低信用的公司负责人都将导致风险的发生。第六，互联网金融消费中可能存在欺诈和非理性行为，即金融机构可能推出一些有漏洞和高风险的产品。

此外，信息科技风险在互联网金融中非常突出，例如，计算机病毒、电脑黑客攻击、支付不安全、网络金融诈骗、金融钓鱼网站、客户资料泄露、身份被非法盗用或篡改等。"长尾"风险在互联网金融中普遍存在。互联网金融因为拓展了交易可能性边界，服务了大量不被传统金融覆盖的人群，具有不同于传统金融的风险特征。因为互联网金融服务人群更广、金融知识更为欠缺，个体投资者本身更容易受到风险的威胁。其次，投资额小和分散、在互联网风险中"搭便车"等问题更为广泛存在，并且存在着较大的负外部性。

5. 互联网对普惠金融的影响

普惠金融是指为有金融服务需求的社会各阶层和群体提供适当、有效的金融服务，其重要性在于廉价金融，即适当的融资利率、较低的服务收费和简便的实际操作。

中国是普惠金融发展较快的国家之一，但在廉价金融方面的表现仍有较大提升空间，最突出的表现之一是融资成本未见明显降低，无论是网络贷款还是众筹融资，其成本都不低于传统金融系统的融资成本。需要强调的是，互联网金融的存在价值和意义在于对传统金融的有效补充，在于普惠金融和廉价金融，根本落脚点是廉价金融，核心是降低互联网融资的成本。

三、替代性金融工具货币化对传统货币政策的影响

(一)传统货币政策

传统货币政策是指中央银行或其他政府部门为了实现其特定的目标，使用货币政策工具，通过货币传导渠道影响投资和消费，进而影响宏观经济运行的各项措施的总称。中央银行可以通过影响货币的供应量调节利率与借贷量，从而间接影响总需求与总供给。传统的货币政策分为扩张性货币政策与紧缩型货币政策。

货币政策的最终目标为：第一，稳定物价。这是中央银行货币政策的主要目标，而

物价稳定的实质是币值的稳定,即控制通货膨胀,使一般物价水平在短期内不发生急剧的波动。第二,充分就业。即是要保持一个较高的、稳定的就业水平,凡是有能力并自愿参加工作者,能在较合理的条件下找到适当的工作。第三,经济增长。这是指国民生产总值的增长必须保持一定的速度。第四,国际收支平衡。根据国际货币基金组织的定义,国际收支是某一时期一国对外经济往来的统计表。国际收支平衡是指一国对其他国家的全部货币收入和货币支出持平或略微存在顺差或逆差的状态。

(二)替代性金融工具货币化对传统货币政策的影响

就理论分析而言,学者 Black 认为在没有法律限制的条件下货币职能会自然分离。与此不同,学者 White 认为货币职能统一是货币自然演化的结果。在经济活动发展的早期,人们面临物物交换双向耦合的困难。在交换过程中,不同的商品表现出不同的市场化程度,人们愿意持有市场化程度高的商品以提高交换效率。而因为商品的交换能力具有自我强化的特点,一种商品交换能力越强,人们更愿意持有这种商品以方便交易。随着作为交易媒介的商品之间的竞争,某些商品成为普遍被接受的交易媒介,并被作为一般等价物。而在替代性金融工具货币化的过程中,数字化的金融工具也正在逐渐成为一般等价物。

在货币经济学中,金融工具货币化对传统货币政策的影响有以下几个值得注意的方面:第一,在数字金融工具货币化的条件下,传统货币政策依然在一定程度上是有效的。即数字化金融工具依然可以通过调节市场价格水平来调节市场的供给与需求。第二,传统货币政策继续成立的前提条件是对数字化金融工具加以法律制约。即将新兴金融工具,尤其是货币化的数字金融工具在金融体系内加以法律约束,这样才能更好地令中央银行发挥其宏观调控的职能,并继续通过调整货币供应量、利率等对总需求与总供给进行调控。

本章小结

1. 数字金融主要是指现代信息技术手段与传统金融产品与服务相结合所形成的一种新的金融发展业态。而"去现金化"主要包含了自动化、无人化、共享化与服务化的实践活动与发展理念。

2. 数字金融的特点导致了直接金融与间接金融定义的转变。在数字金融时代,借贷关系方式扩充,数据与金融产品的内涵扩大,金融产品开始数字化转型,用户界面与用户体验获得重视,互联网公司的数字金融应用与大数据风险管理应用等方兴未艾。

3. 替代性金融工具货币化趋势,如数字货币、电子货币的普及,对传统货币和货币政策产生了冲击;互联网对金融体系和货币都产生了影响。应加强对数字货币和互联网金融的监管。

思考题

1. 什么是数字金融？数字金融发展的背景是什么？
2. 数字金融的特点是什么？
3. 替代性金融工具货币化与传统货币的联系与区别是什么？
4. 替代性金融工具货币化对货币政策的实施有哪些影响？

第二章
数字金融基本理论

【本章提要】 数字金融是一种孕育于传统金融的新型金融形态。数字金融的发展和研究离不开经济、金融理论的支撑。本章第一节阐述了信用与经济周期理论,说明数字货币的兴起对信用创造机制的影响。第二节分别论述了产业经济学的内涵及数字化背景下,数字产业化、产业数字化的新趋势;信息经济学中数字技术对信息摩擦进而对市场效率的影响;数字科技及数字货币的应用对交易成本理论内涵的重塑。第三节在对比数字金融与传统金融异同的基础上进一步总结概括了数字金融的特征与优势。

第一节 数字货币、信用与经济周期

一、信用与经济

货币银行学从经济层面认为,信用是指以还本付息为条件的暂时让渡资本的使用权的借贷行为。信用产生的社会制度根源是私有制,产生的社会经济根源是各部门资金流动余缺的存在。家庭因防备未来之不测或未来大额消费进行强制性储蓄而成为最主要的资金盈余部门;政府部门因财政收入与支出的不平衡以及所承担的公共财政、经济发展职能而成为最经常的赤字部门;企业因扩大再生产以及资金周转的需要也成为经常性的赤字部门。金融部门作为社会信用的中介人,通过吸收存款并发放贷款成为各个部门调剂资金余缺的重要机构。

信用活动在经济运行中发挥了资金配置功能、信用创造功能、信息传播功能以及宏观调控功能,从这些基本功能来看,信用对现代经济的作用是巨大的。一方面,信用活动进行社会资金的再分配,为商品生产、流通、分配与消费提供了动力,提高了经济运行效率;另一方面,信用活动创造出信用货币和其他信用工具,为经济提供持续推动力,使经济处于加速发展态势;第三方面,信用作为宏观调控的重要传导途径,为保证宏观调控机制的有效性奠定了基础。

(一)信用与经济发展

信用具备支持调剂资金余缺的功能,从而可以提高市场运行效率,人们对于这点很早便有认识。但信用活动成为社会生产的直接推动力,促进经济长期加速发展,就不是很早为人们所知了。对于信用与经济长期发展之间的关系,理论上经历了从信用媒介理论到信用创造理论的发展,并由此形成了非常信用理论。这种理论上的发展恰与货币形式从金属货币向信用货币发展的轨迹相对应。

1. 信用媒介理论

信用媒介理论的理论基础是:货币只是一种简单的交换媒介和便利交换的工具。这一观点主要被亚当·斯密、大卫·李嘉图和约翰·穆勒等古典学派经济学家所支持,其主要是因为他们所处的18世纪流通的金属货币本身不具有经由银行进行创造的能力。银行只能在接受存款的基础上发放贷款,其负债业务先于而且决定着资产业务。因此信用仅是转移和再分配现有资本的媒介,并不具备创造新资本或新的生产推动力的功能。

2. 信用创造理论

随着纸币逐渐取代金属货币成为流通的主要工具,经济学家们开始认识到货币与信用对经济的更深层次的作用。信用货币流通时期,银行能够超出所吸收的存款额进行放款,而且能够用放款的办法创造存款,因此银行的资产业务优于并且决定着银行的负债业务。金融部门通过信用创造,能够为社会创造出新的资本,信用就是货币,就是资本和财富,信用因此而具有促进生产、繁荣经济的功能。

3. 非常信用理论

在经济思想史上,首位深入分析信用创造功能对经济长期作用的是奥地利学派的熊彼特。在1912年出版的《经济发展理论》一书中,熊彼特将信用货币理论同经济发展理论结合起来,提出了"正常信用"和"非常信用"的概念。所谓正常信用是以现实商品流通为基础的信用,比如凭借商业票据向银行请求的贷款;而非常信用则为不具有现实商品流通基础的信用。正常信用只能保证生产的正常循环流转,非常信用才是经济发展的一个不可或缺的因素,它使企业在正常生产范围以外获得所需的资金,并进行生产资料的重新组合,进而降低成本,提高生产效率。对经济整体来说,企业利润增加,收入增加,经济得以发展。

4. 数字金融、信用与实体经济

数字经济的核心是数字金融,而数字金融的核心仍是金融经济,它是围绕数字资产的交易和创造而形成的。数字金融的重要功能是为实体经济提供信用支持,为满足流动性需要而为交易者提供风险管理与资产结构优化平台。随着近些年的发展,数字金融叠加虚拟经济对实体经济所产生的影响愈发凸显,然而,由于新业态的不断创新,虚拟经济本身具有高风险性,且相对独立于实体经济,虚拟经济搭上数字金融的快车可能给金融系统增添诸多不稳定性,引发宏观经济更剧烈的周期性波动。

(二)信用与经济周期

所谓经济周期(business cycle),亦称商业周期或景气循环,是指社会经济状况沿着繁荣—衰退—萧条—复苏四个阶段周期性波动的过程。货币、信用与经济周期的关系,是各个学派经济学家研究的重要内容之一。经济学家们首先意识到了信用与经济周期之间存在极强的相关性,在深入研究相关原因与状态的基础上,发表了有关经济现象的真知灼见以及解决问题的理论对策。

1. 信用的顺周期性

信用的周期性是指信用的收缩与扩张随着经济周期的波动而变化的特征。信用的形成和发展并不具有天生的社会性,很大程度上源于资金贷放者的逐利性。在追求利息的过程中,人的非理性行为会使信用体系的内部自动均衡体制失灵,进而使信用成为推动经济周期发展的重要因素。具体来说,经济趋于繁荣时,信用扩张,社会供给超过社会需求,产业部门在资本边际效率递减规律的作用下,资金需求趋于饱和,需求逐渐向投资回收期较长的基础工业、重工业和公用事业转移,这就使得资金闲置者更倾向于将资金投入股市或房市等资金投入见效快、收益高的部门,催生了金融泡沫,虚拟经济逐渐与实体经济脱节。金融市场的财富效应一定程度能够使消费有所增长,适当缓解社会总供求矛盾。但不加抑制的金融泡沫终究会破灭,进而引起金融市场和金融体系的崩溃。消费的收缩和总供求矛盾的再现使经济爆发严重危机。危机阶段,信用活动收缩,实体经济因为资金短缺而进一步衰退。

2. 信用的增信与放大作用

信用的增信作用,指信誉卓越的贷款人为借款人提供信用或做出信贷承诺,可提高借款人的信用等级,从而使其具有更高的融资能力。比如担保公司为贷款申请人提供担保,使其信用等级提高,从而更易于获得贷款,再如,银行会为信用卡持卡人提供信用额度,使其能够享受小额消费信贷等。信用的放大作用是指信用能使经济主体的交易活动具有杠杆效应。比如购房者向银行申请住房按揭贷款,以购买价格 100 万的住房为例,若保证金比率(或称为首付)为 20%,则购房者只需支付 20 万便能买到房子。增信与放大作用的实质都是通过信用的提供而使交易扩大,这在经济运行正常时可以促进经济发展,但在经济存在周期性波动时,则会加剧经济波动的深度和广度。

3. 经济周期

自工业革命以来,世界经济在 200 多年的时间里经历了各种周期性波动。时至今日,学者们已经深刻意识到经济的周期性波动是工业化国家普遍存在的一种客观现象。那么导致经济周期性波动的原因是什么?货币、信用是不是经济周期性波动的原因呢?是唯一原因还是众多原因之一呢?许多经济学家对此进行了深入研究并形成不同的观点。

1)马克思的信用与经济周期理论

最早对经济周期以及信用与经济周期之间的关系进行系统研究的是马克思。根据世界近代史记载,从 1825 年英国爆发了资本主义历史上第一次普遍性的生产过剩危机,到 19 世纪 40 年代,英国以及欧洲各国已经出现了数次周期性的经济波动,而当时银行的信用体系已经比较发达。这一历史过程自然引起了同时代的马克思的关注。马克思早在《哲学的贫困》一书中就分析了经济周期及其形成原因,并认为经济周期性波动是资本主义制度固有的问题:大工业由于所使用的工具的性质,不得不以越来越大的规模进行生产,使生产走在了需求前面,供给强制需求,打破了需求支配供给这一前提,形成了生产的无序状态,这是资本主义生产过剩危机周期性爆发的根源所在。货币与信用对经济危机是否有影响？马克思在《政治经济学批判》中指出,货币只能起着次要作用,货币只有在进入流通领域进而影响生产时才能影响经济危机的效果。信用制度的发展使得独立的货币危机和信用危机成为可能,加剧经济危机的爆发,但危机的根本原因仍在于过度生产与有限消费的矛盾[①]。马克思对经济周期的认识是深刻且超前的,影响了后来许多学派的经济周期理论。

2）奥地利学派的信用与经济周期理论

不同于马克思认为是资本主义自身存在的内在矛盾引发周期性的经济危机与社会危机,奥地利学派的代表人米塞斯[②]则认为市场是有效的,市场可以有效地配置资源并提高人们的生活水平,而经济波动的根本原因在于政府干预政策引发的信用扩张。"商业的循环波动并非源自自由市场的一种现象,而是政府硬把利率压到自由市场所应有的水平以下,因而干扰商业活动所引起的结果"。他们认为信用扩张是经济周期的根本原因。因此,米塞斯及后来的支持者哈耶克均赞同政府实行对市场运行不采取任何干预措施的放任政策。哈耶克还提出了"自由货币"的思想,主张各商业银行各自发行货币并相互竞争。

3）熊彼特的创新理论

熊彼特的非常信用理论中也包含了信用周期的内容。他认为,非常信用可以促进企业的技术革命,技术的新老交替就是经济周期的原因。他还对商业循环的周期加以系统化,将基钦周期、朱格拉周期、康德拉季耶夫周期联结起来,三个基钦周期构成一个朱格拉周期,六个朱格拉周期构成一个康德拉季耶夫长周期。

4）凯恩斯学派的经济周期理论

现代西方经济周期理论中,凯恩斯学派将宏观经济分为长期和短期,他们认为长期中决定国家经济状况的是总供给（长期生产能力）,而总供给取决于一个国家的制度、资源和技术,因此长期的经济增长是一个稳定的趋势。短期的经济状况取决于总需求,而经济周期便是短期经济围绕长期趋势的波动。凯恩斯认为,外生的货币供给降低利率、刺激投资,也必然会引起经济的周期性波动。凯恩斯主义者认为经济周期的短期波动来自市场机制内生的不完善性,依靠市场机制不可能消除或缓解,政府干预经济是必要的,因此他们主张用财政政策和货币政策进行干预以保持宏观经济的稳定。

5）真实经济周期理论

20世纪80年代以来,西方经济周期理论的研究经历了从内生经济周期理论向外生经济周期理论的转变。20世纪末逐渐成为主流的真实经济周期理论不认同凯恩斯学派把经济分为长期和短期的说法,他们认为长期和短期中决定经济的因素是相同的,既有总供给又有总需求。而且真实经济周期理论认为市场机制本身是完善的,长短期

---

① 参见《马克思恩格斯全集》。
② 米塞斯的观点可参见其1912年出版的著作《货币和信用理论》。

都可以使经济自发实现充分就业均衡。经济周期源于经济体系之外的一些真实因素的冲击,这种冲击称为外部冲击(比如技术进步)。既然经济周期不是市场机制的不完善引发的,他们进而认为无须用国家的政策去干预市场机制,只要依靠市场机制,经济就可以自发地实现充分就业均衡。他们还将政府宏观政策也作为引起经济波动的外部冲击之一。

二、数字货币与信用经济

(一)货币、信用货币与数字货币

货币是在商品交换过程中从商品世界分离出来的固定地充当一般等价物的商品。货币经过数千年的发展,其表现形态不断变化,现在已经从实物货币发展成为信用货币,并出现从有形货币向无形货币(数字货币)演化的趋势。然而货币的本质功能与核心定位之一仍是价值尺度。价值尺度职能内在要求维持货币币值的基本稳定,在理论上就必须使一国的货币总量与该国主权范围内、可用法律保护的、需要货币化的社会总财富相对应。货币因此从社会财富中独立出来,作为社会财富的表征物,成为一种价值符号,逐渐发展出不具有内在价值的纸币作为一种信用货币广泛流通。

传统的信用货币依托"中央银行-商业银行"的二元架构体系,依靠中心化机构(中央银行)建立信用,所谓的信用是建立在整个国家可交换的社会财富基础上的国家信用,可靠的国家信用构成了国民广泛接受没有内在价值的纸币在社会流通的基本条件。在这种结构中信用货币的投放基于以下两种渠道:一是货币当局通过购买黄金、白银、美元等货币储备物投放货币,由此投放的货币通常称为基础货币;二是通过商业银行发放贷款等间接融资方式派生货币。在信用货币体系下,间接融资成为货币投放的主要渠道,并通过信用调节等货币政策工具使得货币投放满足社会需求。

20世纪后半叶,随着信息技术的快速发展,货币形态和流通模式越来越趋于数字化和网络化,出现了货币形态向数字货币演变的趋势。而所谓数字货币通常是指,运用区块链和分布式记账技术支撑的加密货币,具有去中心化结构、共识机制、信息不可篡改、可追溯等特性,依托分布式账本结构和共识算法建立信任,保障网络系统的价值转移,是数字形式的价值载体。现有的研究中数字货币的内涵通常包含法定数字货币(电子货币)和非法定数字货币两种类型。

法定数字货币是指中央银行运用新的信息技术推出的,适用于网络运行的非现金类数字货币。这一概念不同于法定货币的数字化,法定货币的数字化强调现有货币体系运行的网络化、非现金化,而不强调运用区块链等新的信息技术,且法定货币的非现金化随着微信、支付宝等支付方式的出现在社会中已广泛存在。随着数字货币概念的兴起,各国央行正加紧开展法定数字货币的研发试验,比如欧洲中央银行和日本中央银行联合开展的 Stella 项目、加拿大中央银行开展的 Jasper 项目等,我国于 2017 年也组织相关机构有序推进名为 DC/EP 的法定数字货币分布式研发工作。各国对于法定数字货币的具体形态尚未有清晰的概念和蓝图,2015 年国际清算银行下属的支付与市场基础设施委员会(CPMI)将法定数字货币定义为加密货币,周小川指出数字货币的技术路线可分为基于账户和不基于账户两种,当然也有相当部分学者认为央行数字货币主要属于现金(M0)范畴。

非法定数字货币是以中央银行以外的企业或个体为信用担保的数字货币,可分为中心化和去中心化两种模式。中心化数字货币是指以企业信用背书发行的非法定数字货币,如脸书(Facebook)主导推出的数字货币"Libra",是一种与一篮子法定货币按比例挂钩的稳定币,其优势在于联合21家创始机构,以企业资产储备为后盾,可提供足够的信用背书;此外还有与一种法定货币等值挂钩的稳定币,如 USDT、USDC、GUSD、JPMC 等。而去中心化的网络内生"数字加密货币",如比特币、以太币等,采用区块链和分布式记账技术,以算法技术为价值保证,通过网络"挖矿"获取,依据去中心化的账本结构和共识机制,实现了直接点对点的交易活动。

在对数字货币的内涵有了初步了解后,结合货币的本质属性和特征,对数字货币未来的发展大致可以形成以下几点预判:其一,应严格限定货币总量及阶段性供应量。缺乏国家主权和法律保护的财富相对应的网络加密币,其币值难以保持基本的稳定状态,违背了信用货币的基本逻辑,因而很难成为流通货币,只能将其看作一种特殊的数字资产,无法从根本上取代或颠覆国家主权货币,网络加密币去中心化的结构与央行主导相矛盾,强调隐私保护的特性也使其难以满足监管要求。其二,在国家依然存在、主权独立必须得以保证的情况下,"非国家化"的超主权货币必然是无法实现的,一国只能流通一种法定货币,与该种货币等值挂钩的稳定币终究只能沦为"代币",接受代币的基本监管规则。基于以上判断,在未来很长时期内可能只是法定货币的数字化,用于替代现金(M0),难以成为新的货币。

(二)数字货币的信用创造机制

1. 非法定数字货币的信用创造

数字货币的内在价值是信用创造的支撑。不同价值的信用属性会导致信用创造路径的差异化。比特币等去中心化的加密货币以非官方信用作为价值担保,倾向于作为一种投机商品,刺激金融机构以其作为基础信用工具或者证券交易的标的物(如比特币期货在衍生品市场的保证金杠杆作用),通过信用增级放大信用投放量,扩张信用规模,实现更多倍的信用创造。而由企业发行的中心化数字货币,大多将数字货币锚定一种或一篮子法币推行,有强大的资产储备作为后盾,是将法币向区块链的转移,对货币数量和信用创造没有根本性影响。而以国家信用作为信用保证的法定数字货币,更注重对现金(M0)的替代效应,会影响货币乘数和现有的信用创造机制。

2. 法定数字货币的信用创造

各国货币当局在探索法定数字货币的过程中构想了两种数字货币投放路径,一种是"中央银行—个人"的一元数字货币投放路径;另一种是"中央银行—商业银行"的二元数字货币投放路径。但无论是哪种路径,法定数字货币均是由中央银行发行的,以国家信用为价值交换的信用背书。在一元的法定数字货币投放路径下，中央银行实现了与个人点对点的价值转移，避开了商业银行，使商业银行的存款流失，实际通过缩小货币乘数，减弱了法定货币的信用创造能力。在二元数字货币投放路径下，法定数字货币实现了与现行金融系统的对接，因而可以通过商业银行体系的借贷行为实现法定数字货币的信用创造。

法定数字货币在二元信用投放路径下，更注重对现金（M0）的替代，而这会放大金融机构信用创造的货币乘数效应，通过银行系统实现信用扩张。具体来说过程如下：货币扩张乘数 $k = \dfrac{R_c + 1}{R_d + R_e + R_c}$，其中，$R_c$、$R_d$、$R_e$ 分别代表现金漏损率、法定准备金率和超额准备金率。在法定数字货币体系下，高效便捷的支付特征对现金形成较强的替代效应，在存款准备金率 R_d、R_e 不变的情况下，导致现金漏损率 R_c 下降。将货币扩张乘数变形为以下形式：$k = 1 + \dfrac{1 - R_d - R_e}{R_d + R_e + R_c}$，就可以清楚地看出，当现金漏损率 R_c 下降的时候，货币扩张的倍数 k 变大。当公众不再持有现金而实现数字货币的完全替代时，R_c 不再影响货币扩张乘数，进而货币扩张乘数退化为：$k^* = \dfrac{1}{R_d + R_e}$，$k^*$ 大于 k，消灭现金使得信用货币价值创造的功能更加强大。但不可否认的是，法定数字货币的二元信用投放路径本质上与传统的二元信用价值创造模式并无太大差别，区别仅在于对现金漏损率的程度判断不同，根据当前金融科技创新发展的渐进过程，从二元信用创造路径过渡到一元信用创造路径，以及去中心化的金融脱媒，或许是未来金融体系的发展方向。但在当下，金融科技及数字货币的发展更多是对现金漏损率的影响更为显著。

第二节　数字科技与基础理论

一、产业经济与数字经济

产业是经济生活中从事生产或作业的各行业、各部门，以及企业和私人服务单位的集合，或者说，产业是为国民经济提供产品或劳务的组织或者部门的总称。产业经济学是以产业为研究对象的一门学科，研究内容主要包括产业组织、产业结构、产业发展、产业布局和产业政策等。具体来说，产业经济学研究产业内各企业之间相互关系的形成与演变规律，产业的产生、成长、兴衰的发展规律，产业与产业之间互动联系的规律，产业在空间上的分布与转移规律，产业发展中资源有效配置的规律，等等。

产业是社会分工的产物，它随着社会分工的产生而产生，随着社会分工的发展而发展。社会生产力水平的逐渐提高，新的工种、新的生产部门从原有生产部门独立出来，不断发展及深化，促进新的产业部门不断涌现，同时进一步推动了生产力的发展，产业的内涵与外延随着产业的发展不断充实与扩展。依据不同的标准，可以将企业划分为不同的行业或部门，从属不同产业，比如：马克思以产品最终用途的差异作为分类标准将产业分为生产生产资料的产业部类和生产消费资料的产业部类；按照物质生产的不同特点可以将社会经济活动划分为农业、轻工业和重工业，我国在新中国成立后相当长的一段时期内采用这种分类方法；根据生产要素分类法按照劳动、资本和知识等生产要素的比重可将产业分为劳动密集型产业、资本密集型产业以及知识密集型产业；费希尔以社会生产发展阶段为依据，将产业分为第一产业、第二产业和第三产业[①]；等等。

产业发展程度的一个标志是从自然界提取产品的直接程度如何。比如第一产业的生产过程是自然界生态变化的自发过程或者从自然界直接获取产品的过程（比如农业），具有最直接的特点。第二产业的生产过程表现为对第一产业产品再加工的过程，具有一定的间接性。第三产业分布在流通、分配、消费等领域，为第一产业和第二产业服务，更远离直接生产过程，间接性更强。以信息技术和高科技为特色的第四次产业革命以信息为生产对象，生产过程离自然界更远，间接性最强，也代表了人类发展史上最先进的生产方式，所生产的越来越大量的数据颠覆了人类的生产生活方式，数字经济逐渐以一种新的经济形态成为社会发展的主流。

数字经济是以数字化的知识和信息作为关键生产要素，以现代化信息网络作为载体，以信息通信技术的有效使用作为效率提升和经济结构优化的重要推动力的一系列经济活动。可以说数字经济代表了围绕数据这一关键的生产要素进行的一系列生产、流通和消费的经济活动的总和。数字经济作为一种更高级的、更可持续的经济形态，是推进产业结构调整，实现经济高质量、可持续发展的重要推动力，正在以颠覆性技术创新、网络平台化和渗透性强等特征，通过数字产业化和产业数字化两种路径刺激新兴产业涌现，推动传统产业转型升级，进而促进产业结构优化升级。

（一）数字产业化

1. 数字产业化的内涵及意义

数字产业化是指大数据、云计算、互联网与人工智能等数字技术研发不断成熟并广泛地投入市场化应用，从而推动数字产业形成和发展的过程。数字产业是由传统信息产业演化而来。数字产业主要包括电子信息制造业、信息通信业、软件服务业以及互联网与人工智能等行业。

数字产业的发展对科技、经济和社会发展具有重要价值。其一，数字产业加快了科学技术的传播速度，缩短了科学技术从发明到应用的距离；其二，数字产业借助现代数字技术来进行相关产业活动，提升了经济信息的传递速度，使经济信息的传递更加及时、可靠和全面，进而提高各产业的劳动生产率；其三，数字产业的发展推动了知识密集型、智力密集型、技术密集型产业的发展，有利于国民经济发展结构的改善。基于以上三点，数字产业的发展水平已经成为决定一个国家经济发展水平的重要因素和衡量指标。数字产业大幅提升基础产业的发展，对传统制造业企业正发挥着重要影响。

---

① 可参见费希尔 1935 年出版的《安全与进步的冲突》。

2. 数字产业化的模式和路径

杨大鹏以浙江省这一数字产业化优势地区为例进行分析,指出了数字产业化三种发展模式,即研究机构驱动模式、龙头企业驱动模式和特色小镇驱动模式。三种模式分别从研发创新、技术应用、规模发展等环节切入推进数字产业化。研发机构驱动模式是指大学、科研院所、新型研发机构和企业研究院等主体从数字经济的研发环节入手推动数字产业化的模式。这是基于5G、人工智能、云计算、物联网等领域的基础研究和技术创新,通过产学研合作、成果转化基金和开放平台建设等方式将基础研究成果加以传播和转化,进而驱动数字产业化的过程。龙头企业驱动模式是通过培育在5G、人工智能、云计算、物联网等领域具有较高的成果转化能力的数字龙头企业,通过优势产品开发、裂变创业、市场拓展等方式发挥其在产业和地区内的辐射、引领作用,进而推动数字产业化的过程。特色小镇驱动模式是指特色小镇以新兴数字产业为核心,加快互联网、大数据、云计算、人工智能和物联网等领域的企业集聚,通过搭建产品平台、建设孵化体系、优化创业生态,加速数字产业集群建设,以协同发展抢占数字产业制高点。

数字产业化的一般路径包括数字技术研发、数字企业发展和数字产业集群形成三个阶段,即数字技术的应用和产业化推动数字企业的发展,数字企业发展壮大并集聚形成数字产业集群。数字技术研发的核心是要突破一批核心技术,为数字产业化提供技术供给,以前瞻视野布局技术研发,抢占未来竞争的制高点。数字企业发展是数字经济基础研究和数字技术突破产生成果的产业化过程,即将数字化产生的数据资源转化为生产要素,通过数字技术创新和管理创新、商业模式创新及其融合发展,不断催生新产业、新业态、新模式,在这一过程中会涌现出不同产业环节的数字龙头企业和数字产业集群。数字产业集群的形成是数字产业链的龙头企业和中小企业的良性互动,它们带动产业发展集聚,不断完善数字产业生态,最终形成完整的数字产业链和数字产业集群。

(二)产业数字化

1. 产业数字化的内涵与外延

产业数字化是指,传统产业利用数字技术,构建数据采集、数据传输、数据存储、数据处理和数据反馈的闭环,打通不同层级与不同行业间的数据壁垒,促进供给侧提质增效,创造新产业、新业态、新商业模式,不断满足需求侧改善体验的新需求的一种数字化转型活动。其本质是传统产业利用数字技术对业务进行升级,提升生产数量和生产效率的过程。其内涵是以数字科技为支撑,以数据为关键要素,以价值释放为核心,以数据赋能为主线,对产业链上下游全要素数字化升级、转型和再造。产业数字化的外延包含支撑产业数字化转型所需的经济、社会体系等外部支撑环境全方位的转变。从经济维度上看,主要涵盖数字化背景下的经济结构、创新体系、市场竞争方式、贸易规则的全面转变;从社会维度来看,主要包括社会治理模式、就业模式、教育体系等可持续发展问题。

2. 产业数字化的核心特征

1）数据成为新的生产要素

在数字经济时代，数据作为信息的载体，是产业数字化的核心，也是商业模式创新、业务流程优化、商业决策制定的关键依据，已经成为产业数字化转型的核心生产要素。大数据技术就是信息矿藏的开发和加工工具，让人们在结构化数据之外，进一步挖掘多种数据类型（如文本、图像等非结构化数据）和巨大数据体量下的商业价值，实现数据到价值创造的有效转化，从而成为业务创新、产业升级、社会变革的重要源泉。

2）供求信息精准匹配成为商业模式创新的动力

传统产业数字化程度普遍偏低，在云计算、人工智能、物联网等数字技术的推动下，传统产业的数字化转型驱动商业模式的智能化变革，基于应用需求驱动的软件功能创新成为数字化转型的重要抓手，数字化平台颠覆传统产品驱动的商业模式，生产端企业直接触及消费端用户，消费者需求或体验成为驱动企业生产的新动力，形成生产商、中间商、消费者的信息互联互通，促使传统产业向柔性化、定制化和个性化方向变革，供求信息精准匹配，为商业模式创新提供新动力。

3）产业互联网成为产业振兴的助推器

产业互联网是基于海量数据采集、汇聚、分析，融合应用云计算、大数据、物联网、人工智能等数字技术，构建生产服务体系，支撑产业资源的泛在连接、弹性有效供给、高效精准配置，实现最新数字化技术与现代技术的深度融合，产业全要素的泛在连接，构成了资源汇聚分享的重要平台，使得产业能够实现数据的全面感知、动态传输，提高资源配置效率，构建智能生产模式，达成互动化服务闭环，成为传统产业振兴的助推器。

4）区块链＋供应链成为产业大规模协同发展的技术支撑

区块链具有去中心化、开放性、共享性、透明性以及私密性等特征，能够提供块链式数据存储、数据防篡改、基于共识的透明可信等信任协作机制，可以构建可信的应用环境，满足供应链管理的需求，为解决产业大规模协作问题提供了可靠的技术支撑，有效地避免了信息的失真和扭曲，满足联盟企业之间的利益诉求，打破传统封闭的运营模式，优化生产运营和管理，提升运行效率和产出效益，形成开放共享的产业生态，在供应链领域发挥着重要作用，为产业大规模协同发展提供技术支撑。

二、信息经济学与数字化转型

信息经济学是一门研究信息的经济现象及其运动变化特征的科学。一方面，信息经济学关注对于宏观信息的讨论，比如较为宏观的信息经济学认为价格为社会中的经济主体传递了商品供需的信息，自由竞争的市场可以充分地利用所能获取的价格信息做出决策。其相关理论是在完全信息条件下发展建立起来的，假设市场是完美的。另一方面，信息经济学也关注对非完全信息的讨论，比如由于市场的不完美带来的信息摩擦。信息摩擦是指在搜寻摩擦和信息不对称过程中带来的正常支出成本之外所消耗的成本，具体表现为搜寻摩擦带来的搜寻成本和信息不对称带来的信息租金。

数字科技的发展,并未从根本上改变传统的信息经济学关于"信息"这一要素的核心要义。而数字经济赋能传统产业使经济活动产生的信息趋于数据化、数据趋于信息化,使传统信息经济学关于信息传递及信息摩擦的途径和方式发生深刻改变。大数据时代能够获取非数字化时代所得不到的海量经济主体行为数据,利用这些数据可以推断经济主体的个人信息,也使得从海量数据中提取信息变得可行,还可将文本、语音、图像等非结构化数据转变为结构化的数据用于推断及模型预测等。因此数字化时代信息经济学相关讨论的核心便是行为数据化和数据信息化。此外,信息可得性的增加降低了信息摩擦,进一步对市场效率产生影响,这也是值得关注的另一关键问题。

(一)经济活动数据化与数据信息化

经济活动数据化是指在数字经济中,数据技术使得消费者的消费行为、生产者的生产行为以及生产者与消费者之间的交易行为得以存储并被整理,从而形成一个数据池,这个数据池给各种智能算法提供了可用基础。消费者与生产者各自以及之间的经济行为创造了海量数据,行为数据化成为数字经济的核心特征。数据信息化是指,企业与消费者之间的经济活动创造了数据,这些数据又被提炼加工,以算法的形式回到消费者与生产者的互动中,以海量个体数据生成新的信息,降低了信息摩擦,提高了市场效率。

(二)数字技术与信息摩擦

随着统计学和信息科学技术的飞速发展,企业部门拥有了各种智能算法工具,并通过这些智能算法实现各种目标,比如匹配算法、排序、图像等,消费者可以访问各种在线数据以获得信息,比如搜寻机制和声誉机制等。这些算法为消除搜寻摩擦和信息不对称大有助益。具体来说,在行为数据化和数据信息化的框架下,社会个体可以通过搜寻匹配算法、排序、声誉机制和消费者数据分析来实现数字技术对信息摩擦的影响。

1. 搜寻匹配算法降低搜寻摩擦

搜寻匹配算法通过两个途径降低搜寻成本。其一,利用互联网技术实现信息的高速传递,让用户以更低的成本接触到交易对手。比如在一些电商平台上,消费者可以了解并购买远在千里之外的特色产品而不必花费巨大成本前往当地,便捷地实现了异地产品信息的传递。其二,匹配算法实现数据的高效整合,在交易双方之间创造链接。比如,电商平台通过个性化推荐、智能排序等手段为用户匹配潜在的交易对手,使交易更容易达成。

2. 排序算法缓解信息不对称

数字技术提供的竞价排序机制一方面可以视为一种降低了搜寻成本的匹配算法,另一方面使消费者跟厂商之间关于产品质量的信息不对称发生改变。电商平台中的产品排序与竞价广告有关,广告又承担着信号传递的功能,从而也在减轻信息不对称方面发挥了作用。电商平台拍卖广告位的搜索排序,出价高的厂商在排序中获得了高的位置,从而能够更便捷地向消费者发送信号,使消费者获得关于厂商能力以及产品质量的信息。消费者会认为排名越高的厂商越有能力购买靠前的广告位，有着生产更高质量产品的能力。

3. 声誉机制消除信息不对称

电商平台的线上评价机制是另一个由信息技术的出现而产生的全新的解决信息不对称的机制。传统声誉机制在于客户关于商品质量的口口相传，而在线声誉机制依赖陌生人的评价。商家可能会采用策略性行为（比如刷好评）影响评价，然而，如果消费者的评论是真实的，只有高质量的厂商才愿意购买消费者评论，反之，低质量的厂商即使通过返现、刷单等不良途径诱使消费者给予五星好评，也难以改变消费者对于产品质量真实评价的文字内容，低质量厂商会因此遭受惩罚。另一方面，如果一个商品缺乏评论，那么用户可能不会购买这个商品，这本质上是逆向选择。

4. 消费者数据分析与信息不对称

借款人在向商业银行借款时也拥有着银行不掌握的信息，因此而存在信息不对称。金融科技的广泛应用，提供了解决这一问题的契机。通过对借款人消费行为和账户流水信息的详尽分析，金融中介可以分析借款人的偿还能力，消除借贷双方的信息不对称。反之，很多P2P网贷平台纷纷爆雷往往也是因为并没有很好地解决信息不对称问题。

（三）信息摩擦与市场效率

1. 数字科技、搜寻成本与市场均衡

一些学者使用模型研究了搜寻摩擦与市场均衡之间的关系，比如学者Diamond发现一旦存在搜寻成本，一价定律便会失效，市场均衡价格还会从完全竞争价格跳跃到完全垄断价格。学者Stahl认为消费者以较低的搜寻成本就能获得价格信息，较低的搜寻成本会使市场上的价格分布收敛。学者Wolinsky考虑了一个水平差异化的商品市场，发现消费者在市场随机搜寻商品时，均衡价格介于完全竞争价格和垄断价格之间，而且均衡价格随着搜寻成本的上升而连续上升。数字技术大大降低了交易过程中的搜寻成本，使均衡价格趋于下降。此外，当搜寻成本降低时，稀有的小众商品更容易被发现，厂商更有动机生产稀有小众商品，使产品的丰富度增加。有搜寻成本时，消费者不一定能够搜索到最优的产品，进而只能选择次优的商品，从这个角度来说，搜寻摩擦的减小使得产品之间的纵向（质量）差异减小了。综合来看，搜寻成本降低使均衡价格下降、产品丰富度增加、质量差异减小，进而提升了市场效率。

2. 数字科技、信息不对称与市场效率

信息不对称具体表现为逆向选择和道德风险两种形式。在数字经济中，信息不对称一般在交易前较为突出，因而逆向选择是数字经济中信息不对称的主要形式。通常有两种方法解决逆向选择，一种是信号发送，另一种是信息甄别。就经济效率而言，信号发送和信息甄别都只能缓解而不能完全抵消信息不对称，数字经济对市场效率运行的影响既不是改变了信号发送的成本，也不是降低了信息租金，而是让一些无法发送信号或实施信息甄别的"柠檬市场"可以发送信号或实施信息甄别。而数字技术对道德风险的作用在于,通过区块链等信息技术提高数据的防篡改能力,从根源上解决链上信息不对称问题。但是如何保证信息从链下到链上的真实性,即最后一公里的问题,仍是区块链技术中的难点。

三、交易成本理论与数字化发展

新古典经济学是由均衡价格理论、消费者行为理论、企业理论、市场结构理论等一系列理论组成,主要运用最优决策理论进行经济分析,求解经济主体的利润最大化行为。在这一过程中,企业类似于一个转换器,根据边际成本等于边际收益的原则,对生产要素进行组合以生产最大产量或最低成本。但对于企业为什么会出现、企业是如何运行的这些问题,新古典经济学派并没有清晰的回答。直到1937年,科斯在《企业的性质》一文中对这一被忽视的简单问题做了分析。科斯指出交易成本是企业形成的真正原因,由此首次提出了交易成本的概念,并被后来的威廉姆森、张五常等经济学家加以发展逐渐形成了交易成本理论。

所谓交易成本泛指所有为促成交易而发生的成本。根据科斯的观点,企业从一个分工和专业化的市场经济中出现的主要原因在于组织市场交易是需要成本的,比如偏离相对价格的成本、为完成交易进行的谈判、签约以及搜寻成本。交易从市场转移到企业组织内部,资源分配的过程可以通过权威和行政指令来完成,免掉了一系列契约及相关成本,大大节省了交易费用。而阻止企业替代市场的力量来自随着企业规模的扩大逐渐上升的监督、管理成本。当企业内一笔额外交易的成本与公开市场进行这笔交易的成本相近时,企业规模便达到了最优点。企业组织交易的效率优于市场的根本原因在于企业内的行政指令一定程度上降低了市场交易不可避免的费用和风险。

威廉姆森沿着科斯的思路,认为经济组织的主要目的和效果是节约交易费用。他引入了两个重要的假定:一是有限理性,即人在知识、预见力、技能和时间上是有限度的,面对现实的复杂性和不确定性,人们不可能在签约阶段就考虑到所有的可能性及相应的调整方案,而企业在应付复杂性和不确定性方面具有优于简单的市场契约的吸引力;二是机会主义,即经济主体具有的一种自私自利的倾向,比如经常出现的逆向选择和道德风险,本质上就属于来源于信息不对称的机会主义行为,机会主义作为一种潜在的行为倾向,一经发生,就会对市场交易产生不利的影响,而通过企业来协调就会大大减少交易费用。企业的优势在于:其一,利益一体化机制更能抑制机会主义行为;其二,企业内部能更有效地监督和审计;其三,发生分歧时,不必诉讼而通过命令和说服就能加以解决。

张五常认为企业的出现并非是以非市场方式代替市场方式来组织分工,而是用劳动市场代替中间产品市场,实质是用一种契约代替了另一种契约关系。企业的本质是一种契约。那么企业和市场的边界就变得模糊,可以把企业关系看成是市场交易,也可以反过来把市场交易看成是企业交易。但无论如何,从企业关系到市场关系,发展脉络始终贯穿着一条主线——节约交易费用。

(一)数字科技与交易成本

交易成本理论的前提是市场运行中存在交易成本,根据威廉姆森的观点,这暗含如下几个假设条件:参与者具有有限理性,具有投机行为倾向;交易环境的不确定性和复杂性;信息不对称性;市场参与角色数目较少,垄断竞争下需要较高的搜寻成本、签约成本以及执行成本等。此时以企业为单位的交易形式能够通过内部协调降低交易摩擦。传统的交易成本理论明确了企业组织代替市场是经济运行的结果之一。而在数字化高度发展的情况下,数字技术相当程度上克服了市场交易主体之间的信息不对称问题,同时可以借助去中心化的交易模式降低信息搜寻成本、签约成本和执行成本,极大改变了交易成本的内涵。

一方面,数字技术的发展缓解了信息不对称。区块链能够通过分布式记账技术实现信息的多点记录和共享,确保数据存储和交易过程公开透明、不被篡改。智能合约可以通过构建信任机制解决交易双方信用评级、交易风险评估、事前交易中的逆向选择与事后交易中的道德风险问题。比如,企业管理中以去中心化的分布式记账代替中心化的记账模式能够规避管理层的财务造假行为。另一方面,以网络平台为基础的去中心化交易模式取代了传统的交易模式成为更好的改善方案。网络平台成为交易主体进行信息搜寻与资源分配的集散中心,通过大数据精准匹配技术使供需双方能够以最低的成本获取所需的信息和资源,节省搜寻成本,简化签约成本和执行成本。比如打车平台的在线支付功能优化了消费者支付的执行成本。基于网络数字化平台上的个体交易模式成为降低交易费用的新型解。

(二)数字货币和交易成本

科斯所提出的交易成本概念主要关注商品与生产要素交易过程中所对应的搜寻成本、签约成本和执行成本等。近年来学者将交易成本的分析框架应用到了货币流通与金融市场的交易之中。一方面,从传统货币在流通和支付时的交易成本来说,传统的实物货币和纸币在交易时面临较高的保存、运输、安全与造假等方面的成本与风险,转账的大额支付方式依托第三方机构也需要服务费用和时间成本,信息不对称、不可追踪与不可回溯时常引发欺骗性交易风险。相比之下,新型数字货币具有更高的安全性和便捷性,边际成本较低,大大节约了货币流通造成的磨损和成本损失。

另一方面,从货币衍生品作为交易对象时的交易成本来说,金融市场是货币及其衍生品交易的重要场所,信息不对称导致的交易成本是影响金融体系运行的主要因素。传统分业式监管的模式下,跨市场的穿透式监管成为防范重大风险时的重要选项,而这所需的人力与时间成本非常高,由此引发的信用与金融风险加大了经济运行的阻力。新型数字货币可以利用大数据实时监控,货币的交易和流水都可被精准监控,降低了资金流向不透明与资金安全的问题。通过定点投放扶贫、教育、医疗等领域,实现货币去向的实时监控。

第三节 数字金融的主要特征与优势

一、数字金融的特征

(一)数字金融与传统金融的异同

1. 相同点

首先,数字金融与传统金融的构成要素相同。虽然金融诞生于货币的信用扩张过程,随着市场的发展而衍生出不同的形式,但不管新金融还是传统金融,其构成要素都包含金融制度、货币、金融中介、金融市场以及金融工具。其次,金融核心功能相同。金融的本质是跨期金融资源的融通与配置,新金融的核心功能不会改变,仍是市场资源配置、调控宏观经济和提升经济运行效率。最后,市场化的发展趋势不会变化。理论研究及发展的客观规律均表明市场化是更具效率的资源配置方式,市场化力量可以发挥优胜劣汰的作用,从而夯实金融体系和金融基础结构的合理性,不管是数字金融还是传统金融,最终目的都是加深金融体系和金融的市场化程度及完善程度。

2. 不同点

首先,数字金融与传统金融的时代背景不同。传统金融起源于工业革命时代,社会化大生产需要金融资金的支持;而数字金融起源于传统金融,孕育在信息时代的背景下,运用大数据、区块链、云计算、人工智能等新技术,重塑传统金融的整个资源配置过程。其次,金融参与者不同。传统金融中商业银行通过信贷投放参与金融市场,是信用收缩与扩张的核心机构;而在数字金融背景下,区块链的运用可能带来金融脱媒的发生,资金供求双方可以借助新型数字工具直接实现资金的流动。再次,所使用的金融工具不同。传统金融主要运用交易系统、信贷系统和清算系统实现资金的融通与划拨;数字金融则将大数据、云计算、区块链等技术应用于信贷、保险及清算业务。最后,金融模式不同。传统金融主要有以银行为主的间接模式和以资本市场为主的直接模式两种;而数字金融可利用点对点的信息技术优势,将资金供需双方直接匹配。数字金融模式是对传统金融模式的创新和优化。

(二)数字金融的特征

1. 经济特征

数字金融的经济特征主要表现在普惠性、市场化、长尾性和规模性几个方面。普惠性方面,数字金融借助互联网技术为传统金融未覆盖到的地区和用户提供相对均等的金融服务,让每个人在数字金融发展的过程中都能受益,改善金融公平,提升金融效率。市场化方面,数字金融利用新技术降低信息摩擦和信息不对称,利用信息化手段提升市场中信息的流动效率和质量。长尾性方面,传统金融仅重视大额、信用良好的金融客户,而忽视了规模分散、信用状况较差的潜在客户。在数字金融时代,金融机构可利用数字技术将大额和小额、信用较好和相对不好的金融客户都作为自己的目标客户人群,依据大数据分析得出的风险特征,对不同等级风险的客户实施差别定价。规模性方面,基于互联网技术,摩尔定律使得金融行业也能够产生规模经济,数字金融通过信息网络载体,突破时间、空间的约束和限制,在既定的资源条件下最大化所能覆盖的用户和地区,产生边际成本递减和规模经济的效应。

2. 技术特征

数字金融的技术特征主要体现为数字化和智能化。数字金融首先借助数字化技术将金融要素转变成数字要素,通过大数据、人工智能形成金融生产力。在万物皆被数字化的金融活动中,智能终端和设备通过人工智能等互联网技术引领金融行为进行智能化转型。

3. 兼容特征

与传统金融相比较而言,数字金融更加凸显了与其他产业兼容的特征。数字金融借助资金流和信息流等渠道重构传统金融与产业之间的关系。比如,数字金融与供应链之间的融合形成了当今迅猛发展的数字供应链金融。

4. 监管特征

在金融数字化转型过程中将不可避免地出现数字安全和风险监管方面的问题。正是因为数字金融迭代创新发展的速度超过以往任何一个时代的传统金融发展速度,所以其倒逼着监管体系的数字化和科技化。以往传统金融下的监管体系和规则在数字金融背景下无法发挥有效的作用,尤其是针对资本市场上的数字金融行为,传统监管可能出现失灵的状况。强有力的科技监管成为数字金融时代背景下的显著特征。

二、数字金融的优势

互联网的兴起引发了金融业革命性的变革,互联网金融属于广义范畴里的数字金融,是由移动互联+金融业务形成的数字金融初始形态。侠义的数字金融是基于区块链思维与人性+科技融合创新的金融,数字金融时代是先进技术融合创新的时代,一系列新兴技术的应用及其引发的范式革命是数字金融与互联网金融相区别的本质特征。比如,区块链技术建立了从数字身份到数字金融,数字金融再到数字世界的内在联系。不同于互联网金融,数字金融呈现的新型特征使数字金融相比于传统金融具有可信、安全、隐私保护、社会责任、智慧、高效六点优势。

1. 可信

数字时代可信的金融可以分解为可信的数据、可信的模型和算法等。首先,数据信息可信是数字时代的基石。区块链是数字时代的信任机器,通过自身分布式的链上节点进行网络数据存储、验证、使用、传递和交流,带来数据和信息的可信性,在机器之间建立信任网络,以去中心化的方式建立信任。区块链具有的智能合约、共识机制、上链信息可追溯、不可篡改、全网验证等技术特征也保证了数据和信息的真实可信。其次，模型和算法可信是数字金融的关键。数据和模型的量化是金融的主干，可信的模型和算法对可信的数据进行处理后可以得到可信的输出。可信的模型和算法还应是稳定的模型、讲求因果推理的模型。可信的流程、可信的操作、可信的管理、可信的内控和监管，是传统金融中有所欠缺和薄弱的环节，而基于区块链可信数据、可信人工智能的数字金融基础设施将人类信任转化为算法或机器信任，成为新金融形式下的信任机制。

2. 安全

金融安全是国家安全的重要组成部分。从金融风险的角度来看，要解决系统性与非系统性金融风险可能带来的金融安全问题。基于区块链可信大数据、可信模型和可信算法的数字金融，可缓解金融风险中的信用风险和操作风险，可使底层资产得到穿透式监管，可对风险进行实时动态监测，可将微观金融风险和宏观金融风险上下贯通并联动防控，还可消除"数据孤岛"和"信息孤岛"，以获得比先前更完善的风险大数据从而开展风险分析和风险管理，还能够有效降低"黑天鹅"事件的风险。但我们也应认识到，这并不意味着数字技术的使用便可以完全化解金融风险，相反，越是依赖技术，信息系统的安全风险就可能越大，需要研究解决的问题就更多。比如区块链信息系统可能本身就比传统信息系统存在更多安全风险隐患，这同时也需要逐步构建完善的模型和算法安全性防范体系。

3. 隐私保护

在数字金融时代，数据将真正属于用户，用户能够在更高程度上掌握自身金融隐私信息的控制权和支配权。区块链技术可以帮助数据鉴权和确权、存证和流转、交易和定价、追踪和溯源、收益获取和分配，帮助进行金融活动的用户决定是否授权共享其隐私信息以及共享的范围和程度。对于企业、机构和政府部门而言，基于"数据可用不可见""数据不动模型动"的数据治理能够优化配置数据所有权、使用权和监管权，真正打破"数据孤岛""信息孤岛"，实现数据互联互通，支持联合统计、联合查询、联合分析、联合建模等，激发数据驱动协同创新。数字金融能够激活大数据这一全新的生产要素和生产力，成为推动经济高质量发展的新动能。

4. 社会责任

数字金融是经顶层设计、全局性规划、系统性优化的有温度、有情怀的金融，是以人为本的、金融机构充分体现其社会责任意识的、服务于实体经济和共同富裕的金融。相比传统金融，数字金融有望更具有人文关怀精神，更具金融向善、科技向善、区块链向善、人工智能向善、大数据向善等理念。比如，数字人民币是中国国家层面上金融系统与信息系统联合设计、联合创新、联合优化的典范。数字人民币坚持以人为本、金融普惠的理念，在设计上增强支付服务的可获得性，同时账户松耦合的设计，可方便偏远地区的民众在不持有传统银行账户、缺乏互联网的情况下使用数字人民币，真正做到金融公平，提高底层人民的金融覆盖率。有温度、有情怀的数字技术是未来数字化时代不可缺少的特征。

5. 智慧

区块链和大数据、人工智能融合带来的分布式人工智能在金融中的应用前景远大。下一代数字金融将从更加智能演进到更加智慧。数字金融2.0时代的智慧金融将在优先满足可信、安全、隐私保护、有社会责任这些先决条件的前提框架下实现机器智能的不断升级和迭代提升,且在机器智能中不断融入人类智慧的最新成果,实现机器智能和人类高端智慧的更高层次的统一和融合。就数字金融的上述技术特征而言,分别对应着可信的人工智能、安全的人工智能、隐私保护的人工智能、有社会责任的人工智能等前沿研究方向,人工智能迎来范式革命。

6. 高效

传统金融由于流程繁复、处理效率低下、中介繁多且服务费用较高等原因难言高性能、高效率。新型数字金融时代,高效率已是题中之义。高效的金融是指具有高性能、高精准性、高实时性的金融。高效的金融应首先满足上述可信、安全、隐私保护、智慧等先决条件,在此基础上对金融信息系统进行全面优化,对金融系统和信息系统进行联合优化。比如区块链技术本身可带来近乎实时的对账、清算和结算,故从理论上可以使金融系统的效率大大提升。

本章小结

1. 信用是指以还本付息为条件的暂时让渡资本的使用权的借贷行为,在经济运行中起到了资金配置功能、信用创造功能、信息传播功能以及宏观调控功能。信用具有顺周期特征、增信与放大的特征,对经济的周期性运行起到助推作用。不同的学派形成了差异化的信用周期理论。数字货币的出现,尤其是央行数字货币替代了流通中的现金,增强了传统信用创造机制中货币乘数的放大作用。

2. 产业是经济生活中从事生产或作业的各行业、各部门,以及企业和私人服务单位的集合。数字经济作为一种更高级的、更可持续的经济形态,正在以数字产业化和产业数字化的形式重塑产业结构。信息经济学是一门研究信息的经济现象及其运动变化特征的科学。数字技术的发展和应用使经济行为数据化、数据信息化,生产海量数据和信息,降低了信息搜寻成本和信息不对称。交易成本理论是科斯在论述企业为什么会出现时发展出的概念,交易成本的存在使企业组织在一定规模内优于市场这种组织形式,数字技术通过缓解交易中的信息不对称降低了交易成本,数字货币的流通和发行也降低了传统货币在流通中的磨损和成本损失。

3. 数字金融是在传统金融的基础上发展而来的,但与传统金融在金融参与者、金融工具、金融模式等方面存在差异,使数字金融呈现不同的经济特征、技术特征、兼容特征与监管特征。同时,数字金融具有可信、安全、隐私保护、社会责任、智慧和高效等特征。

1. 数字货币与传统信用货币的本质区别是什么？数字货币可能带来哪些风险？
2. 数字产业化与产业数字化的内涵分别是什么？
3. 数字科技在哪些方面可能增加交易成本？
4. 数字金融的主要特征是什么？

第三章
数字金融征信

【本章提要】征信是金融基础设施的重要组成部分,数字金融时代的征信又具有了很多值得关注的新特点。本章第一节阐述了征信的基础概念、传统征信和大数据征信的特点。第二节阐述了美国、欧洲、日本和中国征信产业的发展动态及存在的问题。第三节介绍了我国数字金融征信的几个典型案例。第四节说明了我国数字金融征信所面临的挑战。

第一节 征信与数字征信

一、征信

征信(credit reporting 或 credit reference)是指对企业、事业单位等组织的信用信息和个人的信用信息进行采集、整理、保存、加工,并向信息使用者提供的活动。征信的主要目的是解决交易双方信息不对称的问题,进行信用风险管理。征信是金融基础设施的重要组成部分,有助于防范金融风险,降低融资成本,提高融资效率。个人征信是基于个人资产状况和经济交易信息,对个人未来履约能力的评价和预测。基于个人征信,出借人才能较有效评估潜在借款人的还款意愿和还款能力,预判风险,进而提供与之相匹配的资金。

从事征信活动的机构,就是征信机构,又称征信所/局。征信最为重要的作用显然是防范在非即付经济活动中受到损失(也不排除征信被用于其他目的,如被用于人员雇用等),也就是说,征信最重要的用途会落在经济层面上。征信机构发挥作用需要有一套征信体系来配合。征信体系是由与征信活动有关的法律规章、组织机构、市场管理、宣传教育、技术标准等共同构成的一个体系,其核心是借款人信息数据库以及支持征信体系有效运转的相关制度、技术和法律框架。征信体系往往从国家层面(或重要的行业和领域)来讨论。征信体系一般指个人征信系统。

为了实现"信用社会"这一宏伟目标,我国推出了一系列纲领性文件,如 2014 年 6 月的《社会信用体系建设规划纲要(2014—2020 年)》、2019 年的《国务院办公厅关于加快推进社会信用体系建设构建以信用为基础的新型监管机制的指导意见》。虽然信用社会的形成不可避免地依存于传统、风俗与制度等,但是其更应通过对社会主体行为进行评价的方式得以落实。在大数据时代到来之前,囿于互动应景与技术等原因,与社会主体相关的信用信息呈现出破碎化、零散化的特点。让数据"发声"的大数据技术开启了重大的信用评价转型,研讨大数据征信治理对社会信用建构具有举足轻重的作用。

(一)传统征信

传统征信包括线下的金融征信体系、社会征信体系、商业征信体系以及线上某一层级数据的单一分析的 IT 征信。传统风险控制流程如图 3-1 所示。在用户提交申请表后,商业银行首先要查询客户的征信情况,由录单员负责将申请表中的客户信息录入系统并另行登记审批进度表,之后将客户申请资料随征信资料派给审核员。审核员通过阅读征信资料,查询信用网、工商信息,与第三方核实申请资料和确认申请人真实性等审核步骤后,记录存在的疑点,然后电话联系客户,对审核中发现的疑点进行核实,之后对申请人进行实地考察,咨询其经营模式、营业收入等问题,对其经营场所、经营状况等信息进行核实。在贷款分析环节,结合之前进行的调查情况撰写调查报告,给出审批意见,进而结合审批意见,做出信贷决策。最后通知审核通过的客户来行进行签约,在签约的过程中要进行复核相关资料的原件、核实客户流水情况等流程,签约后可进行放款。在放款给客户后,对相关文件进行归档。在客户借款期间,要做好贷后管理,包括电话回访、通知还款、催收、续贷等业务活动。从中可以看到,传统的风险控制流程十分烦琐,复杂的流程无疑会导致业务办理的低效率。

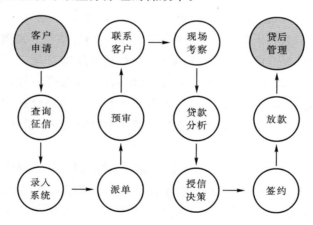

图 3-1 传统征信的审核流程

(二)大数据征信

随着互联网和数字金融的发展,产生了海量的数据,这些金融大数据越来越受到关注,也给征信行业带来了发展机遇。同时反过来,大数据征信也给银行、证券和保险业带来了新的发展机会。征信是现代金融体系的基础设施,征信的业务都是围绕着数据展开的,所以大数据和征信有着天然的联系。利用大数据创新征信业务,对于拓宽征信市场的广度和宽度十分有益。在美国等征信市场发达的国家,信用报告和信用评分的应用已经非常成熟,成为信贷风险管理各环节必不可少的参考。在我国,央行征信中心负责建设、运行和维护的金融信用信息基础数据库,近年来在信息采集、产品和服务方面成绩显著,接入系统的金融机构几千家,信贷信息的覆盖面已经相当高,服务渠道方面也推出了互联网服务。在产品创新方面,除了基本的信用报告产品外,目前个人信用报告数字解读、关联关系分析等多种产品已经在商业银行应用,金融信用信息基础数据库在促进信贷市场发展、提升金融机构信贷风险管理水平方面发挥了重要作用。

　　充分发挥征信大数据的作用,需要保持开放的心态,积极探索各类非传统的信用信息、大数据信用评分模型的应用等。大数据征信数据来源广泛,不仅包括传统征信的手段,还包括利用互联网手段工具挖掘的电子商务、社交、网络行为等特征信息。随着社会经济的飞速发展,征信业所收集、存储、处理的信息数据量呈现爆炸式增长,其必然也会进入大数据时代。在大数据时代,大数据思想和技术以其自身的优势必将为征信业提供新的发展机遇,为征信数据、征信服务、数据采集、征信产品等带来一系列变革。区别于主流的基于回归模型的信用评分模型,大数据征信更多地通过建立神经网络、决策树、随机森林、机器学习等模型,对于可获取的借款人的各类信息(公安户籍、学历学籍、水电煤缴费等公共政务信息,消费记录、出行、住宿、房产、车辆、职业等信息,以及互联网购物、转账、支付、人脉圈、行为习惯等)进行加工,针对不同的数据源找出各自最有效的算法,将多个弱关联特征变量组合成为一个强关联特征变量进入模型,力图开发出准确、稳定、普遍适用和易理解的大数据信用评估模型。但就目前业界的研究和实践结果来看,传统信用数据仍然是最有用且不可替代的,非传统的信用数据的价值还需要在未来实践中逐步挖掘、评估,在模型开发过程中要特别注意数据的准确性、模型的公平性等问题。

　　总之,将征信大数据与大数据技术有机融合,可以在数据源、信用评估方法、应用途径等方面探索一些新的业务模式,进一步创新征信产品和服务的多样性。

　　大数据风险控制流程如图 3-2 所示。具体来说,在大数据风险控制中,客户通常从网页端口或手机客户端口(这些端口也就是数据采集的入口)进入贷款申请系统;商业银行在获得客户授权指令后,利用其系统内和第三方的相关客户信息数据对客户进行征信:首先是对客户身份进行验证,并对其进行黑名单检查,之后利用客户的交易行为数据、社交数据、教育数据、运营商数据、电商数据、公积金数据、社保数据等相关数据对客户的信用风险进行分析和评估,在评估结果的基础之上,生成该客户的资信报告,基于资信报告做出授信决策,并向客户发放贷款。在客户借款期间,在与客户保持联系的基础上,依据事先设定好的催收模型和催收策略对客户的信用风险进行实时监控。从图 3-2 可以看到,大数据风险控制的基本流程与传统风险控制大致相同,但在接受客户申请、对客户进行资信评估、做出授信决策、进行贷后管理等环节比传统风险控制更加快捷高效。

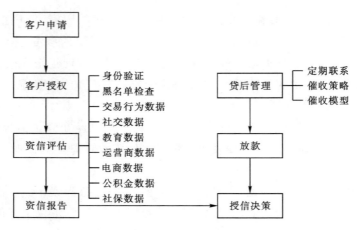

图 3-2 大数据风险控制流程

具体来说大数据时代的征信主要表现为以下几个特点。

1. 数据来源更为广泛，征信数据类型更为多样

在数据来源上，传统的征信数据主要来源于个人或者机构的借贷、赊购、担保、租赁、保险、信用卡等活动，这些活动中产生的行政处罚信息、缴纳各类社保和公共事业费用信息等都是征信数据。在大数据时代，征信数据更多的是来源于线上，互联网公司（如淘宝、京东等）通过客户网上的交易记录、评价等信息还有社交网络信息更加真实完整地了解客户的信用状况。在数据类型上，大数据技术使得征信数据不再限于数字、字符这些结构化数据，还包括图片、音频、视频等非结构化数据。例如，交通银行信用卡中心通过智能语音分析技术，提炼出隐藏在音频数据中的客户信息并对此进行分析应用，每天的数据处理量达到20GB以上。

2. 征信机构的服务更加及时、高效、全面

在营销服务方面，征信机构运用大数据技术对客户相关数据信息进行收集，勾勒客户画像，从多个方面对客户群体进行细分，从而提供差异化服务，使得营销服务更具有针对性和有效性。在客户维护方面，大数据技术可以帮助征信机构更加便捷、及时、有效地收集和分析客户对征信产品和服务效果的需求，及时反馈客户提出的问题和建议，从而提升客户忠诚度。与此同时，还可以运用大数据技术对客户使用服务的相关数据和征信机构所流失客户的相关数据进行挖掘分析，有助于预测发现可能流失的客户，从而及时对客户维护策略加以改进，保证客户群体的稳定。

3. 征信机构更加多样

传统的数据采集手段因机构性质不同而有差异。一种是公共征信机构，一般是由中央银行经营管理，金融机构（如商业银行、信用卡公司等）被强制要求定期向中央银行报送借款人的相关数据和信息。另一种是私人征信机构，独立于政府和大型金融机构之外，通常通过协议或者合同的方式规范数据采集，其数据的主要来源有提供信息服务

的金融机构信贷信息、政府平台公布的公共记录等。而在大数据时代,通常是采用含有内建芯片、传感器、RFID(无线射频芯片)等具有电子神经的感知设备产品收集人们生活中的数据信息。这些设备与计算机连接以后,可以随时随地对人们生活产生的各种数据进行收集,所收集的数据内容更加丰富,数据类型更加多样。

4. 征信的应用领域迅速扩大

传统的征信产品主要包括信用报告、信用评分、信用评级、信用风险管理类产品。在大数据时代,大数据技术有助于提升征信产品的质量,推动征信产品的创新,扩展产品服务范围,促进征信业的发展。例如,在征信产品推销方面,可以运用大数据技术对客户的生活习惯等数据进行挖掘分析,预测客户的潜在需求,有针对性地为客户推销相应的征信产品。在征信产品的改进方面,大数据时代的信用报告可以结合客户的生活习惯、性格特点、财务状况、兴趣爱好等信息数据综合评判个人信用状况。与此同时,征信产品的形式也将更加多样化,不仅局限于上报的报表、可视化的图表、详细的可视化分析,还可以是简单的微博或视频信息等。此外,大数据技术的应用能够使得信用评分和信用评级更加准确合理。随着移动互联网时代的来临,人们在网络上所留下的行为印记越来越多,这些类型多种多样的印记作为数据被存储下来,已经成为金融机构风险控制的重要补充手段。运用大数据进行风险控制能够很好地弥补传统风险控制所存在的信息不对称、数据获取维度窄、人工采集成本高、效率低等缺点。

二、传统征信和大数据征信的区别

近年来,互联网金融的迅猛发展给传统金融机构带来了极大的挑战。在过去,商业银行主要以中国人民银行所提供的征信信息和客户所提供的基础信息为主要的风控信息来源,以专家经验为风险管理决策的评判方法,过于倚重定性分析,由此可能会错失部分有效客户,不利于其业务的开展。随着移动互联网的普及,人们的日常活动越来越多地在网络上留下痕迹,这些痕迹可以以电子数据的形式存储下来。有越来越多的商业银行开始运用大数据技术对客户行为进行获取和分析,以对其风险控制活动进行有效的补充。

大数据应用为金融行业突破传统金融产品带来了革新。高端数据分析系统和综合化数据分享平台能够有效地对接银行、保险、信托、基金等各类金融产品,使金融企业能够从其他领域借鉴并创造出新的金融产品。国内的数据挖掘最早基本也是基于授信所需要的分类挖掘算法而发展的。比如,金融贷款产品正在从抵押贷款向无抵押贷款演变,通过大数据应用建立信用评估机制,极大地提高了信用风险评级的及时性和准确性,抵押贷款模式正在逐步被信用贷款模式所取代。

随着移动互联网时代的来临,人们在网络上所留下的行为印记越来越多,这些类型多种多样的印记作为数据被存储下来,已经成为金融机构金融风险控制的重要补充手段。运用大数据进行风险控制能够很好地弥补传统风险控制所存在的信息不对称、数据获取维度窄、人工采集成本高、效率低等缺点。

传统征信和大数据征信之间的差异主要体现在大数据技术在客户征信环节的运用，具体来说有以下几个方面。

1. 数据来源不同

传统征信的数据以银行信用数据为主，来源单一，采集的频率相对较低；而大数据征信的数据来源广泛，包括用户提交的数据，如其职业背景、受教育程度等，以及第三方数据，如理财数据、电商平台数据、社交平台数据、社保数据、公积金数据等其他相关数据。此外，大数据征信的信息采集频率高，能够实现对数据的实时采集。

2. 数据格式不同

传统征信所采用的数据主要是格式化数据；而大数据征信所采用的数据既包括格式化数据，也包括大量的非格式化数据。

3. 评价思路不同

传统征信是通过客户历史信用记录来评价客户信用水平的；而大数据征信则不仅对客户的历史信用数据进行考量，还会从海量数据中推断客户的身份特质、性格偏好、经济能力等相对稳定的指标，从而对客户的信用水平做出判断。

4. 分析方法不同

传统征信所采用的分析方法主要是线性回归、聚类分析和分类树等方法；而大数据征信所采用的是机器学习、神经网络、PageRank算法、RF等大数据处理方法。

5. 服务人群不同

传统征信的服务范围仅限于有信贷记录的客户，服务范围小；而大数据征信的服务范围不仅包括有信贷记录的人群，还包括那些没有信贷记录但在生活中留下足够多痕迹的客户，服务范围大幅拓展。

6. 应用场景不同

传统征信通常只能应用于金融领域；而大数据征信不仅能应用于金融领域，还能在多种生活领域发挥其使用价值。

7. 时效性不同

大数据征信相比传统征信，其数据覆盖范围广泛且具有实时性。依托于大数据和云计算技术的优势，大数据所具备的数据采集和计算能力可以帮助商业银行基于多维度、全方面的客户数据以及具备自我学习能力的风险控制模型，获取实时计算出的评估结果，进而使其风险量化能力得以大幅提高。

8. 评价精准性不同

在大数据风险控制中，信用评价更加精准。由于大数据征信模型中客户数据的范围越来越大，数据维度越来越广，客户信用评估模型越来越多，因而依据大数据征信模型所做出的信用评价更加精准和高效。

第二节 征信产业的发展

一、国外征信产业的发展经验

(一)美国——市场主导模式

在美国,征信机构均独立于政府和美联储之外,按照纯市场化的方式运作,并以营利为目的向市场提供信用信息产品和服务,政府和美联储仅扮演监管者的角色。美国征信机构中影响力较大的几家个人征信机构有益博睿(Experian)、艾克飞(Equifax)、环联(Trans Union),企业征信机构有邓白氏(Dun Bradstreet),这四家企业占据了美国征信市场的大部分份额。完善的监管和法律制度是美国征信体系的一大特点,这也是其市场主导型征信模式能够高效运转的基础,而监管的执行和法律的制定则是基于保护个人信息安全和隐私权的理念。

美国征信法律体系主要以《公平信用报告法》(Fair Credit Reporting Act,简称FCRA)为核心,该法规定了个人信息主体、信用信息提供者、征信机构等在征信活动中的权利义务关系,并从保护消费者隐私和信用报告准确性的角度出发,规定了信用报告的合法用途、负面信用信息的保存期限、信息主体获取和要求更正本人信息的权利、征信机构对信用报告准确性的法律责任等内容。美国并未设立类似征信管理局之类的部门专门负责征信监管,而是通过立法或自然分配的形式将监管职能分配至各个部门,在各个部门履行监管职能的过程中,依旧遵循保护个人信息与隐私权的基本原则。

1. 企业征信领域龙头——邓白氏公司(Dun Bradstreet,简称 DB)

DB 是全球历史最悠久的商业信息服务机构。其成立于 1841 年,时为纽约第一家征信事务所,目前主要向客户提供风险管理和市场营销等领域的解决方案,产品和服务包括各类商业信息报告、合规服务、供应链管理等。庞大的全球商业数据库是其核心竞争力。DB 的全球商业数据库是全世界最大的企业信用数据库,覆盖逾 2.4 亿家企业。这得益于其悠久的历史和全球化的发展战略,公司在 19 世纪后期便开始在澳大利亚、墨西哥等国设立分支机构。公司数据来源渠道广泛,包括当地商事登记部门、黄页、报纸和出版物、官方公报、互联网、银行和法庭,此外还通过拜访和访谈形式收集相关信息。

2. 个人征信领域龙头——益博睿(Experian)

益博睿主要提供数据和分析工具,帮助企业管理信贷风险,防止欺诈行为,确定营销目标,以及实现自动化决策,同时也帮助个人用户查询自己的信用报告和信用评分,并防止身份盗用。公司总部位于爱尔兰都柏林,营运总部分别设于英国诺丁汉、美国加利福尼亚和巴西圣保罗,业务网络覆盖全球 39 个国家和地区。益博睿拥有 30 多年的征信数据管理经验及建模专业知识,并与全球 70 多家征信机构进行合作,目前其全球数据库共覆盖 8.9 亿人和 1.03 亿家企业。益博睿数据来源广泛,包括个人和企业信用记录、保险、租赁、保健(医疗)支出及交通记录等,并不断加强数据库覆盖的广度、深度和质量。此外益博睿拥有超过 400 位数据分析师对数据加工和挖掘。

3. 大数据征信代表——ZestFinance

ZestFinance 由 Google 前信息总监 Douglas Merrill 和 CapitalOne 前信贷部高级主管 Shawn Budd 于 2009 年 9 月创立,旨在利用大数据技术重塑审贷流程,帮助在传统信用评估体系下因风险高估而难以获得信贷服务的个人拿到融资,并降低其借款成本。其用户群体主要定位于没有信用记录或信用评分较低的人群。这部分群体往往信用数据不足,因此在传统的信用评估体系下信用水平容易被低估,很难获得正常的金融服务。ZestFinance 一方面可以直接为这部分人提供小额贷款,另一方面也可以为其提供信用评估服务,帮助他们从其他机构获得贷款并降低借贷成本。ZestFinance 数据来源十分丰富,以传统的结构化数据和大量非传统数据共同构建数据基础。该公司除了传统的信贷记录等数据,还包括大量交易信息、法律记录、租赁信息、网购信息等数据,能够更全面地刻画每个人的属性,公司的数据来源主要包括第三方、网络数据、直接询问用户等,优于传统机构的大数据挖掘技术和多维模型算法是其核心竞争力。

(二)欧洲大陆国家——政府主导模式

德国、法国、意大利等国均主要依靠国家和政府组建征信机构,因此欧洲大陆国家的征信体系发展遵循的是政府主导模式。

该模式的特点在于:从征信机构的组建上来说,主要的征信机构并非由私人部门投资和经营,而是由政府部门组织成立和运行;从信用信息获取的角度来说,商业银行等金融机构被强制性地要求定期向公共征信机构提供企业和个人的信用;从信息数据范围来看,公共征信系统的数据主要包括企业和个人的借贷信息,与市场化的征信机构相比该系统的信息范围要窄许多,对诸如企业地址、业务范围、所有者名称等信息基本不搜集;从信息的使用上来说,只有被授权的央行职员或金融机构职员才能通过公共征信系统查询相关信息,其他任何人均不能在未得到授权的情况下通过该系统直接查询企业和个人信用状况;从央行的地位上来说,其既是公共征信机构的发起者,同时也是征信市场的监管者。

(三)日本——行业协会主导模式

日本的征信体系划分为三个类别——银行体系、消费信贷体系和销售信用体系,分别对应三大行业协会——银行业协会、信贷业协会和信用产业协会。

1. 企业征信体系

日本的企业征信体系主要包括两类机构——银行会员制征信机构和商业征信机构。

(1)银行会员制征信机构不以营利为目的,一方面会员银行必须如实向征信机构提供客户的信用信息,而征信机构也会为此支付一定的信息采集费用,另一方面征信机构负责为会员银行提供各类企业征信服务,而为了维持机构运营也会收取一定费用。

(2)商业征信机构在日本的企业征信领域也广泛存在,其中规模最大的为帝国数据银行(即 TDB 公司),该银行不仅对外提供信用信息、催收账款、市场调查及行业分析报告等服务,还可为委托人以"现地现时"的方式进行信用调查服务。

2. 个人征信体系

日本各行业协会共同出资组建个人信用信息中心,为会员单位提供各类信息查询服务,同样不以营利为目的,而各会员单位也必须将其所掌握的个人信用信息上报至信息中心。当前日本较大的个人信用信息中心包括以下三个:全国银行个人信用信息中心(KSC),由全国银行业协会组建;株式会社日本信息中心(JIC),由全国信用信息中心联合会管理;株式会社信用信息中心(CIC),由日本信用卡行业协会组建。

二、中国征信产业的发展现状

(一)发展历史

1980—1995 年,为我国征信产业发展的起步阶段,这一阶段个人征信尚未放开,而征信公司规模普遍较小,业务以资信评级为主,且信息获取难度高,报告内容简单。

1996—2003 年,央行和各地方开始搭建征信平台,这一阶段四大行由专业银行向商业银行转型以及一些股份行和地方性银行的陆续设立成为征信市场发展的重要推动力,而商业银行仍是征信服务的主要需求方,征信服务主要体现为内部评级服务,个人征信开始起步。

2004—2013 年,央行主导建立全国统一的公共征信模式,在这一时期中央多次强调要建立健全社会信用体系。

2014 年至今,数字金融时代的征信发展新阶段到来,随着互联网技术的蓬勃发展以及互联网金融业态的爆发式增长,一些互联网公司基于大数据开始涉足征信行业。

(二)发展现状

我国征信行业经历了 40 余年的发展,目前形成了公共征信与商业征信并存、以公共征信为主的征信体系。

1. 公共征信

公共征信主要是由央行主导建设的全国企业和个人征信系统,即金融信用信息基础数据库,由人民银行征信中心负责运营,此外各级政府或其所属部门设立的征信机构亦属于公共征信体系。其数据来源为:全面收集企业和个人信息,以银行信贷信息为核心,还包括社保、公积金、环保、欠税、民事裁决与执行等公共信息;对于无贷款记录的企业和个人,央行征信系统仅有基本信息。其产品体系为以企业和个人信用报告为核心的征信产品体系。其中,企业征信包括企业信用报告、关联企业查询、信贷资产结构分

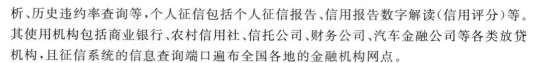

析、历史违约率查询等,个人征信包括个人征信报告、信用报告数字解读(信用评分)等。其使用机构包括商业银行、农村信用社、信托公司、财务公司、汽车金融公司等各类放贷机构,且征信系统的信息查询端口遍布全国各地的金融机构网点。

2. 商业征信

商业征信主要为信用登记、信用调查、信用评级等业务,征信机构包括50多家社会征信机构(如鹏元征信等)和80多家信用评级机构(如大公国际、中诚信等)。该类评级机构主要面向债券市场和信贷市场。社会征信机构主要从事企业征信业务,较少从事个人征信业务。征信业务收入和人员主要集中在几家大的征信机构上,如鹏元征信、新华信等。例如:鹏元征信成立于2005年,主要从事个人征信、企业征信、企业评分、个人评分和中小企业信用风险控制等业务,目前每年提供各类信用报告超过7000多万份,主要用户包括政府、银行、小额贷款公司、公用事业单位、电商平台等机构,公司信用报告在银行等金融机构内部一定程度上能够替代央行提供的征信报告。

尽管我国经济总量和融资规模均实现了快速增长,但征信行业规模依旧较小,目前还存在比较多的问题,原因在于:一方面尚未建立完善的信用体系,导致信用经济的渗透率处于较低水平;另一方面目前商业银行等金融机构的信用信息需求主要由央行征信系统满足,且信用风险管理往往不依赖外部机构,导致无法通过市场交易的形式体现价值。

央行征信系统依法采集从事信贷业务的机构的信贷信息,以银行信贷信息为核心,还包括企业和个人基本信息以及反映其信用状况的非金融负债信息、法院信息和政府部门公共信息及费用缴纳信息,既有正面信息,也有负面信息。央行征信系统的数据具有全样本、大覆盖、跨周期的特点,不仅数据量大,而且最重要的是有大的价值,是典型的金融大数据。此外,经过多年的征信系统建设,央行征信系统的数据质量经过不断完善,得到了较好保证。其具体特点为:

(1)数据规模大。截至2020年12月底,征信系统共收录11亿自然人、6092.3万户企业及其他组织;其中,收录小微企业3656.1万户、个体工商户1167万户,达成了世界上收录人数最多、数据规模最大的征信系统,覆盖范围囊括全国范围内有信用活动的企业和个人。

(2)金融信息种类全。目前,征信系统基本接入了国内各类正规放贷机构。商业银行、汽车金融公司及消费金融公司已基本全部接入;通过互联网等多种方式接入了为数众多的小额贷款公司和融资性担保公司等小微机构;通过发起行组织端口接入,帮助七成以上村镇银行接入征信系统;此外,民营银行、信托公司、财务公司、租赁公司、资产管理公司、保险公司、证券公司等都在加快接入征信系统。证券融资信息、信用保证保险信息、约定回购式证券交易信息、股票质押式回购交易信息、非金融企业债券融资信息等也逐步纳入征信系统,征信数据信息内涵不断丰富。

(3)数据质量好。数据质量是征信机构的生命线。征信中心采取多种举措,保证征信数据质量。征信系统制定完善的接口规范,所有接入机构严格按照接口规范报送数据,稳定报送三个月数据后,才开通查询权限。征信中心为解决商业银行对接口规范理解的偏差,广泛开展培训工作,并对业务多、报送数据比重大的金融机构开展非现场两端核对和现场检查工作,进一步保障数据质量。同时建立数据质量量化评价制度,让数据报送机构持续重视数据质量问题。

(4)时间跨度较长。从1992年到2006年,我国逐渐建立起全国集中统一的企业和个人征信系统。从2006年开始,征信系统正式运行至今已有十余年,存储了较长时间的信用信息。同时,主要商业银行还将新中国成立以来的历史数据全量上报至征信系统,所以,征信数据时间跨度长,积累了较长时间序列的信用主体基本信息及借贷信息。

(5)数据仍不够全面。随着我国信贷业的快速发展,金融创新深化,银行业的部分创新型信贷业务因接口规范的限制未能报送至征信系统,大量表外、非标业务也游离在征信系统的报送范围之外。另外,近些年来互联网金融快速发展,网络借贷(person-to-person,P2P)、现金贷等超短期贷款因为与传统信贷业务的模式不同,尚未接入征信系统,因此征信系统采集的数据还不能完全反映信用主体的负债信息。尽管从微观层面看,征信系统采集的数据还不能完全反映信用主体的负债信息,尚不足以对部分信用主体进行完整评估,但从宏观层面看,征信系统基本覆盖了我国银行信贷信息。征信大数据是非常接近总体的样本数据,虽有局限性,但仍然具有极高价值。

(三)存在的问题

1. 数据的累积存在明显短板

征信数据的累积是开展数字金融的基础,而我国征信类数据的累积还存在明显短板。从历史发展看,我国的个人征信体系建设不足30年。我国最早的消费信贷,是由国外引入的信用卡,发卡主体是商业银行,拥有一定财富的信用卡持有人是人民银行个人征信系统最早覆盖的群体。与之不同的是,国际上最早出现的消费信贷,是为促销商品而催生的"赊销模式",从业主体是大型商场。从被采集信息群体看,我国最早反映个人信用状况的数据来自金融机构,这也是人民银行个人征信系统以金融类数据为主的原因。由于人民银行个人信贷信息系统主要是为银行收集数据,而国内银行长期"偏好"高收入群体,因此,人民银行个人信贷信息系统仅能覆盖有限群体。国外最早反映个人信用状况的数据主要来自实体商户,消费数据是反映个人信用状况的原始信息,多样的消费者类型使得其个人征信机构覆盖范围广泛。从信息采集模式来看,我国采取政府主导模式,人民银行的个人信用信息系统从银行和其他公共部门收集数据。而有的国家则采用市场主导模式,即市场规模较大的个人征信机构通过并购整合数据。

2. 征信类数据存在严重的孤岛问题

我国信用信息的渗透率低,数据存在一定的整合不足问题,这造成我国征信类数字金融形成单极化发展格局。一是消费文化差异使得国内外的信贷主体类型区别较大。我国的消费文化尚处在发展时期,储蓄观念则深入人心,以信用卡为主要载体的消费金融业务覆盖面有限。人民银行的个人信贷系统覆盖的人口不到全国总人口的30%。二是国内互联网巨头对"替代数据"的垄断加剧了数据孤岛问题。互联网巨头如阿里巴巴、腾讯、百度和京东已成为向没有信用记录的人提供服务的"主角"。从盈利的角度来看，数据是核心竞争力，在当事人不愿意分享自己的数据的情况下，孤岛问题更加严重。而国际上信用记录缺失者的信用报告则大量采用了"替代数据"，如电信计费数据、租赁数据、电子商务消费数据、教育数据、社会数据、手机通信数据、心理行为数据等。

3. 征信类数字金融模式存在技术瓶颈

国际上征信业发展较快的国家中，最大的几家征信机构往往就掌握着其绝大多数人口的信用数据，这些数据与个人信用状况之间存在着"强烈的相关性"，逻辑回归模型方法在识别这种关系方面"很擅长"，因此，高质量的征信数据是应用逻辑回归模型分析法的前提。而 ZestFinance 公司由于使用大量与个人信用状况不一定"密切相关"的"替代数据"为信用记录缺失的人打分，逻辑回归模型可能无法取得良好的得分结果，使用机器学习算法效果更好。一方面，人民银行个人信用体系个人信用数据不完整，我国的征信数据质量与国际先进水平相比仍然偏低。另一方面，互联网金融公司拥有的大量"替代数据"与个人信用的关系有天然的联系，并不是简单的逻辑回归关系，而我国大多数机器学习算法仍使用逻辑回归模型方法。除京东金融服务公司对外披露其评分模型之外，其他互联网金融公司都没有对外说明其具体的评分方法。探索应用基于"替代数据"的机器学习算法，将是我国未来征信类数字金融发展的优先方向。

4. 法律制度不完善

不管是征信业立法还是个人信息保护的规范，我国相关法律规范的法律位阶都有待提高，否则将难以适应数字金融发展的需要。《征信业管理条例》由国务院颁布，属行政法规，我国数据产业的飞速发展使得该条例已显滞后。《信息安全技术个人信息安全规范》的实施令我国的个人信息保护在亚洲处于领先地位，但我国在信息安全技术方面依然与国际先进水平存在一定差距，个人信用信息保护面临诸多机遇与挑战。近些年，国外一些国家关于个人信息保护已推出一些新的规定。比如，2018 年欧盟颁布《关于保护个人信息处理以及自由移动的指令》。美国在 2015 年发布《消费者隐私权法案》（Consumer Privacy Bill of Rights Act，CPBR）政府讨论稿，旨在为商业环境下的消费者个人信息保护提供示范。2018 年 3 月，美国通过《澄清境外数据的合法使用法案》，对个人数据的跨境流动进行规定。同年 6 月，加州议会通过《2018 加州消费者隐私法案》，以应对脸书（Facebook）深陷"数据门"事件后的危机。互联网数据技术的发展，我国个人征信业出现的新变化，国际上推出的新规则，为已颁布的《征信业管理条例》《信息安全技术个人信息安全规范》的进一步提升和完善创造了新的发展机遇。

5. 非法采集、销售信用报告的情形严重

相较于传统征信模式，大数据征信极大地拓宽了个人信息的范围，除了传统的信用信息外，个人的互联网大数据、传感数据、行为数据、地理位置数据等，都被纳入考察维度之中，均可通过算法模型转换成对个人的信用评价，个人信息、信用信息与隐私的边界被进一步模糊，个人的信息泄露会变得更为严重。中国互联网协会于 2016 年向中国网民做过一次全面调查，84%接受调查的网民称有个人信息被泄露的经历，54%的被调查者认为信息被严重泄露。个人信用信息由于其经济价值,更是面临被非法收集、过度收集、不当泄露、违法交易以及二次开发等问题。

6. 个人征信监管制度跟不上时代发展步伐

个人信用信息的共享对征信市场至关重要,但对消费者则可能产生负面影响,因此有必要对个人征信从业者进行有效监管。在百行征信成立前,央行个人征信数据库是我国最重要的个人征信服务机构,而央行及其派出机构同时又是征信业监管机构,这种管理者与被管理者同属于一个部门的情形,容易出现监管权责不明的现象。从监管机构的设置看,在个人信用信息主要来自金融交易的时代,央行基本可满足个人征信监管需求,还可避免多头监管所产生的弊端。但随着我国最新个人征信制度的发展变化,个人信用信息收集跨越多部门、多领域,个人征信活动已发展到央行所能掌控的金融系统之外,这些领域的征信活动或将游离于监管。监管不到位甚至监管失效,将使得滥用个人信用信息、侵害个人信息权利的事件时有发生,确有必要进一步从立法层面完善个人征信制度。

7. 权利边界模糊,救济手段缺失

我国《征信业管理条例》主要从管理征信行业的角度规范征信活动应遵循的规则,该条例仅在第3条笼统规定从事征信活动不得侵犯个人隐私,在征信业务规则中对个人信息主体的同意权、异议权与投诉程序有简单规定。但是,该条例没有从个人信息保护角度界定个人征信主体的权利体系,更缺乏相应的权利救济程序。《信息安全技术个人信息安全规范》是一系列信息标准,同样没有权利救济程序。在实务运用场景中,互联网时代众多服务提供的是人机对话,没有客服向用户做面对面的说明,个人信息运用规则极不透明。一些平台要求客户授权查询个人信用信息,而客户进行授权时,有关客户权利的提示含糊、不明确,例如:人们不了解或难以理解个人有哪些具体权利,不知个人信用信息是否将被用于其他用途、数据是否可被再度使用;或者平台界面不友好,设计复杂的提示与说明,客户阅读不便;或者不授权无法进行下一步的操作,无法使用产品。在侵犯客户权利时,由于时常在告知与说明中采用要求客户授权第三方查询个人信用信息的模式,屏蔽真实的信息使用人,一旦发生纠纷,由于立法缺失,难以追责,客户维权困难。

(四)未来展望

展望未来,我国征信行业的发展或将呈现以下几个主要的趋势:①征信应用范围进一步扩大;②征信覆盖范围进一步提升;③征信机构越来越商业化和市场化;④征信应用场景不断拓展,其中包括金融场景、生活场景和商业场景等。除了围绕信贷融资提供信用评估服务外,以大数据基础衍生的诸如决策分析、市场营销方案、供应链管理等都有望成为重要发展方向。

政策层面上来说,监管政策短期内将影响行业的规模和竞争格局。对征信信息的保护将影响数据规模,进而影响到征信行业的规模。《征信业管理条例》规定对经营个

人征信业务的征信机构实行审核制,因此短期内的竞争格局将由央行所发牌照而定,且获得牌照时间较早的征信机构将会获得先发优势,更容易在未来竞争中成长为行业龙头。未来随着规模经济和交易成本的限制,征信市场将逐步呈现寡头垄断竞争的格局。一方面征信市场呈现明显的规模经济特征,随着数据库规模的扩大以及使用次数的增加,征信业务的平均成本逐步降低,因此拥有大规模高质量数据的征信机构有望胜出;另一方面征信主要基于信贷等金融业务而开展,因此交易成本存在上限,出于降低成本的考虑,全社会需要大而优的征信机构而非小型机构。海外成熟征信市场大多经历了"充分竞争→优胜劣汰→寡头垄断"的发展过程。海外成熟征信市场在早期发展阶段都有数量众多的征信机构,但分散经营和过度竞争最终都促使行业整合的到来,仅少数几家能够留存,例如美国的1家企业征信机构和3家个人征信机构就占据了征信市场大部分的市场份额。

就公共征信领域而言,我国央行征信系统作为央行履行金融监管职能的重要手段和工具仍将存在,并继续发挥重要作用。就商业征信领域而言,目前除了已在人民银行完成备案的企业征信机构外,预计短期内备案的征信机构数量仍会增加,而个人征信机构牌照数量则由央行决定,但长期看具备数据优势、资金优势、综合金融优势的征信机构有望通过并购整合成长为绝对的行业龙头,而小型或专业性的征信机构则或被收购或成为大型机构的供应商,进而实现行业集中度的提升。

第三节 我国数字金融征信的典型案例

一、芝麻信用

2015年1月5日,中国人民银行发布了允许8家机构进行个人征信业务准备工作的通知,被视为是中国个人征信体系有望向商业机构开闸的信号,腾讯征信、芝麻信用等位列其中。芝麻信用(Sesame Credit)是蚂蚁集团旗下独立的第三方征信机构,通过云计算、机器学习等技术客观呈现个人的信用状况,已经在信用卡、消费金融、融资租赁、酒店、租房、出行、婚恋、分类信息、学生服务、公共事业服务等上百个场景为用户、商户提供信用服务。芝麻信用服务主要依托客户在阿里巴巴旗下事业的信息,运用大数据及云计算技术呈现个人的信用状况,通过连接各种服务,让市场各方都能体验到信用所带来的价值。

从技术依据上来说,芝麻信用分(亦称芝麻分)是芝麻信用对海量信息数据综合处理和评估的结果,主要包含了用户信用历史、行为偏好、履约能力、身份特质、人脉关系五个维度的信息。芝麻信用基于阿里巴巴的电商交易数据和蚂蚁集团的互联网金融数据,并与公安网等公共机构以及合作伙伴建立数据合作,与传统征信数据不同,芝麻信用数据涵盖了信用卡还款、网购、转账、理财、水电煤缴费、租房信息、住址搬迁历史、社交关系等。芝麻信用通过分析大量的网络交易及行为数据,可对用户进行信用评估,这些信用评估可以帮助互联网金融企业对用户的还款意愿及还款能力做出结论,继而为用户提供快速授信及现金分期服务。本质上来说,芝麻信用是一套征信系统,该系统收集来自政府、金融系统的数据,还会充分分析用户在淘宝、支付宝等平台的行为记录。就安全机制而言,无论是机构还是他人,要查看芝麻信用分,都必须获得用户本人的授权,加之信用评估是直接以分值形式呈现的,因此可以较好地保护个人的具体信用信息和数据隐私。

芝麻信用的应用场景广泛,比如为了方便用户了解身边朋友的信用水平,芝麻信用设置了类似"信用 PK"的小游戏,可以和朋友一比高下。如果对方授权同意,还可以直接查看对方的芝麻分值。芝麻信用已与租车、租房、婚恋、签证等多个领域的合作伙伴谈定了合作。例如,未来当用户的芝麻分达到一定数值时,租车、住酒店将有望不用再缴纳押金,网购时可以先试后买,办理签证时不用再办存款证明,等等。2016 年 5 月,光大银行宣布与蚂蚁金服(现蚂蚁集团)旗下芝麻信用正式合作,引入芝麻信用全产品体系,在取得用户授权后,将借鉴芝麻分作为在线发卡、风控的依据。芝麻信用评分、信息验证服务(IVS)、行业关注名单等芝麻产品作为贷前产品,已在光大信用卡风控体系中得到应用。

从产品价值上来说,信用关系社会化将释放新的消费力。互联网信用本质上是一种消费能力,通过信用关系社会化形成新的消费能力将是推动经济增长的重要驱动力。信用是经济发展的基石,"互联网+信用"可以为互联网经济保驾护航,让公众充分享受信息互通、资源共享带来的便利,让人和人、人和商户之间因为信用而简单。"互联网+信用"也是普惠金融的必然选择,传统征信模式下,主要考察拥有信贷历史、活跃信用记录的人群,大量的弱势群体无法覆盖。通过"互联网+信用",可以覆盖更多的人群,特别是广大的农户、大学生、创业人群等弱势群体,推动金融普惠可持续发展;有助于营造人人守信用的社会氛围,帮助信用高的人获得更高效、更优质的服务,让失信者享受不到信用带来的便利。

二、网络借贷 P2P

P2P 是英文 person to person 的缩写,意思是"个人对个人"。具体模式为由 P2P 公司提供平台及信息服务,借贷双方自由竞价,撮合成交。借款人到期偿还本金,网络平台收取中介服务费。随着互联网用户的普及、技术的进步与货币数字化的迅速发展,2005 年 3 月,一家名为 Zopa 的网站在英国开始运营,提供的是 P2P 社区贷款服务。在该模式下,网站首先将借款人分为四个信用等级,出借者可根据借款人的信用等级、借款金额、利率和借款期限进行选择,Zopa 在整个交易中代替银行成为中间人,承担包括双方交易中所有事务、法律文件、信用认证、追讨欠账等责任。这种模式由于使借贷双方互惠双赢,加上其高效便捷的操作方式、个性化的利率定价机制,推出后得到广泛的认可和关注,迅速在其他国家得以复制。在 Zopa 之后,2006 年 2 月在美国开始出现一家名为"Prosper"的个人信贷网站。由于信用体制的完善,Prosper 在身份验证方面的效率非常高,最快在通过验证的当天就可以获得借款。Prosper 和 Zopa 主要依靠用户费用获利,借贷双方都需要支付一定的费用。

中国第一家从事网络借贷业务的企业是2007年6月在上海成立的"拍拍贷",由此标志着我国网贷行业的诞生。在2007至2011年的五年时间里,网贷行业从默默无闻到迅速发展,度过了P2P发展的初创期;在2012到2013年之间,网贷平台吸取发展初期的大量坏账逾期教训,重点发展平台注册地域的本地市场;2014至2016年,我国爆发了大量的平台跑路、项目自融等风险事件,引发业界对于监管法规的高度关注;2016年之后,是金融监管层对于网贷行业集中规范整治直至关停的时期。

网络借贷存在着金融普及率高、操作成本低、操作透明度高等多方面优势,同时也存在着信息不对称程度较高的问题。如何缓释这一风险是未来亟待解决的问题。就现阶段而言,传统的征信系统存在着覆盖人群低、数据时效性低等诸多问题,无法满足网络借贷这一新型金融组织形式的风控需求,这也就成为网络借贷发展中的痛点。相较于此,大数据征信系统覆盖人群广泛、数据时效性高,可在一定程度上帮助化解网络借贷中的风险。但是目前这一征信系统的发展也存在着其自身的缺陷——数据的安全性问题、数据的权威性问题、数据的碎片化问题都制约着其自身的发展。

2019年监管部门颁布了《关于加强P2P网贷领域征信体系建设的通知》,支持合法在营的P2P网贷机构接入征信系统。政策推出之后,PPmoney、人人贷、玖富普惠、向前金服、道口贷等20多家P2P平台陆续宣布接入央行征信系统,所有借款人借款的相关信用信息定期定量报送央行征信系统。全面接入央行征信系统后,网贷行业经营数据实现了全部打通,借款人在各个平台的借款情况可实时更新。通过信用信息的共享和查询,网贷机构可以更加全面清晰地了解借款人的信用状况。接入央行征信后,对于个人而言,若网贷机构借款人发生逾期行为,将对个人金融行为产生影响。如果借款人失信,则会被记入个人征信报告,或面临提高贷款利率和财产保险费率,或者限制提供贷款、保险等惩戒措施。虽然全面接入央行征信系统在一定程度上提高了网贷平台的风控能力,但仍然难以有效缓解其高速发展过程中所暴露出来的隐患和问题,需要从理论与实践两方面继续努力探索其未来可持续健康发展的方式与路径。

三、人人贷

人人贷全称人人贷商务顾问(北京)有限公司,成立于2010年,是网络借贷信息中介服务机构,也是中国早期成立的网络借贷信息中介服务平台之一,致力于为高成长人群提供线上信贷及出借撮合服务。该公司是友信金服旗下的互联网金融平台,主打个人借贷,信息披露比较透明,会公布每季度的相关运营数据,方便出借人了解平台的运行状况,及时预测和判断风险,人人贷始终坚持小额分散管理,并于2016年2月完成银行资金存管,是早期完成银行资金存管的平台之一。

经过多年的发展,人人贷的业务已覆盖全国30余个省份的2000多个地区,服务超过200万精准用户。2013年12月,人人贷所属集团友信金服完成1.3亿美元A轮融资,创下当时行业最大单笔融资记录。2014年5月,人人贷荣获"中国互联网协会企业信用评价AAA级信用企业"证书。2015年和2016年,人人贷连续入围中国互联网协会、工业和信息化部信息中心联合发布的中国互联网百强企业名单,连续4季度蝉联中国网贷评价体系的 AAA 评级（最高级）企业。2018 年，人人贷累计成交额一度达到 764 亿元。2022 年，人人贷为了响应国家的三降政策，清退所有用户。

人人贷的主要特点有：第一，专业信用审核。当用户有融资借款的需求时，人人贷会收集整理用户提交的个人信用资料，经过对借款人信息进行综合判断、分析、比较和评价，完成风险评估流程后，最终出具审批意见。用户的信用情况越好，其相应的借款成本就越低。第二，严格借款管理。人人贷坚持先进、严格的风控理念，从债权源头严格把控审批流程。通过独创的规则＋经验模式来实现风险识别。对于借款用户需要进行 4 项基本资料获取、5 项公开信息筛查、8 个电话核实、35＋项评分卡数据录入、100％信息关联检查、30％以上质检覆盖率实现，从而能够有效控制资产质量。借款用户可无须出门，提交材料、审核、放款全程互联网操作。

第四节　我国数字金融征信所面临的挑战

在数字金融时代，大数据征信将在金融领域内发挥越来越重要的作用。但同时也应看到，由于政治、经济、文化等多重因素的影响，大数据征信在中国现阶段的发展仍然面临着诸多挑战。

一、大数据征信重构信用主体信用状况的准确性问题

大数据征信的数据主要来自互联网大数据、企业大数据、政府大数据和个人大数据等，其中刻画个人信用的数据又主要来自互联网和个人提交的数据，包括身份数据、行为数据、社交数据、网上消费及交易数据等。如何科学确定信用评价的维度并赋予这些数据在各个维度中的权重决定着信用主体信用状况刻画的精准度，这也是大数据征信企业最为核心的竞争力所在。此外，准确刻画信用主体的信用状况除了要获取足够多的有价值的数据外，还需要综合考虑经济环境、文化背景、社情民意等因素，需要充分吸收利用这些领域的最新研究成果，来印证、丰富大数据信用评价模型，提高信用评价的准确性。要做到这一点，需要在学界和业界形成良性的互动，这将是一个长期的过程。

二、个人数据隐私保护问题

隐私是一个内涵不断丰富、外延不断扩展的概念。美国学者沃伦（Wallen）和布兰代斯（Brandeis）在 1890 年发表的《论隐私权》一文中将隐私界定为一种"免受干扰而独处"的权利，自此之后，后继学者逐渐将隐私的外延扩大到财产、私人空间、个人或家庭决策以及信息隐私等领域。随着信息时代到来，隐私问题不再囿于私密、敏感、非公开的个人信息，而是从传统私人领域延展到发生在公共领域，主要涉及共享、非敏感和公开的个人信息。

信息成为商品被收集、使用和传播，信息隐私成为关注焦点。信息隐私权是指"对披露和获悉个人信息的控制权"。大数据征信的核心是信息的收集和处理，在这个过程中如何平衡个人隐私保护与信息利用之间的关系事关到产业创新与隐私保护的协调发

展问题。从大数据征信的数据获取途径看,主要有自有平台累积数据、通过交易获取数据、通过技术手段获取数据、用户自己提交数据、基于综合分析获得数据等。在获取数据的过程中,需要综合考虑法律、技术、运作机制等因素对个人数据隐私保护的影响,如法律对个人信息的保护、数据交易过程中的匿名化处理、原始数据采集授权及二次加工使用授权、侵犯个人隐私的救济渠道等,这些都是大数据征信需要认真考虑和解决的问题。

三、数据的所有权、控制权、收益权问题

由发达国家倡导并实践的数据开放运动已经持续了一段时间,在全球范围内引起了广泛影响。而英国在此基础上更进一步,提出了"数据权"的概念。数据承载着信息,信息蕴含着价值。数据权概念的提出意味着数据价值的归属需要明确界定,由此引申出数据的所有权、控制权和收益权问题。由于大数据征信具有数据来源的多源性、技术处理的复杂性以及应用场景的广泛性等特点,在中国尚待完善的征信体系及特定的法律文化背景下,数据的所有权、控制权和收益权问题也尤为复杂。这里需要考虑的问题有:不同途径获取的数据所有权归谁?二次加工、三次加工的数据所有权归谁?涉及个人信息的数据,个人是否有控制权?如何实现控制权?数据交易过程中,个人如何实现数据的收益权?这些问题仍需要在现有法律及政策框架下做进一步的讨论和研究。

四、政策及监管的不确定性问题

大数据征信作为传统征信的补充,受《全国人民代表大会常务委员会关于加强网络信息保护的决定》《征信业管理条例》《征信机构管理办法》等法律法规的约束。但作为一种新兴的征信形式,大数据征信涉及问题的复杂程度已经超出了这些法律法规规定的范围,特别是在数据的采集、加工、使用和交易方面,不少大数据征信机构都在一定程度上存在着违规采集个人信息的行为,只不过是以一种不平等或隐蔽的方式来规避法律管制,如将获取个人信息与提供服务捆绑在一起,利用网民个人信息保护意识淡薄等弱点,使用复杂的免责条款来规避法律责任,使用不良软件非法获取个人信息,利用技术优势非法获取个人信息,非法交易个人信息等。这些问题的出现一方面是由于网络用户个人信息的自我保护意识和手段的不足,另一方面也反映出现行立法及监管措施的缺乏。随着隐私观念深入人心及互联网技术对个人生活的全面深入,这些问题都将倒逼监管层出台更多措施来保护个人权利,规范行业发展。

本章小结

1. 征信是金融基础设施的重要组成部分,有助于防范金融风险,降低融资成本,提高融资效率;征信又分为传统征信和数字金融时代的大数据征信。

2. 与传统征信相比,大数据征信具有以下特点:大数据征信的数据来源更为广泛,

数据类型更为多样;征信机构的服务更加及时、高效和全面;同时征信的机构类型也更加多元化;征信的领域也进一步扩大。

3. 传统征信和大数据相比,数据来源、数据格式、评价思路、分析方法、服务人群、应用场景、时效性和评价精准性都有所不同。

4. 国外的征信产业发展可以分为美国的市场主导模式、欧洲的政府主导模式和日本的行业协会主导模式。

5. 目前我国征信产业存在的问题主要有数据积累不足、存在信息孤岛、技术瓶颈、法律制度不完善、个人数据信息泄露、监管不足和维权困难等。

1. 什么是征信、征信机构和征信体系?
2. 大数据征信和传统征信有什么区别?
3. 国外征信产业的发展模式都有哪些?
4. 简述中国征信产业的发展历程。
5. 中国征信产业发展存在的主要问题有哪些?

第四章 传统金融机构变革

【本章提要】互联网金融并不仅仅是传统金融的一种补充,而是在很大程度上重新构造了整个金融体系。互联网企业通过各类金融创新,融入和改造了银行、券商、保险等传统金融机构,实现了业务创新、模式创新、价值创新,有效改善了国内原有金融产品供给不足的现状,同时促进了金融理财需求的快速发展。本章第一节概述互联网金融和互联网银行的内涵、互联网金融对传统银行业的冲击、大数据在银行业的应用,以及互联网银行典型案例。第二节简述互联网证券的内涵、互联网金融对传统证券业的冲击、大数据与证券业的融合,以及互联网证券典型案例。第三节说明互联网保险的内涵、互联网金融对传统保险业的冲击、大数据在保险业的应用,以及互联网保险典型案例。

第一节 互联网银行

一、互联网金融和互联网银行的内涵

(一)互联网金融的内涵

互联网金融是一个成谱系的概念,涵盖互联网技术和互联网理念的影响,包含从传统银行、证券、保险、交易所等金融中介和市场,到瓦尔拉斯一般均衡对应的无金融中介或市场情形间的所有金融交易和组织形式。互联网金融是金融市场供求双方借助互联网平台直接开展金融业务的交易模式,是金融"脱媒"的新形式。

从广义上讲,互联网金融是指任何涉及广义金融的互联网应用。互联网金融不仅仅是金融领域与互联网的简单结合,更深层次地说是传统金融行业与互联网精神、理念相结合的新兴领域。互联网金融与传统金融的区别不仅仅在于金融业务所采用的媒介不同,更重要的是在于金融参与者深谙互联网"开放、平等、协作、分享"的精髓,通过互联网、移动互联网等工具,使得传统金融业务具备透明度更强、参与度更高、协作性更好、中间成本更低、操作上更便捷等一系列特征。

(二)互联网银行的内涵

互联网银行一直以来都没有一个确切的定义。深圳互联行创始人林立人将互联网

银行定义为"借助现代数字通信、互联网、移动通信及物联网技术,通过云计算、大数据等方式在线实现为客户提供存款、贷款、支付、结算、汇转、电子票证、电子信用、账户管理、货币互换、P2P金融、投资理财、金融信息等全方位无缝、快捷、安全和高效的互联网金融服务机构"。

本书认为,广义的互联网银行包括以传统银行运营为主体,不以物理网点和实体柜台为基础,主要通过ATM、互联网、电话、移动通信等远程通信渠道为客户提供银行产品和服务的直销银行。狭义的互联网银行只表示完全通过互联网开展业务,没有线下物理网点的银行。

二、互联网金融对传统银行业的影响

(一)传统商业银行的职能

商业银行作为现代金融业的重要组成部分,在社会经济结构及其稳定运行中发挥着至关重要的作用,商业银行的职能主要包括信用中介、支付中介、信用创造、金融服务和调节经济五大职能。

1. 信用中介

信用中介职能是商业银行最基本也最能反映其经营活动特征的职能。这一职能的实质是商业银行充当了买卖资本商品使用权的角色,使社会闲散资金得以充分利用并转化为资本。银行作为信用中介,是由两个既相互联系又各自独立的借贷行为构成的。马克思称第一个借贷行为是"借者的集中",第二个借贷行为是"贷者的集中",在这"借者的集中"与"贷者的集中"之间,银行是靠信用经营的,所以银行具有信用中介功能。信用中介的功能可以概括为以小变大、以短变长、以定变活。

2. 支付中介

支付中介功能是商业银行最古老的职能。支付中介是指银行利用活期存款账户,为客户办理各种货币结算、货币收付、货币兑换和转移存款等业务活动。商业银行通过存款在账户上的转移代理客户支付,在存款的基础上为客户兑付现款等,成为工商业团体和个人的货币保管者、出纳者和支付代理人。因此,这一职能使商业银行承担着"社会总出纳""支付中心""整个社会信用链枢纽"的责任。

支付中介职能和信用中介职能是相互联系、相互促进的,两者互动构成了银行借贷资本的整体运动。

3. 信用创造

商业银行的信用创造职能是在信用中介与支付中介的职能基础之上产生的特殊功能。其具体是指银行利用其可以吸收活期存款的有利条件,通过发放贷款、开展投资,从而派生出更多存款、扩大货币供给的行为。当然,这种货币不是现金货币,而是存款货币,只是一种账面上的流通工具和支付手段。商业银行利用存款发放贷款,在支票流通和转账结算的基础上,贷款又转化为派生存款,在这种存款不提取或不完全提现的情况下,就增加了银行的资金来源。如此派生下去,将会在整个银行体系形成数倍于原始存款的派生存款。但是,商业银行也不能无限制地创造信用,更不能凭空创造信用,它至少要受原始存款、法定存款准备率、现金漏损率、备付金率等条件的制约。

4. 金融服务

商业银行由于联系面广,信息比较灵通,特别是电子计算机在银行业务中的广泛应用,使其具备了为客户提供信息服务的条件,咨询服务、对企业"决策支援"等服务应运而生。工商企业生产和流通专业化的发展,又要求把许多原来属于企业自身的货币业务转交给银行代为办理,如发放工资、代理支付其他费用等。个人消费也由原来单纯的钱物交易,发展为转账结算。现代化的社会生活从多方面对银行提出了创新金融业务的要求。在强烈的业务竞争压力下,各银行也不断开拓服务领域,通过金融服务业务的发展,进一步拓展银行资产负债业务,并把资产负债业务与金融服务结合起来,开拓新的业务领域。在现代经济生活中金融服务已成为商业银行的重要职能。

5. 调节经济

商业银行作为金融机构体系中最重要的机构,对支持一国经济发展具有举足轻重的作用,同时也对一国经济政策的执行和传导发挥着不可替代的作用,具体体现在调整产业结构、刺激消费、压缩投资、调节国际收支状况等方面。

综上所述,商业银行是主要金融中介机构之一。其存在的必要性体现在以下几点:一是降低交易费用;二是降低交易风险;三是调节借贷数额和期限;四是反映和调节经济活动;五是合理配置资金这一稀缺资源。

(二)传统商业银行的业务

尽管各国银行的组织形式、名称、经营内容和重点各异,但就其经营的主要业务来说,一般可分为负债业务、资产业务、中间业务和表外业务四大类。随着银行业国际化的发展,国内业务可能延伸为国际业务。

1. 负债业务

负债业务是银行最基本、最主要的业务,负债业务形成银行的资金来源,是银行资产业务的前提和条件。银行的负债业务主要由银行资本、存款、借入款和其他负债四个方面组成。

(1)银行资本。银行资本是指银行投资者为了正常的经营活动及获取利润而投入的货币资金和保留在银行的利润,即银行的净值。银行资本主要包括实收资本、资本公积、盈余公积和未分配利润。银行资本不仅是银行存在和发展的先决条件,而且是客户存款免遭偶然损失的保障,同时,它还是银行正常经营的保障。从监管角度来讲,银行资本分为核心资本和附属资本。核心资本即一级资本,在此不做赘述。附属资本包括贷款呆账准备金、坏账准备金、投资风险准备金、五年及五年期以上的长期债券。其中附属资本不得超过核心资本的100%。

(2)存款业务。存款是银行接受客户存入货币款项,存款人可以随时或按约定的期限提取款项的信用业务,是银行最主要的资金来源,通常都占到全部资金来源的70%～80%。银行传统的存款主要有活期存款、定期存款和储蓄存款三大类。

活期存款是指无须任何事先通知,存款户即可随时存取和转让的一种银行存款,它没有明确的期限规定,银行也无权要求客户取款时有事先的书面通知。活期存款有以下两个特点:一是具有很强的派生能力;二是流动性大、存取频繁、所费成本较高。定期存款是指客户与银行在存款时事先约定期限、利率,到期后支取本息的存款。定期存款具有三个特点:一是定期存款带有投资性;二是定期存款所要求的存款准备金率低于活期存款;三是手续简单、费用较低、风险小。储蓄存款主要是指个人为了积蓄货币和取得一定的利息收入而开立的存款。储蓄存款也可分为活期存款和定期存款。储蓄存款具有两个特点:一是储蓄存款多数是个人为了积蓄购买力而进行的存款;二是金融监管当局对经营储蓄业务的商业银行有严格的规定。

(3)借款业务。借入资金是商业银行一种持久地增加资金来源的手段,它使商业银行可以持有较高比例的流动性较差的生息资产。商业银行的借入资金主要包括中央银行借款、银行同业拆借、国际金融市场借款、发行金融债券和其他借款等。

2. 资产业务

商业银行的资产业务是其资金运用业务,是指商业银行将通过负债业务所积聚的货币资金加以应用而获取收益的业务。商业银行的收益是由贷款、贴现和证券投资等主要资产业务形成,但为满足商业银行经营的安全性、流动性和收益性的基本原则要求,商业银行的资产中必然有部分属于无收益或低收益的资产,因此,商业银行的资产业务除贷款业务、贴现业务和证券业务等主要业务外,还有一部分现金资产。通常我们可以将商业银行的资产分为现金、贷款、贴现和证券投资四大类。

(1)现金资产。现金资产是商业银行保持流动性最重要的资产项目,包括库存现金、中央银行的存款准备金、存放同业款、托收未达款等。现金资产业务不能给商业银行带来收益或收益极小,却是商业银行从事正常经营业务所必需的。

(2)贷款业务。贷款是商业银行最主要的资产业务。它是指商业银行将其所吸收的资金,按照一定的条件贷放给需要补充资金的企业或个人,从而获得收益的业务。虽然各国商业银行所处的经济环境、经营的方针策略不同,贷款在其资产中所占比重存在差异,但大都占到总资产的50%～70%。商业银行的贷款可以按照不同的标准划分为不同的种类:根据贷款期限,可分为短期贷款、中期贷款和长期贷款;根据贷款方式,可划分为信用贷款和担保贷款;根据风险程度,可分为正常贷款、关注贷款、次级贷款、可疑贷款和损失贷款;根据贷款对象,可分为工商业贷款、农业贷款和消费贷款。

(3)贴现业务。贴现是银行应客户的要求,买进未到期的票据。它是在商业票据的基础上产生的一种融资行为,故也称贴现贷款,实质上是银行的信用业务,因为票据的支付人对持票人是一种负债关系。在票据未贴现以前,票据是银行客户的债权;贴现以后,票据转为银行的债权。因此,票据买卖实际上是债权的转让,相当于银行间接贷款给票据支付人。银行把资金支付给申请贴现的企业,却要在票据到期时才能从付款人那里收回资金,因此,银行就要向客户收取一定的利息,称为贴现利息或折扣。

(4)证券投资业务。商业银行的证券投资业务是商业银行将资金用于购买有价证券的活动,主要是通过证券市场买卖股票、债券进行投资的一种方式。商业银行的证券投资业务有分散风险、保持流动性、合理避税和提高收益等作用。商业银行投资业务的主要对象是各种证券,包括国库券、中长期国债、政府机构债券、市政债券或地方政府债券以及公司债券。在这些证券中,由于国库券风险小、流动性强而成为商业银行重要的投资工具。按我国商业银行法规定,商业银行不得从事境内信托投资和股票业务。因此,目前它们的证券投资业务对象主要是政府债券和中央银行、政策性银行发行的金融债券等,且规模都不大。

3. 中间业务和表外业务

对于商业银行资产负债表内所显示的资产业务、负债业务之外的其他业务,金融业界并没有统一的认识,或者称为中间业务,或者称为表外业务,国内则一般称为中间业务。2001年6月21日中国人民银行颁布《商业银行中间业务暂行规定》,将中间业务定义为"不构成商业银行表内资产、表内负债,形成银行非利息收入的业务",并将其划分为适用于审批制的中间业务(包括形成或有资产、或有负债的中间业务与证券、保险业务相关的部分中间业务)和适用于备案制的中间业务(指不形成或有资产、或有负债的中间业务)两大类业务。根据习惯,我们仍将商业银行资产负债表内所显示的资产业务、负债业务之外的其他业务划分为中间业务和表外业务。

(1)中间业务。中间业务是指不构成商业银行表内资产、表内负债,形成银行非利息收入的业务,其主要包括结算业务、信托业务、代理业务、租赁业务、银行卡业务、咨询顾问类业务等。其中,结算业务指银行接受客户的委托,根据各种收付凭证,为客户办理各种货币收付的业务。信托业务是指商业银行作为受托人接受客户委托,代为经营、管理或处置有关资产或其他事项,为信托人谋取利益的业务。代理业务是指商业银行接受客户委托,代为办理客户指定的经济事务、提供金融服务并收取一定费用的业务。租赁业务是由银行出钱,购买一定的商品出租给承租人,然后通过租金收回资金的业务。

(2)表外业务。商业银行表外业务是指商业银行所从事的,按照通行的会计准则不计入资产负债表,不影响资产负债总额,但能改变当期损益及营运资金,从而提高银行资产报酬率的活动。表外业务也有狭义和广义之分。狭义的表外业务是指或有债权、或有债务类表外业务。广义的表外业务则除了狭义的表外业务,还包括结算、代理、咨询等无风险的经营活动,也就是我们前面说的中间业务。

(三)互联网金融的发展对传统商业银行的冲击

互联网金融凭借其支付便捷、资源配置高效、高透明度等优势,对商业银行产生了持续且系统性的冲击,而且其冲击的影响是多方面的,不仅包括负债、资产、支付结算等核心业务,还包括银行经营模式等。

1. 对存款理财的冲击

网络理财的兴起正在不断分流银行存款。商业银行开发的各种理财产品也构成其自身收入和利润的重要组成部分，但网络理财凭借其不受时间和地点的限制这一独特优势，以及收益较高这一特点，大幅度地分流了银行存款。目前，网络理财基本上涵盖了支付、担保、保险、基金等商业银行的传统领域。例如，阿里依托支付宝的资金沉淀，开发出的余额宝，其收益远高于银行活期存款，严重冲击了银行活期存款业务。在基金销售支付方面，目前已有支付宝、易付宝、汇付天下、财付通、易宝支付、快钱、快付通等11家公司获得基金销售支付牌照；宜信、人人贷、余额宝、天天盈等网络理财产品的兴起，不断蚕食着银行的存款业务。

2. 对间接融资的冲击

互联网金融对传统信贷业务造成的影响也不容小觑。信贷业务作为商业银行最重要的资产业务，也是商业银行最重要的收入和利润来源。在信贷领域，作为借款方的商业银行和作为借款人的客户之间存在信息不对称现象，因此，银行对客户的审核非常严格，历经审查、评估等多个程序。只有确认客户资信良好，符合严格贷款制度，且确保能偿还贷款或者有三方担保的，方可进行放贷。一般而言，商业银行喜欢的多是资本实力雄厚的优质客户，大量急需融资支持的中小型企业和小微企业由于商业银行严格的审核要求及风险规避，很难获得商业银行的贷款支持。网络技术、信息技术和数据挖掘的发展，将大幅度降低信息不对称带来的市场失灵问题，并且凸显出资金信息中介的重要性，互联网金融的兴起也为中小企业缓解融资难、融资贵的问题开启了方便之门。

3. 对职能的冲击

1）互联网金融弱化了商业银行的支付功能

中间业务对商业银行的生存和发展起着至关重要的作用。互联网金融创新发展模式，借助互联网、电信运营商、广电网络等平台，提供信用卡还款、生活缴费、机票订购等便民服务，大大便利了民众，无形中对银行传统的中间业务产生了替代效应。借助网络技术、信息技术和电子商务的发展，第三方支付平台发展前景将更为广阔。例如，以支付宝、财付通、快捷支付为代表的第三方支付平台通过创新其发展模式，不断延伸其业务领域，大肆渗透、抢占银行的支付结算份额，蚕食商业银行传统领域的中间业务市场。

2）互联网金融弱化了商业银行的金融中介功能

信息技术的飞速发展从根本上改变了信息的传递方式，困扰金融行业的信息不对称和高昂的融资成本问题通过互联网金融能够有效地解决。这在相当程度上弱化了传统商业银行的金融中介功能。在互联网金融模式下，信息流动阻力小。例如，在P2P平台上，借贷双方可以通过搜索引擎技术将资金供需按照自身需要的方式进行排列，并且在定价过程中使用了云计算、大数据等技术进行最终贷款价格的确定。P2P网贷模式不再以传统商业银行为中介进行间接融资，这对于商业银行融资中介服务的需求也起到了一定的分流作用。另外，互联网金融的发展使第三方支付服务的内容不断丰富，传统商业银行的中间业务收入也大受影响。

4. 对盈利模式与经营模式的冲击

1) 互联网金融对商业银行盈利的冲击

目前我国传统商业银行的盈利来源主要是信贷业务，其信贷业务的收益主要来源于息差收益，而互联网金融的快速发展已经开始威胁到商业银行的息差收入。互联网金融模式在我国得以快速发展的一个重要原因就是我国的金融服务体系不够完善，商业银行等大型金融机构更愿意为大型客户提供金融服务，而并不在意中小客户的金融需求。在互联网金融环境下，这些中小客户通过互联网金融平台找到了能够满足自身金融需求的机会，而这种低成本的金融模式能够吸引原先沉淀在商业银行的低成本资金，给商业银行带来了巨大的压力。

此外，互联网借贷的发展壮大也与商业银行在对个人或小微企业贷款领域形成了一定的竞争，互联网借贷模式的发展满足了那些被商业银行忽视的小微客户的金融需求。互联网金融平台利用大数据技术能够发现并细分目标客户，大幅降低营销成本，对传统商业银行的营销模式形成冲击。如果互联网金融有朝一日能够发展出面向大客户的金融模式，商业银行的利润来源将会受到根本性的冲击。

2) 互联网金融对商业银行经营的冲击

互联网金融对传统银行业务的挑战不仅存在于市场份额和业务发展层面，更深层次、更实质性的挑战在于商业模式与思维方式的改变。随着互联网技术的快速发展，金融消费者更多地掌握了金融产品和服务的选择权。与传统金融服务模式相比，互联网金融服务更重视客户的需求和体验，强调服务产品的灵活性和交互式营销，主张交易过程中的信息对称，且在运作模式上更注重互联网技术与金融业务的深度整合，这改变了金融服务消费的节奏、规模和力度，对银行的传统服务模式带来了很大挑战。

三、大数据建设与商业银行

(一) 大数据和银行业的融合

商业银行在经营管理业务中积累了海量数据，数据来源可靠且多元化，应用大数据具有天然优势。业界认为，未来银行业的竞争，将是数据间的竞争。银行业的传统数据分析过程，是相对割裂开的过程，这是银行业数据的安全性优势，同时又是其弊端所在。近年来，数据整合和数据分析技术飞速发展，为银行业的数据综合分析提供了强有力的支撑，"割裂"开来的数据逐步建立了联系，银行业可为客户提供更加专业和个性化的服务，以提高自身竞争力。大数据时代，商业银行的资产负债业务、中间业务和经营管理模式等，正在发生着深刻变化。

总体来看，大数据在银行业中的应用与创新，主要体现在四个方面，如图 4-1 所示。

一是对客户画像的准确刻画，从而深刻了解客户的需求特征、消费习惯、信用水平等信息，为金融业务开展奠定了数据信息基础；二是精准营销，在准确刻画客户特征的

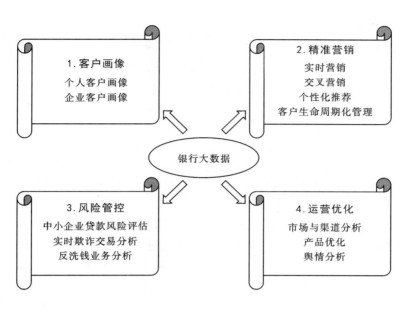

图4-1 银行大数据应用与创新

基础上,挖掘客户的需求方向,预测客户的消费行为,提高产品创新能力,完善信息反馈与改进机制,提升客户体验,增强客户黏性和活跃度;三是风险管控,在贷款风控、反欺诈、反洗钱等领域进行大数据分析,利用数据信息分析整合客户的信用水平、实时掌控客户的交易行为,从而提高银行对风险的预判与控制能力;四是运营优化,大数据将致力于优化银行的组织结构,提高银行的管理效率,打通银行与市场的沟通渠道,提高银行在资本市场中的活跃度。

对于不同规模、不同类型的银行,以上四个方面的大数据应用都将有所体现,但也会存在一定的差异,各有侧重。比如大型银行侧重于风控体系创新、业务经营与客户关系管理创新及管理决策方式的创新,而中小型银行更注重精准营销与小微信贷业务的创新。为了更深入了解大数据与商业银行的融合,以下将从负债业务、资产业务、中间业务及经营管理四个方面出发展开具体分析和阐释。

(二)商业银行负债业务大数据

1. 用大数据预测客户存款行为

运用大数据预测存款行为,有针对性地进行吸储营销,能够大幅提高营销效率和客户黏性。如图4-2所示,依托大数据资源平台,商业银行获取客户数据后,将其纳入数据分析结构模型中,对客户资金行为进行实时关注,通过概要分析数据字段和相关内容,按照机械学习开发步骤,对客户数据的使用采用特征工程,建立逻辑回归模型,预测客户是否会存款,并实时评估模型的精确度。相比人工揽储,通过大数据预测客户存款行为,可大幅降低揽储成本,稳定负债业务发展。

图 4-2 大数据预测客户存款行为

2. 储户精准营销

面对存款整体增长乏力和同业竞争激烈的不利局面,银行业应积极营销以吸引潜在客户,建立以大数据为依托的精准营销体系。在建立信息齐全的数据仓库基础上,推进从产品销售驱动向客户需求驱动的转变升级。全面采集整合客户信息,分析客户资产水平和规模大小,建立客户档案,包括客户家庭成员、风险喜好、购买产品频率,共享客户贷款和信用卡信息、业务需求等内外部关联信息,从而使银行工作人员可以迅速、有效、精准地识别客户资金需求和使用情况,提高精准营销服务能力,为客户提供差异化储蓄产品和综合储蓄服务方案,改变粗放低效的揽储营销方式。

利用已有客户信息,银行应建立客户分层分类维护体系,协同线下线上渠道服务;充分运用大数据技术提升对客群的覆盖,突出抓好批量客群深度经营。在实践中,应大力拓展居民小区、大学校园、科技园区和商场等重点场景建设,打造综合金融服务体系,分层分级维护客户,有效实现链式反应。在实现对高端客户的标准化服务管理同时,精细化管理长尾客户,吸引客户流入,提高客户忠诚度。例如,对我国居民储蓄多喜欢风险低又追求更高收益的特点,要注重宣传各类优惠活动,吸引其参与其中。同时,结合大数据分析,对第三方客户、已有保险到期和基金赎回等资金流动的特殊情况,持续优化储蓄产品种类,积极进行精准承接,引导客户将资金转化为存款类产品,使大数据分析起到储蓄存款的"稳定器"作用。

(三)商业银行资产业务大数据

1. 小微企业信贷模式创新

在信贷市场上,小微企业由于经营风险高且缺乏抵押资产和有效担保等原因,与银行放贷的审慎性原则冲突,获取银行信贷资金较为困难。通常,银行普遍对小微企业的贷款申请持非常谨慎的态度,对没有抵押物担保的信用类贷款客户,设置更高的准入门槛和资质要求。随着"金融脱媒"和国家对普惠金融发展的大力支持,商业银行逐步重视小微企业信贷业务。具有先进数字金融理念的银行,通过产业链金融等方式,在风险可控的情况下可为小微企业解决融资难题。同时,小贷公司等新兴机构也增加了小微企业的融资可获得性,这些均是凭借大数据的支持打破传统金融服务模式,助力小微企业融资。银行尝试打破小微企业融资成本与收益难以均衡的僵局,将大数据与信贷业务相结合,为小微企业贷款业务提供更大的平台。银行针对小微信贷风险特征,实施小微信贷业务全程风险控制,实施全过程风险识别、计量评估和措施控制,优化贷款流程以防范风险。

2. 信贷风险评估创新

银行界有句话：银行业务就是风险，而数据是银行最有价值的资产。如果将风险比作银行的"骨骼系统"，那数据就是银行的"血肉系统"，两者相辅相成、不可分割，维系着银行的持续运营。传统的信用风险管理决策，是将客户的财务信息和经营状况、客户经理调查、客户以往的信用记录及抵押质押担保状况综合起来，通过专家测评决策。这种信贷风险评估方法具有明显的缺点：一是财务信息完整、运作规范，与银行有着良好合作基础且没有过度抵押质押和担保的企业，才会获得贷款，而小微企业获得贷款的机会微乎其微；二是传统的信贷风险评估方法，依靠专家主观评判，缺乏客观性，且可能存在评判标准不一、业务流程复杂等问题，导致效率低下；三是传统方法决策的依据是以往的静态数据，而不是实时信息，时效性、相关性和可靠性不足，风险不能得到有效控制。

银行通过大数据风控体系，可有效化解传统风控的不足。第一，通过多个渠道采集数据，使银行更全面、更真实、更准确地了解借款人的信息，有效降低银行和借款人之间的信息不对称；第二，利用大数据建立精确的风险监测模型，依靠大数据做出决策，避免人情世故和主观因素的干扰，使风险测评更准确、更公正、更统一；第三，银行利用大数据对实时、历史的数据进行整合，做到全局分析和实时监测，还可以对客户进行风险等级智能分类，动态调整，实现对客户的精细化管理，大大降低了信贷风险。

（四）商业银行中间业务大数据

1. 支付结算业务与大数据

以票据支付结算为例，通过研发可编程数字票据，将纸质票据中的信息进行电子化并进行编程，令其适用于各种场景，使票据在流转和对账时都以数字化信息传递，与传统支付结算业务相比大大节约了成本和信息交换时间，并且降低了票据伪造、变造的可能性，具体流程如图4-3所示。此外，受到第三方支付平台的冲击，银行逐步注重发展移动支付，移动支付结算流程简便，适用场景多样，适用人群广，有利于巩固银行支付结算的传统中介地位。例如，建设银行的支付品牌"龙支付"，交通银行的"云闪付""立码付"等。

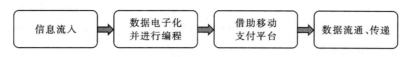

图4-3 大数据下商业银行支付结算

2. 信用卡业务与大数据

信用卡业务是商业银行利用具有授信额度和透支功能的银行卡提供的银行服务，主要包括发卡业务和收单业务。大数据在信用卡授信的贷前审核、账户管理和贷后管理三个环节，均能发挥作用。商业银行首先根据客户的基础信息进行建模，通过开展信用评分、客户需求预测等方式建立信用卡目标客户数据库，有针对性地向客户发行信用卡业务,也避免了向信用不良客户发放信用额度,可高效进行贷前审核。账户管理方面,由于大数据信息传播快,银行能实时掌握客户的还款情况,并记录数据在册。在贷后管理方面,积极通过建立资金流向模型、监控不良资产等进行风险防控,以此降低信用卡的信用风险、欺诈风险、操作风险等。

3. 理财业务与大数据

银行将大量信息数据集中处理,如客户的理财经历、收入状况、年龄层次等,分析客户偏好和风险承受能力,为其制定契合其需求的个性化理财产品。商业银行利用大数据了解自身与行业情况,通过对技术、资本和人力资源等信息的分析,在制定理财产品和提高理财服务时,更能发挥自身优势,进行精准营销。此外,商业银行将大数据和人工智能相结合,利用人工智能的智能学习特长,研发出智能投顾,通过资产配置模型精确地为客户推荐最合适的理财方案,具体流程如图4-4所示。例如,招商银行的"摩羯智投"、中国银行的"中银慧投"都在理财业务方面展现出了大数据优势。

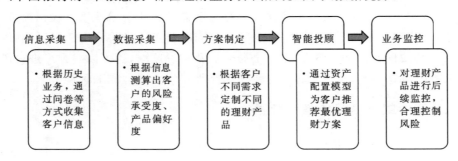

图4-4 商业银行智能投顾

4. 担保类业务与大数据

大数据在担保类业务上,有客户信用评级、资金流向监控、自身风险评估等应用。商业银行办理担保类业务时,一旦客户信用出现问题,银行将承担其还款责任,故银行对客户进行风险评估非常重要。通过大数据在互联网方面的运用,银行可以掌握客户先前的所有信用状况以及不良账款,以此对客户进行风险评估,对违约可能性大的客户收取更高手续费或拒绝担保。在接受担保业务后,银行可通过大数据监控资金的流向,实时掌握客户的还款能力,一方面做好风险应对准备,另一方面将此信息存入数据库,随时更新业务风险等级。

(五)商业银行经营管理大数据

1. 大数据下商业银行运营管理变革

大数据时代,银行数据总量呈指数型增长,数据涵盖了多方面内容,包括客户层次、风险、习惯等。相较于传统数据储存系统的静态性,大数据下的数据是动态的。银行在对客户信息不断更新迭代的同时,可以根据客户的不同性质提供更加个性化、多元化的产品和服务。数据的动态性有利于银行长期受益,而非过去静态数据的一次性受益。大数据所带来的思维方式的改变,必然导致银行管理思维方式的变革。首先,用整合性思维重塑客户关系管理的体系。其次,用相关性思维提高对数据采集、处理、分析和应用的方法和技术。再次,用时效性、动态性、全样本思维分析和管理客户。最后,用开放性、前瞻性思维挖掘客户数据信息价值。唯有进行思维变革,才能充分利用大数据,从而提高客户满意度和忠诚度。

大数据时代,传统数据处理工具已无法满足大数据的现实处理需求,需同步利用网络分析软件等新型处理方式。从管理的角度来看,任何一次技术革命都必然伴随管理变革。过去,银行的管理方法主要依赖于自身的组织运转模式,其管理范围就是银行自身。如今,大数据时代下客户的数据信息遍布各个领域,银行需要加强并拓宽合作渠道,例如,产业的上中下游、电商平台等。这不仅对银行和企业提出了挑战,更是对其管理者提出了挑战。因此,管理者必须拥有与时俱进的学习意识和风险意识,保障银行稳健发展。

2. 大数据下商业银行运营管理优化

借助于大数据平台的商业银行,通过大数据的挖掘与分析,能够让银行的营销、市场和风控等部门实时获取客户全息视图(见图 4-5),将以往花费在数据查找、处理和分析上的时间和精力转移到客户服务上,有利于商业银行在精准营销、客户关系管理和风险控制等方面经营效率的大幅提高。

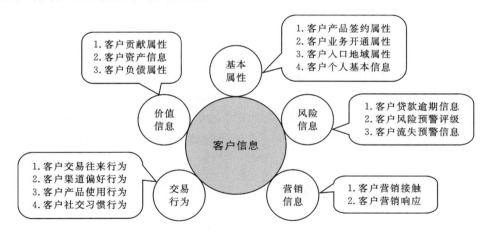

图 4-5 客户全息视图

此外,银行可以借助大数据优化经营管理领域。银行可以运用大数据,实时监测各个市场推广渠道的质量,分析不同渠道受众的产品或服务,从而优化渠道布局和品种策略。银行可以将客户动态转化为信息流,进而分析客户的性格特征、风险偏好及行为习惯等,智能化挖掘并预测客户需求,从而进行产品创新和服务优化。银行可以通过爬虫技术,抓取新媒体平台与客户行为及银行评价等相关的信息,通过数据处理技术进行价值判断,使负面信息及时得到解决和优化,正向反馈则在复盘后继续强化。不仅如此,银行还能抓取到同行业的相关信息,实时了解行业动态,为产品或服务的优化提供参考。银行可以利用数据开放、共享的特征,建立更符合银行自身发展的组织模式。目前,大数据平台的组织模式有三种:独立公司制、总行总揽制和分行辅助制。各家商业银行应结合自身特点,选择适宜的大数据平台,提高竞争力。

3. 重塑客户关系管理模式

大数据时代下,传统的客户关系管理模式难以适应新时代的发展,客户关系管理的思维模式和管理模式将发生彻底的改变。在大数据背景下,银行需要重塑一套客户关系管理流程(见图4-6),从而更好地为客户提供产品和服务。

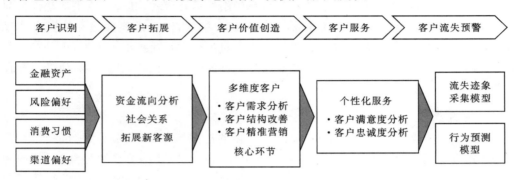

图4-6 客户关系管理流程

具体来讲,银行需要从五个方面重塑客户管理。一是银行需要秉承"以客户为中心"的服务理念,建立客户全息视图,全方位识别客户,提高客户判断的准确性。二是银行借助大数据绘制客户基于金融业务的社交关系网络,以此挖掘新客户。三是银行利用大数据进行客户细分,提高服务的针对性;分析和预测客户需求,进行产品创新和优化;通过对海量客户数据的资源重整,识别潜在的价值客户,改善客户结构,挖掘商机。四是提供个性化服务,提高客户忠诚度。五是通过建立客户流失迹象采集模型和客户行为预测模型来减少客户流失。

四、互联网银行典型案例:新加坡星展银行

新加坡星展银行连续四年被行业领先刊物《欧洲货币》评为"全球最佳银行",还赢得了"世界最佳数字银行"的荣誉,这标志着这两项头衔首次由同一机构获得。尽管这家东南亚最大的银行将其最近的成功归功于其建立了基于区块链的融资以及碳信用在线交易平台,但不可否认,这些举措离不开星展银行多年积累的数字化转型的基础。

(一)星展银行的数字化转型脉络梳理

第一阶段:数字化转型的萌芽(2009—2013年)。星展银行两位分管运营的高管在华为2018全球金融峰会上的公开演讲表示,公司从2009年开始着手数字化建设,第一步是解决基本技术问题,至2013年年末基础设施建设基本完成,下一阶段着手建设数

字银行。通过对星展银行年报披露信息的梳理也得出了相同结论：2009—2013年，对星展银行而言，努力实现"亚洲领先银行"战略才是公司发展的第一要务，从中也能够看出星展银行高层对于数字化转型的思考与部分工作设想。

第二阶段：数字化转型的破题(2013—2015年)。2013年是星展银行技术基础设施大体建设完成的年份，也是提出"塑造银行业未来"愿景的年份，具有承上启下的重要意义。2014年则是星展银行正式提出数字化战略、全面启动核心业务数字化建设的元年，数字化转型的大方向与规划基本明确，场景金融也由先进概念转化为经营实践。这一年其"拥抱数字"的主要成果包括：与IBM合作，成为世界上第一家使用人工智能为高净值客户提供情景化和定制化服务的银行；推出重要移动支付产品PayLah；推出为中小企业服务的DBS Business Class产品；等等。2015年的年报主题是"生活更多，银行更少"(Live more, Bank less)，首次提出其数字化转型三大目标的第二个目标"与客户融为一体"，意在各类生活场景下，利用移动互联网技术为客户提供无缝链接的金融服务。

第三阶段：数字化转型的深入(2016年至今)。2016年，星展银行在年报中首次完整提出数字化转型的三大目标，即"拥抱数字""与客户融为一体"和"建立创业心态"。虽然后续年度对三大目标的表述略有调整，但没有本质区别。因此，2016年是其正式确立未来转型目标的年份。这一年，星展银行利用数字化技术从银行获客、效率提升和成本控制等方面共同发力。2017年，星展银行除了重申转型三大目标外，还提出数字化转型要"从前端到后端全面转型"，表示将后端基础架构重新架构为云原生，表明星展银行已经不满足于将科技应用到现有业务模式转型，而是有了自己成为科技公司的野心。这一年星展银行推出全球最大的银行API系统，并将技术自营比例提至85%，这在技术外包成风的银行业中殊为不易。

（二）星展银行数字化转型的特征

通过对星展银行数字化转型过程的梳理，我们发现其不同于业内银行的一些独到之处，值得参考借鉴。星展银行的数字化转型起步较早，且意志坚定。10多年前，当银行业还在普遍采用人海战术营销和网点战术获客的时候，星展银行能够前瞻性地预见到未来数字化发展方向，并且着手搭建技术基础设施，眼光较为超前。星展银行稳定的高层和坚定的决心也为其持续推进数字化建设提供了坚实保障。在穿越高投入低产出的数字化转型初期阶段后，星展银行开始实现高速发展。星展银行数字化转型具有以下特点。

(1)对先进技术的接触了解与积极尝试。2014年星展银行通过与IBM的合作，使用人工智能为高净值客户提供服务；2017年，提出云原生愿景，在业内都是比较领先的。如今，在数字加密货币的浪潮下，星展银行仍走在时代前端，它认为数字资产有望成为数字经济的未来，并于2020年10月宣布推出数字资产交易所DBS Digital Exchange，该交易所可为机构投资者和合格投资者提供集成的资产代币化、数字资产交易以及数字资产托管等服务，支持比特币(BTC)、以太币(ETH)、比特币现金(BCH)

和瑞波币（XRP）四种成熟数字货币与美元（USD）、日元（JPY）、港币（HKD）及新加坡币（SGD）四种法定货币之间的交易。这是全球第一个由传统银行支持的数字货币交易所，以银行信用为背书为投资者提供服务，其安全性和可靠性在各种数字货币交易所中拥有天然优势。

（2）数字化转型比较深入。星展银行的数字化转型不是简单堆砌金融科技，或者仅是线下业务的线上化转移，而是由表及里、从前端到后端、从技术到思维，推动银行实现全面科技化，它的目标是成为一家从内到外拥有科技公司DNA的银行。除了云原生战略和搭建自己的应用程序界面（API）系统以外，星展银行也非常重视人才的科技化培养，2021年1月上线了银行内部的数字培训未来科技学院，对超过18000名员工进行培训。

（三）星展银行数字化转型的启示

数字化转型是一个需要保持战略定力的过程。数字化是一个相对漫长的过程，包括不同的发展阶段，探索的都是未知领域，需要摸索前行，且投入很大，尤其是前期搭建技术基础阶段。在此过程中，银行很可能会遭遇诸多反复和挫折，所以前期充分统一思想、明确战略，继而保持定力，是至关重要的。

数字化转型是一个业务科技融合的过程。数字化转型切勿单纯为了数字化而数字化，所有创新的出发点和落脚点均应是客户需求。因此，不论如何推进数字化创新、采用先进技术，都要始终以目标客户需求为前提，以科技赋能业务，增强客户满意度，提升服务实体经济的效率和效能，这始终是商业银行数字化转型的立足点与着力点，是数字化转型必须坚守的"初心"。

数字化转型是一个持续解放思想的过程。星展银行数字化转型的三个目标"核心业务数字化""与客户融为一体""像初创企业一样思考和行动"聚焦的是不同方面，共同构成了立体的努力方向。其中，"核心业务数字化"是从业务层面入手，解决的是业务科技深度融合问题；"与客户融为一体"是从客户体验入手，解决的是服务模式革新问题，要在不同场景下让客户享受到无感、无缝的泛金融服务；"像初创企业一样思考和行动"则是彻底从基因层面，打破传统思维束缚，对经营管理思维与运作模式进行根本性变革。比起技术迭代，数字化转型更重要的是转变思维方式，改变分工协作、业务推动、对外合作等意识和模式，进行思维层面的革新。

第二节 互联网证券

一、互联网证券的内涵

在我国，通常把"互联网证券业务"简称为"互联网证券"。互联网证券尚未形成官方且一致的定义，在中国的监管层面也尚未对互联网证券进行明确的界定，只有中国证券业协会在2016年根据其实际业务的发展情况，对互联网证券业务做了如下定义：在证券业务中有机地融入互联网技术、思维和精神，从而更高效地为投融资双方提供以证券标的为主的金融服务。互联网证券业务是互联网金融的一个重要组成部分。

互联网证券是证券公司在互联网技术发展与电子商务条件下证券业务的创新,是证券业以互联网等信息网络为传播媒介,为投资者提供的一种全新证券服务模式。互联网证券业务包括有偿证券投资资讯、网上证券开户、网上证券交易、网上证券投资顾问、网上客户服务业务、股票网上发行、网上理财产品买卖与推广等多种综合投资理财服务,并且其业务范畴还在随着技术条件的进步而不断扩展与延伸。

随着互联网证券业务的不断推广与发展壮大,证券市场也将逐渐从"有形"市场过渡到"无形"市场,现有的证券交易大厅也终将会失去原有的功能,视频见证开户、远程终端交易、网上交易、智能客服、智能投顾、互联网综合金融平台等将会成为未来各个证券公司的主流方式。目前中国证券行业已正式步入互联网证券时代,虽然监管部门和证券经营机构还不能清晰地界定互联网证券业务的具体范畴,但相信经过市场主体的不断探索与摸索,人们将会逐渐充实并清晰地认识到互联网证券的内涵。

二、互联网金融对传统证券行业的影响

(一)传统证券公司业务

传统的证券公司业务范围主要由四个板块组成:证券经纪业务、投资银行业务、资产管理业务和证券自营业务。

1. 证券经纪业务

证券经纪业务是指证券公司通过其设立的证券营业部、证券营业部下属的证券服务部、网站等服务渠道接受客户委托,按照客户要求,代理买卖有价证券的业务。按照证券法规定,在证券经纪业务中,证券公司不得垫付资金,不得赚取差价,只能收取一定比例的交易佣金作为业务收入。

2. 投资银行业务

投资银行业务是指证券公司在公司的股份制改造、上市、二级市场再筹资以及出售资产等重大交易活动时提供专业性财务意见,其咨询服务一般指为投资者提供的二级市场咨询服务。即证券公司根据客户需要,站在客户的角度为客户的证券相关投融资、资本运作、资产及债务重组、财务管理、发展战略等活动提供的咨询、分析、方案设计等服务,主要包括首次公开募股(initial public offering,IPO)、企业融资、资产重组、证券发行与承销、财务顾问、资产证券化业务等。

3. 资产管理业务

资产管理业务是指证券公司利用专业及信息优势,接受客户的委托对客户的资产进行管理和运作。此项业务对券商的专业性要求特别高。

4. 证券自营业务

证券自营业务是经中国证监会批准经营证券自营业务的证券公司用自有资金和依法筹集的资金,通过以自己名义开设的证券账户进行有价证券的交易,以获得收入的行

为。因为该业务以赚取证券买卖差价为目的,所以在市场判断失误时,证券公司要承担投资损失的风险。该项业务主要受证券公司规模及投资能力影响,实力强的证券公司发展自营业务具备更大的优势。自营业务与证券市场有很高的相关性,我国证券公司对于自营业务的管控仍存在不少问题,还有很多需要进一步改进之处。

(二)互联网金融对传统证券行业的影响

互联网金融对证券行业造成的冲击和挑战,首当其冲的恰恰是占据券商收入半壁江山的经纪类业务板块。从2013年开始,互联网就给各个行业带来了很大的变化,而互联网金融对于券商行业的影响主要有两点:一是行业佣金率下降;二是长尾客户的互联网化,客户将出现分层。

从佣金率来看,2007年放松佣金率管制以来,我国券商行业整体佣金率已经从0.1%下降至0.025%的水平。而网上开户又进一步将佣金率水平拉低。目前华泰、国泰君安、海通等大型券商已通过自建平台开启网上开户,佣金率为0.012%。随着网上开户的普及和轻型营业部的推广,券商佣金率或将继续下降。大量长尾端的客户对服务价格比较敏感,乐于接受标准化而佣金较低的产品,互联网更好地满足了这部分客户的需求。而对于高净值的客户和机构客户,则需要更好的服务,包括研究全价值链的金融服务等。因此,互联网的出现将使客户服务分层化,高效、简便、便宜的互联网业务将更好地满足长尾端客户。从行业整体来看,佣金率的下降或给行业收入带来压力。

从长远来看,互联网金融对证券行业的影响和改变将是全方位、深层次的。当前主要是冲击了经纪类业务板块,未来随着互联网金融的发展,券商资产管理类业务、投资银行类业务等也必将面临挑战。比如资产管理业务,即使是高净值客户也面临第三方理财机构的抢夺。更为关键的是,随着互联网技术的进一步发展、互联网精神和理念的全面普及和深化,以及国内互联网金融法律和监管环境的不断完善,各种新兴的业务模式将不断发展、演化和成熟,必将深刻影响和改变证券行业的固有业态,重塑证券行业已有的业务模式,券商将走上差异化发展道路,在互联网和证券业务的不断融合中形成新的业态和产业均衡。

三、大数据建设与证券业

(一)大数据在证券行业的应用

1. 证券业的大数据应用

大数据时代,大多数券商已经意识到大数据的重要性。相对于银行和保险业,证券行业的大数据应用起步相对较晚,券商对于大数据的研究与应用正处于起步阶段。目前国内外证券业的大数据应用大致有以下几个方向:以量化投资改革证券投资理念、以程序化交易改造交易模式、以智能投顾升级经纪业务。大数据背景下,证券投资发生了根本性转变,如图4-7所示,各大券商正在积极尝试适应和引领大数据时代的证券业务,例如,国泰君安就推出"个人投资者投资景气指数"。

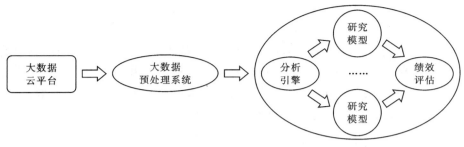

图 4-7　大数据背景下的证券投资

2. 大数据与股价预测

2011 年 5 月,英国对冲基金 Derwent Markets 建立了首家基于社交网络的对冲基金,该基金通过分析推特(Twitter)的数据内容来感知市场情绪,从而指导投资者进行投资。利用推特的对冲基金 Derwent Capital Markets 在首月的交易中实现了盈利,其以 1.85% 的收益率,让平均数只有 0.76% 的其他对冲基金相形见绌。

以上是证券投资机构利用投资者情绪方面的大数据预测股价的经典案例。该案例中,大数据在预测股价方面的表现并不完美。那是因为大数据仅仅包括了投资者情绪方面,不够全面,没有形成系统框架。大数据的不佳表现,并没有让各地机构失去信心,反而促使其积极探索,形成了以大数据为核心的股价预测与投资体系,即量化投资系统,如图 4-8 所示。

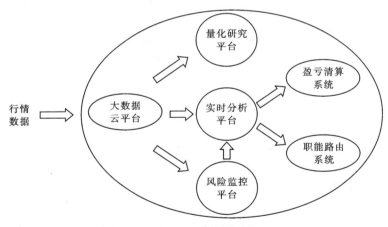

图 4-8　量化投资系统

3. 大数据与风险防控

金融系统具有信息化程度高、数据维度多、数据质量好、应用场景多等特点,其涉及的账户、交易、价格、投资、风险防控等都是重要的数据源,是大数据的生产者。金融风险监测作为金融行业发展的永恒主题,是大数据在金融系统应用的重要领域。各国金融监管机构高度重视大数据的采集,积极采用大数据相关应用监测风险。国际清算银行金融稳定研究所(FSI)将金融风险监测分成两个部分,数据收集和数据分析。在数据收集阶段,通过大量数据初步整理自动生成监测报告;在数据分析阶段,利用大数据等技术进行紧急风险识别、重大风险预测等。

美国金融业监管局(FINRA)建立 SONAR 系统收集资本市场、新闻舆论数据,用于检测内幕交易和误导交易者行为;美国证券交易委员会(SEC)建立 MIDAS 系统,每天从全美 13 家股票交易所收集约 10 亿条微秒量级的交易记录,并具备对数以千计的股票在过去 6 个月甚至 12 个月内的交易情况进行即时分析的能力;澳大利亚证券投资委员会(ASIC)建立 MAI 系统,收集澳大利亚一级、二级市场实时数据,提供市场异常监测和实时报警;英国金融行为监管局(FCA)利用机器学习(ML)的监督学习工具对每天接收到的超过 2000 万笔市场交易信息进行大数据处理,以发现市场操纵行为。

(二)量化投资

1. 大数据时代中量化投资的优势与特点

量化投资是指投资者应用基于数学和统计学等定量模型来构建策略,并通过计算机、金融工程技术等,制定的规则以及交易策略,从而协助投资者进行投资决策。量化投资的基本操作程序如图 4-9 所示。

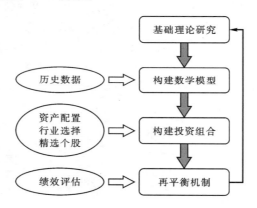

图 4-9 量化投资的基本操作程序

通常所说的"投资"是指定性投资,它属于主观判断型,如看到俄乌冲突的新闻时,我们的投资经理可能就会想,接下来,国际金价也许上升,于是购买黄金以待升值。这种基于现象的预判而进行的投资,就是典型的主观判断型投资。主观判断型投资或定性投资的一个最大问题就是投资过程中人的情绪会显著影响投资进程——这是因为人的本性是趋利避害,这个本性直接导致整个投资过程对于风险并不能做到客观准确的度量,而只能跟着感觉走。而基于大数据分析的量化投资,最显著的作用就是把人的情绪排除到投资进程之外——整个投资进程完全按照人预先设定的程序来进行操作,以确保投资进程的客观性。因为构建量化投资策略是基于大数据分析总结出来的客观规律,它们具有客观的精确性(例如风险的准确度量等),这是通常的定性投资所没有的,也是量化投资之所以极具吸引力的一个本质原因。

构建量化投资策略时,通常通过分析历史数据,获得经验规律,然后把此规律用于预测市场的未来走势,以便从中获利。这里的一个科学依据是:历史往往会重复。其实,不仅股票市场过去的历史会在未来重复,同期来看,一个国家的股票市场的某些规律,也可能在另一个国家的股票市场中重复出现。

2. 大数据时代中量化投资的挑战或问题

1)对象方面——"数据陷阱"

海量数据增加可能会让量化投资者切实感受到"不识庐山真面目,只缘身在此山中"式的迷茫。这里说的"数据陷阱",就是说"尽信数据不如无数据"。这里以淘宝网络营销的数据为例:数据分析发现新疆和内蒙古销售出去的泳衣远远超过广东等沿海省份,那么就可以得出结论"泳衣广告的重点应该放在新疆和内蒙古,而非广东等沿海省份"吗?实际情况是,诸如新疆和内蒙古等内陆地区,当地超市不太乐意销售泳衣等非常用的物品,消费者就只能到网上购买了,而在广东等沿海省份,超市里有大量的泳衣出售,相对而言,到网上去购买泳衣的人自然会少很多。从这个角度看,拘泥于数据本身做分析,其结论有时看起来并不靠谱或经不住推敲。

2)方法方面——"先天缺陷"

众所周知,当我们透过蓝色眼镜看一张白纸时,我们眼中看到的将是"蓝纸"而非白纸。与此类似,在当前关于大数据的研究中,大数据就像铺在我们眼前的"白纸",而我们使用的很多统计分析方法就像我们佩戴的"蓝色眼镜"。也就是说,基于这些统计方法分析大数据得到的结果通常依赖于统计方法本身,这也就导致这些结果可能与事实不符。例如,统计学界常用的P值检验方法,于2014年被偶然发现它其实"不靠谱",以致经济学家史蒂芬说,"P值没有起到人们期望的作用,因为它压根就不可能起到这个作用"。

3)结果方面——"针尖对麦芒"

基于大量数据的实证分析,以诺贝尔经济学奖得主尤金·法码(Eugene F. Fama)为首的主流经济金融学家们认为"风险越大、收益越大"。但是,美国麻省理工学院金融学家鲍曼(Bowman)则得到一个截然相反的结论——"风险越大、收益越小",这个发现后来也获得很多例证,以至今天的学界为鲍曼的这个发现专门取了一个名字,叫"Bowman悖论"。

(三)程序化交易

对于天然具有数据属性的资本市场来说,大数据能够为证券投资提供充分的信息技术支持。但同时,大数据滋生的新型证券生态也给资本市场安全带来了新的挑战。其中,程序化交易就是资本市场中基于大数据的一个典型范例。

所谓程序化交易(program trading),又称篮子交易(basket trading),是现代证券交易方式的重大创新,它是近年来证券交易市场结构变迁和技术创新的自然结果,也是证券交易市场竞争的必然产物。程序化交易的业绩回报在国内外均表现优异,但其交易过程中所引致的风险事件也层出不穷。程序化交易往往建立在金融高频数据行情基础之上。研究金融高频数据,对于准确把握程序化交易意义重大。程序化交易的流程如图4-10所示。

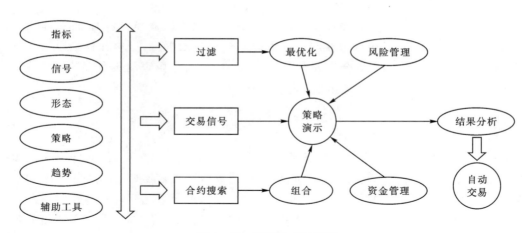

图 4-10 程序化交易流程

程序化交易的第一步就是选定交易策略以及交易品种,例如,是做套利还是做投机,具体的交易品种要考察其流动性、交易量,是否能进行日内交易、多个方向交易等。第二步,进行交易模型的设计构建,设定好交易参数、交易条件等,对模型进行统计检验,这时需要精密计算在考虑成本下该模型是否能盈利,包括计算最大盈利/最大亏损、最大连续盈利次数/最大连续亏损次数、最大本金损失比率、盈利次数比率/亏损次数比率、平均盈利金额/平均亏损金额等。第三步,即要对交易系统进行检测,考察交易通道的可行性,是否足够迅速、成本低廉,再用该交易系统进行实战。第四步,在实践中不断地对参数进行跟踪调整,保证模型的有效性,如图 4-11 所示。

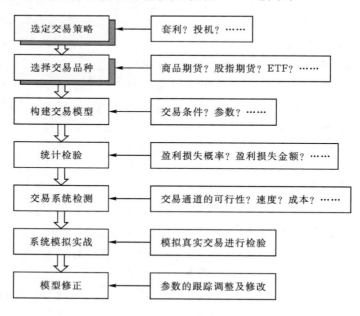

图 4-11 程序化交易策略构建
(资料来源:国泰君安证券研究)

程序化交易的核心在于交易模型的设置,交易模型的本质在于参数的设定,因此调试参数成了整个程序化交易的核心环节。没有一组参数可以适合所有的交易品种,必须根据交易品种的特性进行不断调试、磨合,找出最可能获利的参数组合,并且在实践过程中不断进行动态跟踪调整。

(四)智能投顾

近年来,随着国际市场上各类基金产品数量和规模的迅猛增长,智能投顾作为一种新型投资模式在市场上快速崛起。智能投顾是指利用大数据技术、智能算法和金融行业模型,在评估投资者的风险承受能力、收益预期以及投资偏好等基础上,运用一系列智能算法和量化投资理论模型,结合动态的市场情况与政策情况,为投资者提供投资组合参考,提高投资回报率,让大众投资者享受到专家级的动态资产投资配置。智能投顾系统基于大数据技术构建,其组成模块包括:信息采集、客户画像、投资组合、智能匹配以及投资组合再平衡。本书后续有专门的章节介绍有关智能投顾的内容。

四、互联网证券典型案例:摩根士丹利

(一)摩根士丹利的数字化转型

摩根士丹利一直高度重视现代信息技术对业务的变革、引领和融合,摩根士丹利的CEO詹姆斯·戈尔曼(James Gorman)于2018年6月表示,摩根士丹利将每年花费40亿美元投资科技,摩根士丹利始终认为数据是他们最重要的资产,能够用来提升他们的服务和增收,相信数据驱动和数字化转型的重要性。摩根士丹利每年会发布约5.5万份研究报告,加上海量的客户和业务数据,比如客户日常事件、生日、老人护理、借贷提醒等,摩根士丹利已经有了自己的数据湖。传统数据库和网格计算技术已经很难高效处理这些数据,需要借助大数据、人工智能、云计算等技术来处理结构化、非结构化数据。为此,摩根士丹利自2010年开始使用Hadoop技术搭建基础架构,在过去几年,该架构很好地满足了他们快速增长的大数据需求。

在大数据应用方面,摩根士丹利正在探索用网络真实数据(wire data)来发现应用内部的错误,网络真实数据是被处理过的高价值的业务可用数据源。通过实时地将海量网络中传输的数据重组成结构化数据,帮助IT运维人员创建行为基线,检测异常行为,进行实时的性能故障定位和排除,是直观了解业务运行状况最全面和高价值的数据资源。网络真实数据既贴近业务,又不需要触及开发团队修改应用,对生产系统零影响。不同于互联网大数据,它更为实时、全面、有深度,不仅可以展现应用程序栈的状况,更可以展现整个交付链的状况。目前,网络真实数据被证明是监测系统性可用性和性能管理最重要的数据来源。

(二)摩根士丹利的典型数字化应用

一是全球计划系统(global-based planning system,GPS)。GPS系统的目的就是让

投资顾问能高效地发现和量化客户的长期投资目标。

二是 Next Best Action(NBA)。NBA 平台目前有三大典型功能:提供投资建议,提供操作预警,能够辅助解决客户日常事务遇到的问题。此外,NBA 还拟将公司的投资知识通过系统输出给客户。

三是电子化抵押贷款系统。摩根士丹利在抵押贷款方面发现 98% 的客户并没有通过公司开展抵押贷款业务,为扭转该格局,公司计划升级抵押贷款流程以方便客户。电子化抵押贷款系统已在 2018 年上半年上线,实现全流程的电子化操作。此外,为符合潮流,摩根士丹利也与许多大型金融机构一道加入方便个人对个人的新型支付系统、手机支付网络——Zelle(由行业财团开发,被美国银行、摩根大通、美国银行、富国银行等采用,类似于国内的微信支付),同时上线可以帮助投顾安全地给客户发送文本信息的 Twillio 工具。

(三)摩根士丹利数字化的启示

摩根士丹利的数字化转型带来的启示主要包括以下几点:首先,科技战略定位和文化是起点。摩根士丹利将数字化转型、金融科技应用视为公司发展的核心助力,并形成良好的公司科技战略、数字化转型文化。其次,财富管理平台是基础。财富管理平台不仅能整合各类资源,还可以有效应对人才流失问题。数字化财富管理平台的构建需要多学科的支持。最后,技术生态是核心。在数字化时代,构建技术生态是保持公司对新兴技术的洞察力、拓展自身能力边界的工具。持续投入是保障;回归专业是优势;强化中后台是策略;洞察科技本质,积极尝试是机会。

第三节 互联网保险

一、互联网保险的内涵

互联网保险,也称为网络保险、网上保险或者网销保险。它兼具了互联网与传统保险的双重属性,是科技进步催生出的新的保险业态。对于互联网保险的概念,目前学术界尚未形成统一定义,比较流行的定义为:互联网保险是实现保险信息咨询、保险计划书设计、投保、交费、核保、承保、保单信息查询、保全变更、续期交费、理赔和给付等保险全过程的网络化。

互联网保险是依托于互联网对传统保险的一种改革和创新,是随着行业变化、外部环境和技术发展而逐步动态演进的概念。互联网保险的范围也在不断扩展,最初可能仅是对传统保险的线上化迁移和改良,例如使得保险业务的全流程实现互联网化,将传统线下保险的咨询、销售、核保、理赔等运营环节以数字化的形式转移到线上,面向客户需求实现个性化的、独一无二的产品设计,同时提升价格优势,除了产品降价的可能以外,使价格更加规范透明,定价的市场化程度更高。之后,根据海量互联网用户的保险、网络使用习惯以及技术的不断研发创新,持续开发新模式、新形式的互联网保险服务,比如利用大数据、物联网、区块链等前沿科技赋能业务发展,简化运营流程,增强产品创新,开发新的产品,突破原有产品的定价、结构、投保方式及风险管理模式。随之引起企业组织扁平化结构、系统架构及业务流程的调整,以适应新的变化。究其根本,互联网保险就是用互联网的模式来影响和改变保险行业的运行逻辑,各环节因互联网技术被分解及再次整合,进而形成保险新生态。

二、互联网金融的发展对传统保险行业的影响

互联网金融作为新型的金融服务模式,体现为其对金融全产业链的广泛融合与渗透。互联网保险对传统业务经营模式的影响也日渐深远。

(一)对保险经营观念的颠覆

互联网对保险行业最大的颠覆,是从"客户思维"到"用户思维"的改变。传统"客户思维"模式下,保险公司运用4P(产品、价格、渠道、促销)营销理论,将公司产品推销给消费者,关键因素是产品包装、价格优势、渠道实力和促销策略等。而在互联网时代,由于信息量大,信息流动快,能最大限度消除信息不对称,信息不对称被加速打破后,消费者购买决策过程发生巨大变化,消费者拥有了更多的知情权和选择权,买卖双方权力将发生转移,促使行业加速进入用户主权时代。"用户思维"模式下,个性化的产品、极致的消费体验、简约的形式、跨界的资源整合以及大数据的分析运用等能力,成为竞争的关键。

(二)对行业销售入口的冲击

保险销售是对具有同样风险特征的个体聚合的过程。对个体的不同定义方式,派生出了营销、直销、代理等不同销售渠道。而互联网天生就是"连接""聚合"的途径,可以很容易克服空间上的限制,将人群风险特征进行无限细分,充分利用小众人群的长尾效应,组合成个性化的"团单"进行承保。在此背景下,决定业务量的将是互联网平台的流量。传统模式下,依靠网点数量和人力规模进行一对一营销的传统优势,由于成本较高,必将受到一定的冲击和削弱。

然而,由于保险固有的特性(标准化低、客户不能实时感知消费体验、道德风险等),决定了传统销售队伍不会消亡。从美国的实际情况看,2012年美国居民通过互联网了解保险,但通过代理人购买保险的比例达到60%,通过互联网了解保险且网上购买的仅为22%,呈现出保险咨询依靠互联网,保费成交仍以其他传统渠道为主的格局。

(三)对保险市场边界的扩展

互联网保险将从三个方面扩展保险的边界:一是互联网带来新的经济、生活方式,其中蕴含的新风险派生出新的保障需求,如网购退货险、盗刷险等;二是大数据技术提升行业风险定价与管理能力,从而将以前难以有效管理的风险纳入承保范围,如高温险、雾霾险、中秋赏月险等;三是借助互联网强大的客户聚集能力,发挥长尾效应,将保

险期间碎片化、保费碎片化,使得以往不具有高额投保能力的客户纳入被保人群,如一元关爱险等。

传统保险业一度陷于产品单一化等创新缺失状态,一定程度上偏离了以消费者真实需求为中心的要求。在互联网保险的发展过程中,保险公司对创新的需求愈发强烈,互联网时代为保险行业创新提供了机会。要实现保险创新,保险业需要将保险经营的本质与互联网的特性进行深度融合,再借助互联网的工具、平台、大数据、云计算等先进的技术和方法开发保险产品。

(四)对行业服务要求的改变

传统保险具有时间和地点限制,投保人在无法获得及时理赔等服务时,便会大大降低其对保险产品的消费满意度。而互联网保险所能够提供的全天候服务使保单交易不再受时间、地点限制,投保人在保险期间的退保、理赔等服务也可以得到及时解决,因为互联网的发展,互联网保险公司大都已经实现了在线的保全及理赔处理,销售环节的减少,直面客户机会的增多,使信息传导失真的缺点得以缓解,传统保险业务重销售、轻服务的运营模式借助互联网实现了转变。保险的销售和服务因为互联网的存在而得以紧密联系,服务可以前置以促成销售。率先用互联网思维改造服务和运营流程、重视服务超过销售的公司未来或将取得更大成功。毕竟,互联网保险所出售产品均来自客户的自主选择,保险公司理应将更多的精力和经费投入到产品研发、理赔等客户服务领域中。开发更加个性化和按需定制的产品、建立超过消费者预期的极致体验,将成为各保险企业的制胜根本。

(五)对运营流程革新的挑战

随着互联网对保险全产业链的渗透,为保持竞争优势,保险公司将不断加大运营全流程改造力度:一是行业外包将加快发展,保险公司收缩日常活动范畴,集中内部资源聚焦在风险管理、客户服务及资金运用的核心领域;二是核心业务流程网络化自助服务水平不断提高,在提升运营效率的同时迎合客户消费习惯的改变;三是运营成本受到严格管控,节省下来的成本转变为产品费率的下降回馈给客户,导致固定资产成本、人力资源投入等大幅减少,万元标准保费的运营成本高低成为竞争的一个重要能力。

(六)对风险定价能力的加强

我国自 1999 年开始,便规定传统保单预订利率不得超过年复利 2.5%。持续数十年不变的定价在很大程度上抑制了保险公司创新产品的积极性,尤其是寿险产品,同质化现象日趋严重,已经无法满足国民多层次的保险需求。基于互联网的大数据技术可以帮助保险行业对风险进行细分,为保险行业提供更精准的保险定价支持。互联网与费率市场化是天然的组合体,在风险可控的前提下,互联网专属产品的研发可以实现产品设计的个性化和定价的差异化。例如,车联网技术的应用很有可能从根本上改变传统的车险定价模式,最后达到随人随车定价。

三、大数据建设与保险业

(一)保险业大数据的发展和产品革新

保险行业大数据技术的意义在于从海量数据中挖掘出有价值的信息,从而改变传统的定价、营销、核保方式。大数据可以有效改造与升级传统保险价值链,具有改良和革新的双重效果。波士顿咨询公司(BCG)的研究表明,最重要的"改良效应"发生在产品定价、风险评估、精准营销、运营管理等四大环节。而"改革效应"发生在大数据对保险行业的助力突破创新上。大数据作为"催化剂"在车联网、可穿戴设备、智能家居和平台生态圈构建方面将起着重要作用。大数据通过获取、分析和解释规模巨大、格式复杂的数据,从而推动业务价值创造方式的变革。

1. 保险业大数据的发展现状

目前,随着云计算、大数据、物联网等技术产业的快速发展,数据流量增长速率正在不断加快,数据中心承载的压力也越来越大。据《数字化世界——从边缘到核心》白皮书资料显示:到2025年,全球数据量将增至175ZB,而金融服务、制造、医疗保健以及媒体娱乐等行业正在迎来重新定义数据增长的新纪元。近五年来,中国金融行业积极拥抱云计算、大数据、人工智能、移动互联、物联网、区块链等新一代信息技术,金融科技已全面融入支付、信贷、保险、证券、资产管理、供应链金融等领域,活跃的交投市场更是培育出了多家金融科技独角兽企业。

保险企业通过新技术,可以改革现有商业模式并开发新的商业模式来应对环境的变化。在过去十年的发展中,保险企业侧重在通过数字技术来改善现有的经营流程,主要应用包括:进行流程数字化和大数据分析,提升销售能力、产品竞争力、客户营销能力以及通过移动终端来增强销售力量。未来,保险公司将更加关注如何利用新技术对商业模式进行创新。从全球范围的实践来看,很多国外的保险公司在创新业务模式方面已经做出了尝试。

2. 基于大数据的保险产品设计与定价

依托大数据技术和云计算的支撑,原来不可保风险将逐渐变成可保风险,这样不仅扩大了保险业务的范围,也创新了保险产品的开发。同时,大数据和互联网也将传统的"一概而论"的精算定价方法替代为差异化的定价方式。这样将吸引更多的潜在客户,增加客户黏性。保险业大数据的应用如图4-12所示。

大数据通过革新精算思维、推动个性化定价和优化定价体系而为险企带来收益与价值。此外,大数据通过革新产品设计理念、重新划分用户群体和挖掘新的应用场景来加强保险公司产品的创新力度、拓展客户群体和开发新场景相关的产品,推动保险行业的发展。

图 4-12 保险大数据的应用

(二)保险业大数据在风险控制方面的应用

1. 欺诈行为分析

欺诈行为分析是指基于企业内外部交易和历史数据,实时或准实时预测和分析欺诈等非法行为,目前主要包括医疗保险欺诈与滥用分析、车险欺诈分析、人寿保险欺诈分析、欺诈识别等。

(1)医疗保险欺诈与滥用分析。医疗保险欺诈与滥用通常可为两种:一类是非法骗取保险金,即保险欺诈;另一类则是在保额限度内重复就医、浮报理赔金额等,即医疗保险滥用。保险公司能够利用过去数据,寻找影响保险欺诈最为显著的因素及这些因素的取值区间,建立预测模型,并通过自动化计分功能,快速将理赔案件依照滥用欺诈可能性进行分类处理。

(2)车险欺诈分析。保险公司利用过去的欺诈事件建立预测模型,将理赔申请分级处理,可以在很大程度上解决车险欺诈问题,包括车险理赔申请欺诈侦测、业务员及修车厂勾结欺诈侦测等。

(3)人寿保险欺诈分析。高额意外险和重疾险的欺诈损失一直是寿险运营的痛点。高额意外险,在现有的数据基础下,很难找到一个行之有效的数据产品来实现反欺诈,需要更多的数据模型和应用来解释随机和非随机因素。寿险中的重疾险欺诈,目前已经可以从大数据模型应用中找到强相关的变量来实现反欺诈。

(4)欺诈识别。在美国,每年健康保险欺诈给保险业带来 700 亿~2600 亿美元的损失,欧盟也有 300 亿~1000 亿美元的损失。大数据已经帮助保险人做出了改变。而今他们超越了以索赔为中心和以人为中心的算法欺诈检测技术。这些技术侧重于分析索赔方、保险供应方和其他的信息来源(比如同一个被保险人提交了多少份类似的索赔请求),并扩展到防火墙之外的数据源,以便基于外部信息分析(例如队列分析——使用一个人的社交圈子来分析相关个体之间的类似行为),这里考虑到的是一群互相联系的人而不仅仅是一个人。

2. 理赔预防与降低

借助大数据手段,保险公司可以显著提升反欺诈的准确性和及时性。大数据模型可以自动识别出理赔中可能的欺诈模式、理赔人潜在的欺诈行为以及可能存在的欺诈网络。险企可以通过设定关键问题,利用海量数据进行验证,找出可能的答案。同时,要确保数据资源的质量与丰富程度,数据越完整、越多样,则越有可能通过复杂的算法与分析识别可能的欺诈行为。必要的数据包括理赔历史记录、保单信息、其他保险公司数据、医疗保险数据、征信记录、犯罪记录、社交网络数据等。

(三)保险业大数据在精准营销中的应用

1. 个性化需求与客户细分

在网络营销领域,保险公司可以通过收集互联网用户的各类数据,而在广告推送中采用地域定向、需求定向、偏好定向、关系定向等定向方式,实现精准营销。保险公司可通过大数据整合客户线上和线下的相关行为,通过数据挖掘手段对潜在客户进行分类,细化销售重点。

风险偏好是确定保险需求的关键。风险喜好者、风险中立者和风险厌恶者对于保险需求有不同的态度。一般来讲,风险厌恶者有更大的保险需求。在客户细分的时候,除了需要统计风险偏好数据外,还要结合客户职业、爱好、习惯、家庭结构、消费方式等偏好数据,利用机器学习算法来对客户进行分类,并针对分类后的客户提供不同的产品和服务策略。

2. 减少中间环节,精准对接客户

传统保险营销主要依托于各类中介完成客户对接。一方面保险公司需支付较高的中介佣金成本,在确保不亏损经营的前提下,无法投放更多资源到客户前端;另一方面由于承保信息的不对称,以及部分中介渠道的管理不规范,加之保险属于低频交易,一年互动频次平均为1~2次,导致客户与保险公司黏性不强。而运用大数据可对现有客户购买习惯、潜在客户保险需求以及流失客户转保原因进行精准分析,从而实现对客户群更加精准的定位和细分。同时保险公司应通过构建互联网等直销直控渠道,打造线上投保、缴费、打单等全流程运营,以绕开中介渠道多层级流转,切实减少中间环节产生的人财物交易成本,将所节约的成本直接让利客户和转换为高质量的增值服务,最终形成优质低价的产品销售服务体系,达成客户满意、公司发展的双赢局面。

(四)保险业大数据在产品运营管理中的应用

1. 促进险企内部运营精细化

基于大数据下的产品通常具有定制性、分类性、融合性和时效性的特点,相比传统产品有很大优势。定制性是针对不同性别、年龄、爱好、消费水平的人群差异化开发产品;分类性是指保险公司结合大数据对某些热销产品进行分类开发的方式;融合性是指在一个产品中提供一揽子保障计划;时效性是指在信息时代、保险产品同质化的大环境下,保险公司需要在突发情况下及时推出产品,吸引社会的关注。与此同时,大数据的发展还是存在一定风险的,特别是数据风险。大数据营销在保险行业一定会成为主流,那么到时候客户的信息安全如何得到保障,这将是客户最为担心也是保险公司最为重视的问题。险企的大数据运营分析,是基于企业内外部运营、管理和交互数据分析,借助大数据平台,全方位统计和预测企业经营和管理绩效。险企可基于保险保单和客户交互数据进行建模,借助大数据平台快速分析和预测再次发生的或者新的市场风险、操作风险等。

2. 提高效率与降低成本

在运营方面,随着外部数据的成熟和运用,核保和理赔可以实现部分自动化,甚至全部自动化。这都会大大提升效率,降低成本。降低成本方面,外部增量数据的支撑还可以降低人工成本。目前,很多健康险保险公司为了提高用户的体验度,加快报销的速度,不得不依靠庞大的人工客服去处理客户的报销单。如果有了合适的电子化的数据,这部分人工成本将会得到大大压缩。

针对保险代理人的管理,利用大数据技术可以做到事半功倍。对保险代理人和业务顾问来说,个人最核心的竞争力就是不断增强学习能力、提升业务转化率、提高保险业绩。在保险产品的运营支撑方面,产品运行分析为保险产品的运营支撑提供数据决策分析,包括产品理赔风险分析、产品推广理念分析、明星产品分析等。

3. 索赔与承保管理

大数据也与索赔管理息息相关。运营商希望在索赔流程期间保存好图像、视频和文本标记(例如,来自警察检查员或拖车司机的汽车保险索赔的文本标记)。结合投保人和受益人等实体(受益人、投保人、保险人)的汇总信息对非结构化数据的大数据分析变得尤为重要。承保,在再保险和大型商业保险部门,大量的支持信息会作为信息提交的一部分(例如,损失历史、财产计划、车辆调度和董事的详细信息)构成保险公司的非结构化大数据来源之一。

大数据技术使保险公司能够快速地存储和访问任何数据,以便他们能够通过分析来突出异常、某种模式和部分重点——这是人工阅读文档时代非常困难的事情。自动化数据管理的能力,以及记录支持文档的能力,使保险公司能够创建风险和客户档案,这在整个公司中都是统一可审计的,并且能够提供丰富的分析资料。

四、互联网保险典型案例:EverQuote

(一)公司发展

EverQuote 创立于 2011 年,公司经营美国最大的网上保险市场,业务范围覆盖车险、家财险、租客保险、健康险、寿险及其他商业保险,其中车险业务 2019 年佣金贡献率达 85%。EverQuote 起家于车险业务,不断拓展家财险、租客保险、健康险、寿险等非车险业务。发展历程如图 4-13 所示。

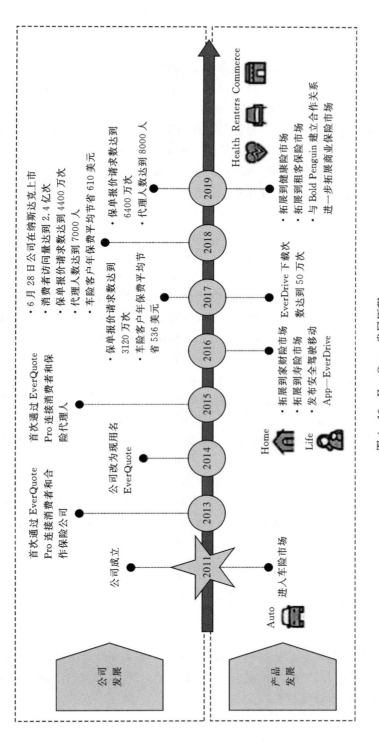

图 4-13 EverQuote 发展历程
(资料来源:中金公司研究部)

(二)商业模式

其商业模式主要为"引流＋转化",向保险公司收取基于比价出单的佣金收入。竞争优势主要表现为:海量数据及科学算法提升了产品匹配精准度,以及网络效应所形成的良性循环。作为连接消费者与保险公司的在线保险中介,EverQuote通过广告、邮件等方式将客户引流至平台,为其提供报价服务并协助其以最优惠的价格获得保险产品。同时基于大数据和科学算法,将客户需求精准匹配给保险公司及代理人,形成客户的有效转化。EverQuote依托强大的网络效应形成良性循环,促进消费者和合作机构的数量稳定增长,同时自身经营费用实现逐年下降。

(三)成功原因

(1)人口趋势:老龄化提升了保险需求。这是全球普遍面临的问题,美国65岁以上的老人人口占比达到16.5%,欧洲发达国家普遍超过20%,日本为全球最高,达28%,而通常这个比例超过7%就被界定为老龄化社会,所以保险支出一直是刚性支出。美国作为全球最大的保险市场,2021年保险业总保费超过了2.7万亿美元。与此同时,美国老年人中使用互联网的比例高达73%,这就为互联网保险的快速推行提供了有利的条件。

(2)技术赋能:互联网全面普及,同时大数据、人工智能、云计算、智能穿戴、基因医疗等技术赋能,解决了不少保险行业互联网化的痛点。EverQuote的大数据及科学算法应用于精准营销,一方面解决了客户在比较保险产品时的价格信息不对称问题,另一方面也降低了保险公司的营销获客成本。未来随着更多新技术的成熟与应用场景的拓展,保险科技有望得到进一步大发展。

(3)政策推动:美国奥巴马时期政府强制性推行医疗保险促进了行业发展。奥巴马政府推行的医疗保险政策,要求企业必须为全职员工提供医疗保险,并且要求绝大多数美国民众个人都必须购买医保,否则将被处以罚款,这也在一定程度上让EverQuote这些保险科技公司得以直接受益。

本章小结

1. 互联网企业通过各类金融创新,融入和改造了银行、券商、保险等传统金融机构,对传统银行业、证券业、保险业形成全方位、多层次的冲击,催生了互联网银行、互联网证券、互联网保险等金融新业态。

2. 广义的互联网银行包括以传统银行运营为主体,不以物理网点和实体柜台为基础,主要通过ATM、互联网、电话、移动通信等远程通信渠道为客户提供银行产品和服务的直销银行。狭义的互联网银行只表示完全通过互联网开展业务,没有线下物理网点的银行。

3. 互联网证券是证券公司在互联网技术发展与电子商务条件下对证券业务的创新,是证券业以互联网等信息网络为传播媒介,为投资者提供的一种全新证券服务模式。

4. 互联网保险是依托互联网对传统保险的一种改革和创新,是随着行业变化、外部环境和技术发展而逐步动态演进的概念。当前背景下,互联网保险是实现保险信息咨询、保险计划书设计、投保、交费、核保、承保、保单信息查询、保全变更、续期交费、理赔和给付等保险全过程的网络化。

思考题

1. 试述互联网银行的定义、价值、效应及核心竞争力。
2. 结合互联网金融对于传统银行业的冲击,试论如何进行互联网银行的风险管理。
3. 简述大数据在银行领域的应用与发展。
4. 试述互联网金融对证券行业的影响。
5. 试论大数据背景下,量化投资的系统构建与操作流程。
6. 试述互联网金融对保险行业的影响。
7. 举例说明互联网保险的风险控制机制。

第五章 金融科技的分类及应用

【本章提要】 金融科技是指由技术驱动的金融创新。本章第一节辨析国内外对金融科技含义的不同理解,讨论金融科技的分类,介绍金融科技发展背景,阐明金融科技的影响。第二节介绍金融科技的基本应用场景,并讨论分析金融科技发展过程中所存在的主要问题。

第一节 金融科技简介

一、金融科技概念

金融科技,英文 FinTech,为合成词,字面意思就是金融(finance)加科技(technology)。该名词原指消费金融和贸易金融机构的后台程序技术,最初见于20世纪90年代,在最近几年随着一些新兴技术创新在金融活动中的深入应用而又成为热词。2010年以来,这一术语已扩展至金融领域的任何科技创新,包括金融知识和教育、零售银行、投资甚至比特币等加密货币领域。由于金融科技仍处于发展初期,涉及的业务模式尚不稳定,各类业务形态存在不同程度的差异,各方所讨论的金融科技涵盖范围并不完全相同,目前国际上尚无统一定义。对这一术语目前比较流行的解释是:金融科技是指一群企业运用科技手段使金融服务变得更有效率,因而形成的一种经济产业。这些金融科技公司通常在新创立时的目标就是想要瓦解眼前那些不够科技化的大型金融企业和体系。

在国际经济组织层面上,全球金融治理的牵头机构——金融稳定理事会(FSB)第一次对金融科技给出工作定义(working definition)为:"金融科技指技术带来的金融创新,它能创造新的业务模式、应用、流程或产品,从而对金融市场、金融机构或金融服务的提供方式造成重大影响。"而世界经济论坛(WEF)报告则把金融科技解释为新入行者:"我们将 FinTech 定义为中小型、技术能力强的金融服务新进入者。这一定义不包括进入金融服务的大型技术公司(如苹果与 Apple Pay),或者是现有将重点放在技术上的金融机构。"国际货币基金组织(IMF)和世界银行(WB)对金融科技采用了一种较为宽泛的阐释:"金融科技用来描述有可能促进金融服务提供方式转变并促进新商业模式、应用、程序和产品出现的技术进步。"国际证监会组织(IOSCO)认为,金融科技是有潜力改变金融服务行业的各种创新的商业模式和新兴技术。

在国家层面上，2017年5月，中国人民银行成立金融科技委员会，其认为金融科技是技术驱动的金融创新。美国国家经济委员会（NEC）的定义为：金融科技是指不同种类的技术创新，这些技术创新影响各种各样的金融活动，包括支付、投资管理、资本筹集、存款和贷款、保险、监管合规以及金融服务领域里的其他金融活动。英国金融行为监管局（FCA）指出，金融科技是创新公司利用新技术对现有金融服务公司进行去中介化。新加坡金融管理局（MAS）指出，金融科技是通过使用科技设计新的金融服务和产品。爱尔兰都柏林国家数字研究中心（NRDC）把金融科技定义为一种"金融服务创新"，同时认可这个名词也可以用于指称那些广泛应用科技的领域，如前端的消费性产品、新进入者与现有玩家的竞争，甚至指比特币这样的新事物。

在行业实践中，金融科技这一术语在不同使用场合更具有不同的含义。金融科技有时是指对现行金融业务的数字化或电子化，如网上银行、手机银行等；有时是指可以应用于金融领域的各类新技术，如分布式账本、云计算、大数据等；有时则指希望涉足金融领域、与现有金融机构形成合作或竞争关系的科技企业或电信运营商；有时又指采用新技术进行业务创新的金融机构本身。例如，国际咨询机构麦肯锡把金融科技定义为推动新型科技公司并使银行、支付和保险发生革命性变化的颠覆性技术。特许金融分析师协会定义金融科技为金融领域的新技术，主要是指区块链、智能投顾、移动支付与P2P贷款，包括"金融"与"科技"的多个方面。而第一财经研究院和埃森哲公司则把金融科技定义为一种金融新范式，即金融科技是先进技术应用到金融体系的期限转换、信用转换、收益转换以及风险转换中，延展、升级并创新了金融服务理念、思维、流程及业务，并逐步呈现要素整合功能的金融新范式。京东金融对金融科技提出的定位则是："金融科技是遵循金融本质，以数据为基础，以技术为手段，为金融行业服务，帮助金融行业提升效率、降低成本。"

由此可见，目前各界对金融科技尚未形成统一规范的定义，不同主体出于不同立场、视角对金融科技有着不同的理解。概括起来，这些看法大体可分为三类：第一类观点认为金融科技就是金融，是新技术条件下金融的一种类型，这种观点以金融稳定理事会为代表，新加坡金融管理局的看法也属此类；第二类观点认为金融科技是一种新产业，包括但不限于金融服务业，例如，国际证监会组织的定义既包含了商业模式也包含了技术因素；第三类观点认为金融科技就是指以新技术应用为核心的技术创新，这种观点的代表有美国国家经济委员会等。

综合来看，尽管不同主体对金融科技定义的关注点与诉求不尽相同，定义的内涵与外延也不尽一致，但是"科技＋金融创新"却基本成为各方共识。因此，对金融科技的内涵可以做如下阐述：金融科技以数据为基础，以技术为手段，核心在于通过各种前沿科技的应用，实现金融服务效率提升、交易成本降低、产品和服务形式创新以及客户体验改善。随着理论和实践的进一步发展，相信金融科技的概念还将不断充实和完善。

二、金融科技分类

巴塞尔银行监管委员会将金融科技分为支付结算、存贷款与资本筹集、投资管理、市场设施四类,借鉴这一分类,下面做一具体介绍。

(一)支付结算类

支付结算类主要包括面向个人客户的小额零售类支付服务(如微信支付、支付宝等)和针对机构客户的大额批发类支付服务。互联网第三方支付业务发展迅速,日趋成熟,因其在一定程度上仍依赖银行支付系统,故并未从根本上替代银行的支付功能或对银行体系造成重大冲击,两者分工协作、优势互补。金融机构支付主要针对大额、低频、对效率和费用不敏感的支付需求;互联网第三方支付则主要满足客户在互联网环境下对小额、高频、实时、非面对面、低费用的非现金支付需求,更好地对传统金融支付领域发挥补充作用。

(二)存贷款与资本筹集类

存贷款与资本筹集类主要包括P2P网络借贷和股权众筹,融资方通过互联网平台,以债权或股权形式向一定范围内的合格投资者募集小额资金。此类业务主要定位于传统金融服务覆盖不足的个人和小微企业等融资需求,虽发展较快,参与机构数量众多,但与传统融资业务相比,所占比重仍然较低,是现有金融体系的有益补充。从各国实践看,此类业务与传统债务或股权融资的风险特征并无本质区别,现行的风险管理、审慎监管和市场监管要求基本适用。监管上普遍关注信用风险管理、信息披露、投资者适当性管理和网络技术安全等问题。

(三)投资管理类

投资管理类主要包括智能投资顾问和电子交易服务,前者是运用智能化、自动化系统提供投资理财建议,后者是提供各类线上证券、货币交易的电子交易服务。智能投资顾问模式主要出现在少数交易标准化程度较高的发达国家金融市场,应用范围比较有限,其发展前景依赖于计算机程序能否提升自我学习分析能力,最终能否提供比人工顾问更优的投资建议,以及市场和投资者能否逐步适应和接受。

(四)市场设施类

市场设施类包括客户身份认证、多维数据归集处理等可跨行业通用的基础技术支持,以及分布式账号、大数据、云计算等技术基础设施。此类业务科技属性较明显,大多属于金融机构的业务外包范畴。监管机构普遍将其纳入金融机构外包风险的监管范畴,适用相应监管规则,在监管上关注操作风险、信息安全、金融机构外包流程合规性、外包服务商道德风险和操作风险的防控等。

在上述四类业务中,前三类业务具有较明显的金融属性,一般属于金融业务并纳入金融监管;第四类市场设施类不是金融行业特有业务或技术应用,通常被界定为针对金融机构提供的第三方服务。

三、推动金融科技产生和发展的主要因素

科技是第一生产力,科技进步孕育着生产方式的变化。金融科技的产生和发展是信息技术与经济社会深度融合的产物。在技术进步与金融发展的双重驱动下,金融科技正在快速创新、应用和推广,也给金融业的发展带来了日益深刻的变化。推动金融科技产生和发展的主要因素有三个:技术进步(供给因素)、需求因素、金融体系与政策环境因素。

(一)技术进步

技术进步是金融创新的基础。长期以来,技术创新始终与金融发展相辅相成。从19世纪60年代的电报到20世纪的分类账数字化等一系列的技术创新,造就了全球金融机构和跨境批发市场所需的现代支付、清算和结算基础设施。随着20世纪60年代自动柜员机(ATM)的问世、80年代网上银行的出现以及2000年前后移动银行的迅速崛起,客户办理金融业务更加开放和便捷。21世纪,以信息网络技术为核心的第三次科技革命,正在颠覆性地改变工业革命所形成的经济形态和增长模式。移动电话、互联网、高速运算、加密技术和机器学习被糅合在一起,推动金融快速进步变化。

网络环境的开放性、虚拟性、交互性、平等性与共享性等特征使得人们能够通过互联网与身处不同地域范围的人随时随地进行双向或多向信息交流,由此产生的时空距离的缩短和交易成本的降低使得商业环境发生了基础性改变,企业面临许多前所未有的挑战。随着移动互联网、云计算、大数据以及区块链等技术的不断发展,应用成本逐步降低,这些技术在金融领域中的应用潜力开始逐步凸显。在效率改进与未来市场占有率的激励下,传统金融机构纷纷进行金融科技改造,而金融科技企业则正以非常规的策略获取市场话语权和市场份额。

创新是生产函数的变动。任何一种技术革命的成功,都伴随着成功商业模式的创新与落地。如今,商业模式创新方兴未艾。成功的商业模式创新,在推动不同企业及行业平台设计、研究和发展方面展示的灵活性、多样性和颠覆性,为产业升级创造了无限想象空间。当今世界方兴未艾的金融科技正是在这样的技术条件下产生的。

技术进步打破了传统金融的疆域。初创类公司和金融行业新进入者依托各类金融创新技术对传统金融行业的产品及服务进行变革,拓宽传统金融机构的获客渠道,提高金融服务提供商的运作效率,并提高其风险管理能力。传统金融机构不便于、不愿意、不屑于服务的群体,在移动互联网技术的撬动下,成为新金融企业服务的主要客群。技术进步也打破了社交软件和传统金融的界限,给金融创新提供了催化剂。

(二)需求因素

互联网、移动通信的普及,电子商务与普惠金融的发展提供了对新金融产品和服务的庞大需求,为金融科技发展和创新奠定了坚实基础。

1. 互联网、移动通信的普及

据中国互联网络信息中心(CNNIC)发布的第49次《中国互联网络发展状况统计报告》数据显示,截至2021年12月,我国网民规模已达10.32亿,互联网普及率提升到73%。2022年8月,据中央网信办(国家网信办)新闻发言人介绍,我国已建成全球规模最大5G网络和光纤宽带,5G基站数达到185.4万个,5G移动电话用户超过4.55亿户。目前,我国网民规模、国家顶级域名注册量均为全球第一,互联网发展水平居全球第二。

互联网、智能手机的普及拉近了金融服务提供商与用户之间的联系,并带来广泛的信息分享,使得用户群特别是年轻化群体的金融消费心理发生了变化,更偏好于提供更多便利、更多选择、随时随地接入的金融科技产品与服务。移动互联用户对交易的需求,对金融服务的需求变得更加个性化,体验要求也变得更高了。这创造出了对新金融产品和服务的需求,推动了移动支付、网上银行等产品相继问世。

2. 电子商务

电子商务规模急剧扩大,催生了大量线上金融需求和服务,网络与移动支付比传统支付方式更能契合电商发展与消费者需求。电子商务是利用计算机技术、网络技术和远程通信技术,实现整个商务过程中的电子化、数字化和网络化。在电子商务中,人们不再是面对面的、看到有形货物、靠纸质单据(包括现金)进行买卖交易,而是通过网络,通过网上展示的商品信息、完善的物流配送系统和方便安全的资金结算系统进行交易。

电子商务最早产生于20世纪60年代末期的美国,20世纪90年代中期后,伴随着国际互联网迅速普及化,电子商务逐步成为互联网应用的最大热点。电子商务不但影响着商业企业和购买者的沟通与商务方式,也拓展了金融中介机构所提供产品和服务的范围,这直接促进了网上支付的产生。网民数量的增长、电商的促销优惠活动以及网络购物方便等因素都对网上支付的发展起到了促进作用。总之,电子商务快速发展派生出对互联网金融的强大需求,从简单货物贸易支付到为企业发展提供贷款,再到支持企业转型升级,互联网金融为电子商务发展提供全方位便捷的金融服务。

3. 普惠金融

普惠金融是指立足机会平等要求和商业可持续原则,以可负担的成本为有金融服务需求的社会各阶层和群体提供适当、有效的金融服务。金融科技与传统金融最大的区别在于其独特的信息处理优势,这种模式可以利用网络覆盖惠及边远地区和小微贷款对象,借助大数据构建风险控制模型,根据大数据分析让用户短时间内实现借款等金融服务需求。总体上,实现普惠金融的途径是进行金融体系创新,包括制度创新、机构创新、产品创新和科技创新,而金融科技创新正是产品创新与科技创新的天然结合,普惠金融的全面构建需要金融科技的发展。

借助互联网技术发展普惠金融对发展中国家及新兴市场具有特别重要的意义。对新兴市场,典型如中国而言,由于金融发展与改革滞后,金融服务覆盖率比较低,在普惠金融的探索和实践过程中,都会面临传统金融机构网点覆盖率低、专业人手不足、作业成本高、信用信息采集难等问题。这些问题的存在直接导致了小微企业和无信用记录或信用记录不足的个人难以从银行等传统金融机构获得相应的金融服务。互联网及移动支付使偏远地区的人们和过去被"忽视"的低收入人群成为了金融业务的真实用户，保证了充足的用户数量，为金融科技发展留出了巨大的业务拓展空间。

（三）金融体系与政策环境因素

除上述供求驱动的因素外，金融与监管政策环境也是金融科技发展的重要推动因素。

2008年国际金融危机之后，全球金融格局发生了相当大的变化。银行风险偏好大幅降低，减少了放贷活动，社会大量的金融服务需求无法满足。这为金融科技创新产品提供了市场进入机会。举例来说，网络借贷的拓展就是因为可以为那些得不到银行贷款的小企业或高风险消费者提供资金。

宏观经济条件与监管合规增加了成本压力。危机后全球长期的低利率环境给金融机构利润带来了下行压力；全球金融合规程度的要求普遍提高，也导致金融业监管合规成本大幅上升。运营与合规成本的上升加大了金融机构削减成本的积极性。金融科技企业通过提供廉价的支付清算解决方案、采用新技术，可以帮助金融机构有效降低成本。

此外，政策支持与相对包容的监管政策环境也是促进金融科技发展的重要条件。为促进金融科技的发展，各国在政策上提供了更多鼓励和支持。例如，英国、新加坡、澳大利亚等国家近年相继推出创新中心、创新加速器，鼓励在本国发展金融科技。在监管上，监管当局同样对金融科技采取了监管创新，以包容支持其发展。如英国采纳沙盒计划、项目创新等监管创新方式，配合减税方案，推进英国金融科技的竞争和创新。此外，监管当局对金融科技初创企业的监管也不像对传统金融机构那么严格，给暂时未被纳入监管框架的金融科技企业以及一些创新的业务模式，提供了极为有利的发展机遇。

总之，在技术进步外部驱动和转型发展内生需求的共同作用下，大数据、人工智能、区块链等技术与金融的结合，催生了金融科技的产生和发展。

四、金融科技影响

金融科技的应用快速发展，为金融业赋予了更多创新、创造、创意的元素，促进金融业移动化、智能化、场景化的发展，给金融行业转型升级带来难得的新机遇。

（一）金融科技对金融机构的影响

中国人民银行数字货币研究所前所长姚前在《科技浪潮中的金融变革与监管》一文中认为，科技带来了金融的开放与普惠，推动数字鸿沟和金融鸿沟的缩小。金融科技的发展会给金融业带来流程、组织、体系三个层次的变革。

1. 流程变革

金融科技会驱动金融业务流程变革，甚至创造出新的业务模式。在"互联网＋"的浪潮下，以互联网为营销渠道的货币基金规模快速扩张，"余额宝"们的高额收益、几乎零门槛、T+0取现，都给传统银行和基金上了非常深刻的一课。广大网民将银行的存款像蚂蚁搬家一样从银行活期、定期账户搬进了余额宝等新型货币基金，使得这类基金规模赶超大型商业银行的个人储蓄。第三方支付也发展迅速，支付宝、微信支付等，改变了传统的支付体系。许多金融科技公司也搬出智能投顾类基金产品，通过数据驱动投资策略的制定和革新，不仅决策客观，还能大幅度降低相应的准入门槛和管理成本，为广大投资者拓展了投资渠道，并强化了他们个人财富管理的理念。股权、票据、仓单等一些金融资产交易的场景中，区块链技术也逐渐摆脱了传统的交易所这种集中式金融服务媒介，买卖双方可以基于可验证、可追溯、不可篡改的区块链服务平台直接进行交易，而无须第三方的参与，交易的结果也是值得信赖的。

当然，传统金融机构也主动寻求变革，以适应日新月异的环境。比如银行积极寻求与互联网电商平台的合作，推出小贷业务、场景化金融业务，大力拓展移动支付类业务场景；理财服务方面，银行不局限于提供标准产品服务了，而是可以为客户"私人定制"金融服务；风险管理方面，银行充分利用大数据技术降低信贷成本，将原本不太关注的"长尾"客户纳入了服务范围。无论是新型金融服务提供商还是传统金融机构，都呈现出了新型金融服务模式。

2. 组织变革

金融科技会促使金融组织的概念外延。一些互联网企业自"互联网＋"的浪潮开始，逐步在传统金融业务领域布局，并形成其特色金融生态圈。比如，东方财富原先是一家金融信息服务提供商，布局了基金的营销平台，甚至还收购了西藏证券，成为我国A股目前首家拥有券商全牌照的互联网公司。这样一来，互联网企业与金融机构的界限也更加模糊。

在金融科技的影响下，原有企业管理方式正在发生变化，金融组织架构也趋于扁平化。比如，近年来涌现的股权众筹平台、P2P平台等，通过预制的程序算法约束参与者的行为、保障参与者的利益，原有金融中介、信用中介的需求逐渐被弱化，取而代之的是技术支撑起来的一个个点对点的网状结构。区块链技术的兴起，更是孵化出了一个个靠各种算法支撑并高度自治的去中心组织，比如比特币和以太币等加密货币的无中心组织结构，原有的金融媒介被金融科技彻底取代。

3. 体系变革

金融科技可能会深刻影响货币的原有体系。从世界范围看，各央行的声誉和原有金融体系信用媒介在历经2008年国际金融危机后受到诸多质疑。一位名叫中本聪的神秘人物提出了去央行的货币发行和流通结构，并发明了比特币。即使许多传统金融人士纷纷对这种新生事物表示不屑，但仍然不能阻止比特币和这类数字货币的繁荣，并且一次又一次引发了人们对颠覆中央银行主导的货币发行的探讨。然而，由于缺乏相应的监管体制，这些数字货币也对现有金融秩序形成了干扰，对数字货币持有者的财产缺乏法律保护，也为行贿受贿、洗钱、跨境资本流动、违禁品交易等许多违法犯罪行为滋生了温床。各国政府纷纷开始着力法定数字货币的发行与流通,比如加拿大的 Jasper 项目、新加坡的 Ubin 项目和我国的 DCEP。法定数字货币关注的是控制发行成本、便捷离线支付、货币可控匿名等多要素,提升了整体经济运转效率。这一变革也会对现有支付体系、货币体系、金融市场体系产生显著的影响。

(二)金融科技对金融业态的影响

科技创新成为引领经济新常态的"第一动力",金融科技的蓬勃兴起重塑金融业态。中国人民银行范一飞认为,金融科技将对货币政策、金融市场、金融稳定以及金融监管产生影响。

1. 货币政策

货币政策是促进经济增长、维护金融稳定的基础支撑,金融科技快速发展给货币政策带来一系列变化与挑战:①在政策工具方面,金融科技打破资金融通时空限制,降低金融资产转换的交易成本和时间成本,有助于价格型货币政策工具发挥调节作用;金融科技使货币概念不断延伸,资产流动性差异日趋缩小,货币层次间的界限逐渐模糊,这导致数量型货币政策工具收效渐微。②在传导机制方面,金融科技加剧金融市场竞争,提升不同金融市场间的资金流动性,使金融市场对利率更敏感、利率期限结构更平滑、利率传导机制更顺畅;然而,金融科技也使货币需求结构发生变化,交易性货币、预防性货币需求下降,投机性货币需求上升,削弱了货币需求的稳定性,导致传统货币政策传导渠道的梗阻效应扩大,传导效果受到干扰。③在中介目标方面,互联网支付加速电子化货币规模扩张,在减少现金流通量的同时使货币供给内生性增强,给货币供应量统计带来较大挑战,导致货币乘数、流通速度、需求函数的估算面临更多不确定性,货币政策中介目标选择更加困难。

2. 金融市场

金融科技发展重塑金融市场格局,通过信息技术创新应用,深刻影响市场参与主体、业务形态与交易效率:①在参与主体方面,部分互联网公司借助金融科技进入金融领域,依靠较强科技实力将自身与客户、场景相耦合,整合多渠道数据资源,为用户提供便捷全方位金融服务,客观上加剧金融市场竞争,倒逼着传统金融机构加速转型升级步伐;②在业务形态方面,金融科技以信息技术赋能金融业务、开辟细分市场,催生互联网保险、智能投顾等众多新兴业态。通过互联网对接供需双方,设计出有效满足"长尾客群"大基数、小额度服务需求的金融产品,可以弥补传统金融服务短板,进一步拓宽市场边界;③在交易效率方面,金融机构将大数据、人工智能、云计算等技术渗透至现有业务环节,推动业务流程优化与再造,持续缩短审批、结算等多类业务的交易响应时间,优化后台人力资源配置模式,全面促进金融服务转型升级与用户体验提升。总体来看,金融科技的合理应用有助于丰富金融产品、提升金融服务,能更好地发挥市场在资源配置中的决定性作用。但由于资本的逐利性,科技公司纷纷涉足金融领域,从信息中介变身为资金中介,给金融准入管理、市场秩序规范、金融风险防控带来新挑战。

3. 金融稳定

金融科技对金融稳定的影响具有两面性：①金融科技应用得当将成为维护金融稳定的压舱石。对机构而言，人工智能、大数据等技术应用能够有效识别客户需求，合理优化资源配置，帮助金融机构提升运营和风险抵御能力，有利于维护金融稳定。同时，部分科技公司基于互联网优势汇聚大量资金和信息，有可能逐步演变成"技术寡头"，加剧强者恒强、大者愈大的马太效应，造成"大而不能倒"困局。对行业而言，金融科技应用有利于减少金融信息不对称，扩大金融活动参与者基数，推动主体多元化，增强行业发展稳健性。②金融科技也可能成为触发系统性风险的导火索，技术复杂度提升也会加大金融机构对科技公司的依赖，容易形成"单点故障"，可能引发系统性金融风险。部分技术存在算法不可预测性，也可能造成"技术黑箱"或"算法共振"，引发"羊群效应"，放大风险波动。

4. 金融监管

金融监管是促进金融机构依法稳健经营，维护金融市场持续健康发展的根本保障：①金融科技发展推动金融创新层出不穷，传统金融监管手段捉襟见肘，带来新挑战。在穿透性方面，部分金融创新业务交叉重叠、层层嵌套，掩盖业务本质，导致管理部门难以准确识别跨界嵌套产品的底层资产和最终责任人。在时效性方面，传统监管大多采用统计报表、窗口指导等方式，依赖金融机构定期报送数据。而当前风险发生、蔓延、扩散的速度大幅提升，危机处置时间窗口急剧缩短，金融监管存在明显时滞性。在统一性方面，金融科技加剧金融混业经营，不同金融管理部门对同类业务管理不一致，金融机构在经营管理、数据报送、信息披露等方面对监管要求理解与执行效果有偏差，增加了沟通成本，造成监管规则难以有效落地。②科技应用给金融监管带来新挑战的同时也带来新机遇，给创新监管范式提供了新途径，监管科技应运而生。金融管理部门利用科技手段将监管政策、合规性要求"翻译"成数字化监管协议，把风险技防能力融入业务流程，全面建立金融风险监测和预判机制，梳理清、分析透海量金融数据资源的逻辑关系和层次结构，精准识别金融业务风险，为金融监管提质增效。

第二节 应用场景与问题分析

一、中国的金融科技公司——以阿里巴巴、腾讯为例

（一）阿里巴巴集团的金融科技创业：蚂蚁集团

蚂蚁科技集团股份有限公司（以下简称"蚂蚁集团"）起步于 2004 年成立的支付宝，于 2014 年 10 月正式成立，目前已经成为国内领先的综合金融服务机构，旗下产品包括支付宝、余额宝、芝麻信用、蚂蚁小贷、网商银行、蚂蚁财富和蚂蚁金融云。以"为世界带来更多平等的机会"为使命，蚂蚁集团致力于通过科技创新，搭建一个开放、共享的信用

体系和金融服务平台,为全球消费者和小微企业提供安全、便捷的普惠金融服务。经历了近20年的发展,蚂蚁集团的业务已经遍及世界众多国家的城市、农村,目标用户直达各个层次的消费者、小微企业、金融机构等,成为互联网金融服务行业内的全球标杆。以旗下各类产品为基础,蚂蚁集团正在逐渐构建类似于阿里巴巴电商体系的庞大金融服务体系,而在这个过程中,金融科技正发挥并将持续发挥着至关重要的作用。

蚂蚁集团通过应用金融科技提高了原有产品的效率,用户数量快速增长,用户体验也逐渐提升。金融科技的发展启发蚂蚁集团开展了一系列的商业模式创新活动,并落地为一些极具创新性的产品,既补充原有的产品,也能够与原有产品产生协同效应,帮助消费者、小微企业和蚂蚁集团自身实现更多的价值。

1. 借贷的金融科技商业模式

企业起步与持续的发展离不开充足的资金,然而,资金难的问题却一直持续地困扰着众多小微企业。在借贷市场中,大部分银行所重点服务的都是大型企业集团,与小微企业相比,这些企业规模大、资金需求量大,服务这类客户的利润水平较高,而商业银行在资格审核、风险控制方面的投入基本类似,因此银行更愿意服务这些大客户。与此同时,对于小微企业而言,传统借贷方式所要求的资料繁多、审核时间较长,审核完毕后资金到账还需要一段时间,整体的效率较低,并且对于广大农村地区的资金需求者而言,单就传统借贷方式中所要求的资料恐怕都难以齐备,更别谈通过审核、顺利获得资金。

蚂蚁集团利用金融科技改造了传统借贷业务的商业模式,很好地满足了那些被银行所忽略用户的资金需求,网商银行的借贷业务即运用了新的借贷业务商业模式。

以"服务小微企业和广大创业者、支持实体经济、践行普惠金融"为目标的网商银行主要有两款贷款产品:网商贷和旺农贷。除此之外,由于网商银行是一家核心系统架构在金融云上的银行,相比于传统银行有限的空间与人力资源,金融云弹性化的设计改善了整个业务流程,使网商银行可以同时接受海量的在线贷款申请,不仅降低了成本,还显著提高了贷款效率。通过应用金融科技,网商银行重塑了贷款业务的商业模式,为小微企业、创业者和农村地区用户提供了更加方便、快捷的贷款服务。

2. 财富管理的金融科技商业模式

我国历来都是储蓄大国,居民财富的储蓄率较高,然而在物价逐渐上涨的背景下,储蓄财富的价值却正在缓慢缩水,于是越来越多的消费者开始产生财富保值、增值的需求。传统的财富管理模式由于具有资金门槛高、操作流程复杂、流动性受限等特点,难以全面、广泛地覆盖用户,使财富管理仍然只是被少部分人享受着的服务,大部分消费者理财的选择几乎仅限于银行定期存款或银行推销的少量理财产品。

蚂蚁集团与外部基金公司合作,共同应用金融科技最大限度地降低了理财的门槛,使理财变得简单易懂,逐渐形成一种新的理财模式,余额宝就是这种新型理财模式的具体体现。2013年,蚂蚁集团联合天弘基金推出余额宝,这是蚂蚁集团由支付业务转型为金融服务业务的标志性产品。简单来说,余额宝的本质是一种货币市场基金,主要投资于收益较为稳定的国债、中央银行票据、政府短期债券等。但是,与传统货币市场基金不同的是余额宝能够实现即时赎回。从本质上看,不论是直接使用余额宝的余额进行消费,还是将余额宝的资金转出到支付宝账户或银行卡,都属于基金的赎回操作。传统货币基金的赎回一般是"T+1",即在发出赎回指令后的第二天资金才能到账,而余额宝却利用大数据预测模型实现了资金的即时赎回。支付宝系统通过对余额宝及平台整体流动性的实时监测积累大量数据,并据此预测余额宝未来规模的增长和每天的流动性的需求,便于基金经理即时调整购买与赎回计划,从而保证了流动性的供给与投资收益的稳定。目前,模型预测出的需求与实际发生的流动性需求的误差已经被控制在1%以内,基本能够满足全部用户的实时赎回需求。

(二)腾讯集团的金融科技创新:腾讯金融板块

目前,腾讯并没有独立的金融业务事业部,相应的金融业务在不同的事业部内进行经营管理,由企业发展事业群负责金融、支付等领域的事业拓展,财付通负责微信支付、QQ钱包移动支付领域的技术支持,支付业务收入作为其他收入项。

腾讯发展金融的商业模式思路可分为以下几种情形。

第一,金融业务作为其微信、QQ等社交平台用户的增值服务,腾讯金融采取平台模式,为金融机构对接用户提供场景支持。综观整个腾讯,社交平台是腾讯商业帝国的基石,围绕庞大的社交用户进行商业化活动,可以说是腾讯公司整个生命所在,包括占收入比大部分的商业广告、游戏等。金融业务依然以社交平台用户为客户,作为增值的周边产品而存在,在此类模式中的价值主张即是为其庞大的社交用户提供方便、快捷的金融产品和服务,包括通过微信支付实现线上消费场景和线下生活场景对接,在微信平台上嵌入理财通、微粒贷等理财和信贷产品。金融产品服务是对所拥有的用户进行价值挖掘和变现的商业行为之一,充当了产品的角色。

基于社交场景的金融科技创新表现在两个方面:一方面,改变了金融机构与理财需求方对接的方式,降低了交易成本。腾讯理财通作为基金、保险产品以及定期产品等各种理财产品新的销售渠道,为银行和非银行金融机构的理财产品找到接近市场的最新的路程,节约了这些机构在市场开发中的成本,场景从线下到线上的PC端再到手机移动端的变化,符合跟随用户所在的场景,提高了理财产品营销的精准度。另一方面,腾讯金融通过金融科技注入,促进了金融产品的创新。通过金融科技对用户风险偏好和理财能力的智能化评估,促进理财产品个性化和定制化。用户可以根据自身的风险偏好选定特定的理财产品。

腾讯充当中间平台连接的作用,金融机构在理财通平台上对接用户从开户到购买再到交易的整个流程服务,腾讯理财通提供第三方支付、用户行为分析等技术支持。按照与金融机构的合作协议收取相应的报酬。

第二,深度研发第三方支付领域。支付业务是腾讯金融发展的基础性业务,财付通成立初衷依然是围绕腾讯的核心业务,为用户打造交易的闭环,方便购买腾讯增值业务和产品。而当下,凭借着庞大的社交人口,微信支付从满足腾讯业务内部需要走向外部,从线上交易到线下生活场景的拓展,获得第三方支付市场的半壁江山,随着行业集中度的不断提高,微信支付已经确立了其重要的市场地位。通过第三方支付,腾讯金融可以获得接入费、服务费以及交易佣金,同时能够利用沉淀资金获得利息收入。第三方交易可以作为理财产品的销售渠道,如腾讯的基金超市和保险超市,可以获得相应的商业营销收入和渠道收入。

第三,利用资本优势,外围布局。正如前文所提及的,借助外力,通过与金融机构和其他企业集团合作发起成立互联网银行和保险机构,成立独立的公司开展金融业务活动。微商银行与众安保险即为腾讯通过发起成立的独立互联网银行和互联网保险公司。当然,这类企业由于有互联网科技巨头或者是金融机构的背书,在模式的创新和技术创新应用上将看见金融科技对金融行业的赋能。在这些创业机构中,腾讯对其新业务开放其社交场景,将微众银行和众安保险的信贷及保险产品引入社交平台,提供渠道服务,这也是进一步挖掘社交用户价值的体现。

二、产品应用

(一)第三方支付

1. 第三方支付概述

第三方支付是指与国内外各大银行签约、具备一定实力和信誉保障的第三方独立机构提供的交易支持平台,为商户与消费者提供与银行支付结算系统接口的交易支持平台的网络支付模式。在通过第三方支付平台的交易中,买方选购商品后,使用第三方平台提供的账号进行支付,由第三方通知卖家货款到达、进行发货;买方检验物品后,就可以通知第三方付款给卖家,第三方再将款项转至卖家账户。在此过程中,这个第三方机构类似支付中介,通过和银行、运营商、认证机构等合作,并以银行的支付结算功能为基础,向企业和个人用户提供个性化的支付结算服务和营销增值服务,既方便双方交易,同时还有一定的信用中介的功能。

2. 第三方支付分类

按照央行的划分,第三方支付分为互联网支付、商户收单和预付卡这三大类型。

(1)互联网支付,即我们常说的线上或网络支付。网络支付又分为两种:一种是面向个人的支付平台,比如我们熟知的支付宝、财付通、银联在线等;另一种是面向企业提供的支付解决方案,这类支付平台有快钱、汇付天下等。

(2)商户收单,基本对应的是线下支付,包括银联商务、拉卡拉、通联支付等。我们在商场或便利店购物时,刷卡使用的POS机很多就来自以上这些平台。

(3)预付卡。预付卡是以盈利为目的、在发行机构之外购买商品或服务的预付价值,包括采取磁条、芯片等技术以卡片、密码等形式发行的预付卡。

3. 第三方支付发展

第三方支付在我国的发展大致可以分为幼稚期、规模扩张期和高速发展期三个阶段。

1）幼稚期：2000—2005 年

这一时期的第三方支付公司作为创业型公司，所起作用类似于商户与商业银行之间的"中转站"。2004 年，中国银联开始实施国际化发展战略，在国内侧重发展线下收单业务，这客观上给第三方支付服务机构线上业务的发展提供了机会。第三方支付机构通过与商业银行进行系统直连，为电商、游戏等企业客户提供网银网关、账户余额等支付接口服务。由于在此期间，互联网在我国普及程度不高，技术发展遇到瓶颈，以及行业政策不完善等因素，行业资本遇冷。幼稚期发展到一个小高峰后，行业开始第一次盘整。这一阶段市场特征表现为：市场中存在少数创业厂商，业务模式的创新吸引着新用户的进入；产业处于发展的初期，资本驱动成为促进产业发展的核心因素，用户规模的扩大和对未来发展趋势的利好，使大量厂商及投资方涌入；厂商提供的产品和服务同质化，整体市场环境不成熟，使得市场竞争程度上升。这一时期的代表性企业有首信易支付、环迅支付、网银在线等。

2）规模扩张期：2006—2010 年

应用环境不成熟和资本市场遇冷等因素要求市场发展必须由资源驱动的快速无序发展走向理性增长。这一阶段，各类第三方支付企业开始根据自身业务特点进行新产品研发和新细分应用行业拓展。第三方支付行业从单纯的支付渠道，开始向专业性更强的方向拓展，支付服务水平有了进一步提升。而且由于政策利好，各家支付企业的投入不断增大，支付市场竞争程度有了进一步的加剧。经历过市场洗礼并生存下来的支付平台开始借助行业互联网化的大趋势加紧扩张，希望通过第三方支付服务市场的规模效应获得成功。这主要体现在对行业细分市场的开发和拓展：首先是网络购物和网络游戏领域，其次是发展航空售票、信用还款、公共事业缴费、电信充值等行业细分领域，目前已进入航旅、教育、高校缴费、保险、基金、连锁零售、非税等更多的行业细分领域。这一时期的代表性企业主要有支付宝、财付通、快钱、汇付天下、易宝支付等。

3）高速发展期：2010 年至今

2010 年发生了两个标志性事件，推动了第三方支付的进一步发展。一是第三方支付行业正式纳入国家监管。2010 年 6 月，中国人民银行针对第三方支付行业发布了《非金融机构支付服务管理办法》（中国人民银行令〔2010〕第 2 号），俗称"2 号令"；同年 12 月，中国人民银行发布了《非金融机构支付服务管理办法实施细则》，标志第三方支付行业正式纳入监管，坚定了支付企业的信心。据统计，2011 年 5 月至 2015 年 9 月，中国人民银行分 9 批共发放第三方支付牌照 271 张。但是，自 2016 年《国务院办公厅关于印发互联网金融风险专项整治工作实施方案的通知》发布后，中国人民银行等 14 部委也联合印发《非银行支付机构风险专项整治工作实施方案》，开始遵循"总量控制、结构优化、提高质量、有序发展"的原则，严格把控支付机构市场准入，一般不再受理新机构设立申请。二是，银联成立互联网事业部，发力拓展在线支付市场。2010 年下半年，负责银联整合旗下支付机构的互联网支付业务的银联互联网事业部成立，标志着银联正式开始在互联网支付领域的竞争。银联加大互联网支付业务投入，开始与其他第三方支付企业开展竞争。银联互联网事业部的成立，引发了第三方互联网支付市场格局的变动。

（二）消费金融

1. 消费金融的概念

消费金融是指为消费者提供以满足个人消费需求的现代金融借贷服务，其起源最早可追溯到19世纪的美国，当时美国为农业生产者提供农具分期服务。经过长达一个多世纪的发展，各国消费金融市场不断成熟，消费金融呈现不同的发展特点。消费金融狭义的定义在此基础上剔除了房贷和车贷，具体可分为循环债务（如信用卡）和非循环债务两类，后者可再细分为带场景的消费贷与直接放贷的现金贷。消费金融机构根据不同消费者需求，将消费金融业务嵌入不同场景中的现代金融服务称为场景消费金融。

从分类上来看，消费金融可以大概等同于消费类贷款，是个人贷款下面的一个子类。个人贷款按照用途可以分为消费和经营两类，经营类是和工作有关的，包括商用房、经营、农户和下岗失业小额担保贷款等；消费类是和生活相关的，简称消费金融，就是给居民提供用来消费的贷款，这些消费包括耐用品、旅游、汽车、教育、装修和医疗等方面。

2. 消费金融的发展

随着我国国民可支配收入持续增加，消费已成为驱动我国经济增长的重要因素，而消费升级促进信贷总额不断增长，短期普惠信贷增多。其次，电子商务的快速发展为消费金融提供了更丰富的适用场景。政策监管层面，相关机构出台多种支持性政策来推动人工智能、大数据等相关金融科技的发展，释放促进消费金融良性发展的信号，消费金融市场前景广阔。

数据显示，我国消费金融市场自2014年以来呈现增长态势，以狭义消费信贷余额规模这一指标来分析，该指标从2014年的4.2万亿上升到2021年的17万亿，年复合增长率达22.1%。与此同时，狭义消费信贷线上化渗透率也在不断提升，从2014年的0.4%上涨到2021年的69.4%。目前从整体来看，市场竞争格局较为分散，尚未形成垄断局面。根据参与主体、牌照资质以及经营模式的不同，大致可以将我国消费金融市场分为传统商业银行、持牌消费金融公司和新兴互联网消费金融三大细分领域，各领域均有领先的优势企业出现，各具特色，各有所长。

根据三大细分领域的分类，相应地，消费金融业务发展模式也主要有以下三种。

（1）传统商业银行消费金融。传统商业银行具有获客渠道全、资金成本低等方面优势，其业务模式主要包括信用卡、汽车金融和消费信贷三种模式。近年来，通过成立或参股持牌消费金融公司，拓宽消费金融服务领域，通过与电商等互联网平台合作，共同探索打通线上线下的消费金融业务等。

（2）持牌消费金融公司。相比于传统小贷、互联网小贷等牌照，消费金融公司被定位为非银行金融机构，业务范围覆盖线上与线下。消费金融公司的业务主要是为个人提供消费贷款，如购买消费品、旅游、出国、教育、装修等消费事宜，但不包括房贷和车贷。消费金融公司的目标客户主要是不够银行资质或者在银行额度之外需要更多额度的消费者,根据风险溢价的原理,这部分消费信贷的逾期率、违约率都比银行高,利率相应也比银行高。消费金融公司主要以两种方式开展业务:一是消费金融公司直接向贷款需求者发放贷款;二是通过与商户、第三方等开展合作,将消费金融的需求嵌入消费环节中。

(3)新兴互联网消费金融。其参与主体包括互联网小贷公司、电商平台、分期购物平台等。互联网的优势在于有线上获客场景,借助大数据的风控能力,缺点是资金较少。在互联网与金融的融合过程中,流量和风控是两大核心要素,同时也是对产品价值与企业竞争力评估的重要指标。自2011年起,蚂蚁集团、百度、京东金融、苏宁金融等多家科技公司均成立了小贷公司,并持有网络小贷牌照,为个人消费者和小微企业提供消费金融服务。此外,电商平台依托其庞大的在线客户消费群体、丰富的产品消费场景、平台分发与大数据沉淀等优势,发展消费金融。而分期购物平台,不同于电商平台,平台本身不直接提供商品与服务,而是将用户的电商消费数据当作其授信和风控监测的基础,代替消费者向电商完成支付,之后消费者需要向代支付平台分期偿还。

消费金融机构的核心竞争力包括获客能力、定价能力、融资能力、聚合与价值互换能力、风险控制能力、整个核心平台的开放与连接能力,这些能力将决定金融机构的格局及定位。

(三)供应链金融

1. 供应链金融概念

国内关于供应链金融定义的普遍观点认为,供应链金融是指"以核心客户为依托,以真实贸易背景为前提,运用自偿性贸易融资的方式,通过应收账款质押登记、第三方监管等专业手段封闭资金流或控制物权,对供应链上下游企业提供的综合性金融产品和服务"。供应链金融是一种独特商业融资模式,依托于产业供应链核心企业对单个企业或上下游多个企业提供全面金融服务,以促进供应链上核心企业及上下游配套企业"产—供—销"链条的稳固和流转顺畅,降低整个供应链运作成本,并通过金融资本与实业经济的协作,构筑银行、企业和供应链的互利共存、持续发展的产业生态。这种定义被概括为"M+1+N"模式,即围绕供应链上的核心企业"1",基于交易过程向核心企业及其上游供应商"M"和下游分销商或客户"N"提供的综合金融服务。

2. 金融科技加持下的供应链金融发展

在金融科技加持下的供应链金融,不仅成为化解小微企业融资问题的尝试点和突破口,还可能成为优化资源配置甚至优化产业链的机制,同时也为银行等金融机构带来了新的业务发展契机。业界专家学者也高度关注供应链金融的发展情况,比如有学者提出,当代金融科技为供应链金融的迅猛发展和持续创新提供了有力保障。供应链金融也因为金融科技的飞速发展,而呈现出专业化、数字化、生态化的趋势。

(1)专业化。供应链金融本质是基于企业间客观而又复杂的贸易关系,基于真实的交易开展的贷款类业务。对于银行等贷款机构而言,其需要做到"看得懂"。"看得懂"不仅仅是看一组组采集来的数据,而是要求相关人员深入了解、研究每一个行业、每一种供应链模式,并针对每种特定的模式制定相应的营销、准入、定价、风控等一系列机制。这对人员素质提出了新的要求,只有充分掌握行业的特质、掌握产品的特性与其市场特点、掌握客户的经营理念和经营状况,才可能研发出属于这个行业的优秀的供应链金融模式,并发展出独具行业特色而又贴合客户需求的供应链金融产品。

(2)数字化。金融科技的快速发展,给供应链金融的繁荣带来了契机,供应链金融也逐渐与大数据、区块链、人工智能等金融科技有机融合,并向着数字化、智能化方向发展。对于银行等金融机构而言,决策的依据不再仅仅靠专家经验,而是基于真实的、客观的数据。首先,基于海量、丰富的历史数据,金融机构可以推动核心企业参与供应链金融的合作建设,业务流程向更为标准和规范的方向演进;其次,其决策环节可以使用人工智能辅助甚至替代完成,保证决策过程独立、客观而又可追溯,客户可完全基于线上系统流程获得授信和贷款发放,其融资需求可以更为迅速地满足;再次,当客户或者行业风险提升时,智能决策也可以采取相应手段保障各方合法利益;最后,管理视角也转向数字化,通过业务数据评价经营成果。

(3)生态化。供应链金融依托于核心企业参与,能够帮助供应链上下游的优质小微企业更便捷地、低成本地获得融资,并能及时、有效地防控风险,建立良好的金融生态。金融壹账通的叶望春在《构建智能供应链金融生态圈》一文中提出,建立智能供应链金融生态圈,应当兼顾连接、互信、穿透、生态四大特点。第一是连接。借助云计算、物联网和大数据技术,通过在金融机构、核心企业、小微企业、物流公司、仓储公司等供应链金融的多个参与方之间建立连接机制,破除传统模式中的信息孤岛,使得金融服务惠及供应链上的多家企业。第二为互信。传统模式中,小微企业很难证明自身在供应链金融的定位及与核心企业的关系,银行也较难采信小微企业自身提供的数据。然而,借助大数据和区块链技术,汇集的多种数据可以相互印证,帮助银行快速厘清链上各企业的真实业务往来关系,构建贸易互信网络。第三是穿透。通过区块链等技术,依托核心企业的债权债务关系,将优质的企业信用穿透性地传导给供应链上各个小微企业;银行可以根据无法篡改的区块链数据,还原出整个供应链条的交易信息和信用情况,这样可以显著降低这些小微企业的融资门槛。第四为生态。在供应链金融的生态中,银行与银行之间、供应链与供应链之间都不应当是孤立的。供应链金融的生态将逐步演变成为跨银行、跨供应链、跨行业,甚至跨国界的全产业链生态;供应链金融的业务不仅往数字化、智能化、跨区域化的方向发展,还可以为企业提供理财、保险、资产证券化等多项金融业务,依托供应链金融构建金融全产业链生态。

对于银行等金融机构而言,依托核心企业的数据和信用,合理运用金融科技,提升自身的智能决策和风控能力,解决广大中小微企业的融资难、融资贵的问题,构建长足发展的供应链金融生态,不仅能为自身带来业务发展,也能为中小微企业带来充裕的资金和发展的活力,还能为核心企业降低采购成本和销售成本,最终为全社会创造价值,为广大人民群众带来福祉。

三、问题分析

当前,全球正处于科技与产业高度融合、深度叠加的深度变革期,科技革命和产业变革推动金融科技的蓬勃发展,以大数据、云计算、人工智能、区块链、物联网以及移动互联为引领的新的科技创新与产业应用,为金融经济发展提供源源不断的创新活力和澎湃动力。

虽然我国在金融科技方面已具备一定基础,但也要清醒地看到,金融科技发展不平衡不充分的问题依然存在,主要面临四方面考验:第一,监管考验。金融科技的迅猛发展在大力拓展金融业务范围的同时也模糊了各项业务边界,给监管机构在完善金融监管体系、制定货币政策、繁荣金融市场、维护金融稳定等方面带来新挑战,适应金融科技时代下的基础设施、政策法规、标准体系等亟待健全。第二,技术考验。一方面我国金融科技产业基础比较薄弱,尚未形成具有国际影响力的生态体系,缺乏系统的超前研发布局;另一方面金融科技的"双刃剑"效应凸显,持续提升的不仅是金融服务数字化水平,还有日益严峻的金融信息安全挑战。第三,人才考验。既懂科技又懂业务的复合型人才是金融科技持续发展并有效服务于金融服务的基础保障,当前金融科技人才面临严重的供需不平衡问题。第四,管理考验。金融科技的发展会带来一系列体制机制问题,如何借此契机推进治理结构、管理模式、组织方式的调整优化,理顺职责关系,打破部门间壁垒,突破部门利益固化藩篱,切实发挥科技引领驱动作用,也是我们面临的又一大考验。

(一)监管考验

金融科技虽创新了金融服务模式,但金融科技发展迅猛、创新深入、跨界明显,现有金融监管体系明显滞后于金融科技的发展,这也给我国现有金融监管体系带来了诸多挑战。

1. 金融风险的复杂性加大

金融科技以数据为基础,以信息技术为核心,依托复杂、繁多而又相互关联的信息系统组成庞大的金融科技体系,具有高度的虚拟化、网络化、数字化、移动性、分布式等特点,对金融监管提出了更高要求。

2. 金融监管的空白点更多

借助金融科技,金融业务和服务不断显现跨界化的混业经营趋势,金融监管边界变得模糊,可能出现分业金融监管的空白地带,现有被动式、响应式金融监管容易导致明显的滞后,亟待向主动性、包容性、适应性、功能性、协调性监管转变。

3. 金融风险的跨界传导性增加

金融科技使得银行等市场主体可以跨越时空限制,在不同领域、不同市场、不同国别开展多元化、国际化的金融业务,跨界混业更加明显,同时风险的跨界传导性提升,"并发症"范围更广、杀伤力更大。

4. 金融风险捕获的难度增大

基于云计算、大数据等信息科技手段的金融服务,高度依赖线上渠道、全时广域运营,持续积累并深度挖掘多种类用户行为及金融交易数据,容易引发操作风险、道德风险和信息安全风险。

(二)技术考验

金融科技基于技术驱动,科技发展水平的高低是制约金融科技发展水平的决定性因素。探索新兴技术核心特点及其在金融领域的安全应用,加快提升关键核心技术和产品的自主可控能力,全面提高金融科技应用水平,是金融科技发展面临的又一重要考验。

1. 底层关键技术和高端研发平台均发展不足

(1)虽然区块链、大数据、云计算等技术在一定金融场景有所应用,但其底层关键技术仍有很多没有彻底攻克,对应金融领域的科技应用和开发距离实际需求仍有较远差距。

(2)在高端的金融科技研发平台方面,一是数量不多,二是并未在技术攻关、资源整合、集聚人才等方面充分发挥作用。

2. 金融信息安全形势更加严峻

(1)数据泄露风险加剧。金融科技通过全业务全流程线上化实现了金融业务数据化,同时通过不断延伸服务触达,金融信息和数据的收集、使用范围扩大、渠道增加,信息泄露风险持续加剧。

(2)监管套利风险加剧。金融科技的不断创新与深入应用激发新兴的金融服务模式,部分非法机构往往利用监管滞后性而产生的监管空白非法获取或使用个人金融信息,以此牟利。

(3)信息安全投入不足。目前大量金融科技应用往往关注于投入产出比,未能将安全防控能力提升到与业务发展同等重要的地位,信息安全尤其是数据安全保护水平亟待提升。

3. 大数据、云计算、人工智能、分布式数据库研发应用和网络身份认证体系建设有待进一步提升

(1)金融大数据资源需要深度整理利用。由于当前没有制定数据融合应用标准规范,不同金融业态间还存在数据壁垒、金融信息孤岛。

(2)尚未搭建起安全可控的金融行业云服务平台,云计算服务与世界先进水平尚存差距。

(3)人工智能应用与金融行业各方面深度融合不够,尚未形成人机协同、跨界融合、共创分享的智能经济形态。

(4)分布式数据库与金融应用结合不足,网络身份认证体系建设需要进一步深入推进。

（三）人才考验

人才是第一资源。不论是我国经济金融的宏观发展，还是包括金融科技在内的各个微观产业和企业的发展，都得靠人才。中国人民银行发布的《金融科技（FinTech）发展规划（2019—2021年）》中也提出要加强人才队伍建设，注重从业人员科技创新意识与创新能力培养，造就既懂金融又懂科技的复合型专业人才，优化金融业人员结构，为金融科技发展提供智力支持。

然而，当前我国金融科技企业人才主要来自高校，高校在金融科技人才培养体系和金融机构人才运用等方面还存在一定的滞后，我国金融科技行业的人才储备不足，制约着整个金融科技行业的创新发展与金融领域的开拓应用。

1. 时间短，发展不充分

不论从行业发展、工程实践还是教育体系来看，高质量的金融科技在我国甚至全世界都是新兴事物，发展时间不长，以高校教育为代表的教育体系体制和方法路径等各方面在一定程度上均处于起步阶段，整体发展程度仍不充分。

2. 跨领域，知识要求高

金融科技属于交叉领域，并非割裂地研究金融或科技，而是需要从思维到方法论都紧密、有机结合金融与科技两者的学科知识与经验储备，以更加系统性、交叉性的模式开展相关研究与应用。目前看，这样同时具备金融与科技两者的高度知识储备和丰富行业经验的复合型人才、跨领域人才相对不足。

3. 新思维，意识转变难

作为企业文化和战斗力指挥棒，不少传统金融机构对于金融科技人员的管理模式和激励机制仍较为落后，难以匹配更加灵活、更加创新的科技应用发展模式。金融机构对于金融科技的认知重视程度和实际支持程度不足，金融科技部门往往仍被作为后台基础支撑部门，对科技人员的激励不足，导致优秀人才难以发挥应有作用。

（四）管理考验

作为曾经被视为要颠覆金融业的新事物，随着其不断的创新与应用，金融科技对于金融业的影响远不仅是简单引入了一项或多项技术，更是深刻地改变了金融产品体系、金融服务体系以及金融管理体系。

1. 金融科技风险管理要求更为突出

金融科技的本质仍然是金融，其风险属性并未改变，甚至由于金融科技手段的引入而带来更为突出的技术、数据、信息安全等风险。金融科技带动金融服务出现更多的跨界、跨区域、混业经营特征，由此导致金融风险扩散更快、波及更广、溢出更强。

金融科技带动金融服务不断延伸触达，众多风险识别能力不高、损失承受能力有限的长尾客户通过金融科技成为金融服务的对象。相比传统金融服务，金融科技加持下的金融服务因此面临更为严重和广泛的金融风险，风险防范和化解的难度也相对更大。

金融科技的管理考验也是前所未有的。

2. 金融科技管理架构亟待调整

正如中国金融学会副秘书长张承惠在"2019年(第二届)中国金融科技产业峰会"上指出的,从管理架构上来说,金融科技需要打通内部各部门的信息流,需要人才能够更好地流动,需要金融机构各项资源能够更有效率地整合,传统的管理架构都是不能适应这些金融科技要求的。不论是金融科技体系本身的治理体系,还是金融企业业务条线和部门的组织架构,都面临在金融科技新时代进行重构再造的问题。

3. 金融科技需要开放共赢与快速响应

作为一项新兴领域,金融科技仍然处在起步阶段,仍然需要大量的改进与突破,这对资金投入、人才投入具有巨大诉求,同时也需要在更为广泛的场景中连接更多的合作方获取更多数据进行调试与验证。这些要求天然具有开放性和合作性,只有在开放共赢的管理模式下才能事半功倍。

随着市场竞争加剧,客户对更美好的高质量金融服务需求不断提升,金融科技助力金融服务的个性化、敏捷化显得更加重要,传统的瀑布式、整体发布式信息科技系统开发与交付模式越来越难以满足金融科技时代的新要求,金融机构内部呼唤更为高效、包容的管理模式。

本章小结

1. 金融科技,主要是指技术驱动的金融创新。金融科技既包括前端产业也包含后台技术。当金融科技指前端产业时,其实质含义是指大数据等新兴信息技术在金融活动中的应用;当金融科技指后台技术时,则是指大数据、人工智能等新兴技术本身,其实质含义是科技,是金融业务中所使用的新技术。

2. 金融科技大致可分为支付结算、存贷款与资本筹集、投资管理、市场设施四大类。

3. 推动金融科技产生和发展的主要因素有三个:技术进步(供给因素)、需求因素、金融体系与政策环境因素。

4. 金融科技的发展会给金融业带来流程、组织、体系三个层次的变革。同时金融科技将对货币政策、金融市场、金融稳定以及金融监管产生影响。

5. 金融科技的产品应用主要包括第三方支付、消费金融、供应链金融。

6. 金融科技主要面临四个方面的考验,分别为监管考验、技术考验、人才考验、管理考验。

思考题

1. 什么是金融科技？
2. 金融科技是如何分类的？
3. 金融科技有哪些主要推动因素？
4. 金融科技的发展带来了哪些主要影响？
5. 简述第三方支付的基本内涵。
6. 简述消费金融的概念和发展。
7. 什么是供应链金融？
8. 分析当前金融科技发展中存在的主要问题。

第六章 传统金融机构转型与金融科技公司的竞争与合作

【本章提要】传统金融机构主要是指从事吸收储户存款、发放贷款和期末结算三大传统业务的金融组织或部门。在数字金融迅猛发展的冲击下,传统金融机构也在抓住这一机遇,寻求数字化转型。当前,传统金融行业发展相对完善,业务覆盖率趋近饱和,市场竞争进入白热化阶段,急需找到一条转型升级之路。而各大互联网企业对传统金融业务的涉足,也对传统金融机构产生了巨大的冲击。面临发展瓶颈,传统金融机构如何紧抓金融科技发展契机,积极主动地与金融科技进行协同融合发展,从而开辟一条创新性的转型升级之路,对于传统金融机构来说具有非常重要的意义。本章第一节介绍传统金融机构的经营管理转型步骤。第二节介绍传统金融机构的业务重组流程。第三节概述传统金融机构与金融科技企业的竞争与合作,并对其的优势进行阐述。

第一节 传统金融机构的经营管理转型

数字金融的发展要求运用互联网思维改造传统金融业,重塑金融行业的经营理念,更加重视金融信息的整合与共享,以更开放的心态响应不同类型客户需求,建立适应金融科技的人力资源管理系统,通过大数据技术提供业务运作与风险控制支撑,并借助监管科技助推传统金融机构的数字化转型。

一、重塑金融业经营理念

传统观点认为,金融业是经营货币资金的行业。历史上,金融业起源于货币保管与放贷业务。公元前 2000 年巴比伦寺庙和公元前 6 世纪希腊寺庙就存在货币保管和收取利息的放款业务。欧洲则从货币兑换业和金匠行业中发展出了现代银行业。

从功能上分析,金融机构是从事期限转换和信用转换的中介机构。在这种理念指导下,根据资金融通方式,又可将金融分为直接融资和间接融资。前者以证券业为代表,后者主要是指商业银行等存款类金融机构。不管是证券机构还是商业银行,都将资金安全与流动性视为经营首要或基本原则。

实施转型,思想先行。所有应对变化的行为必须以观念的转变为先导,传统金融机构面对金融科技的冲击,要深刻认识到向金融科技转型的必然性和紧迫性。如果不能顺利进行数字化转型,金融科技将从蚕食市场逐步变成吞噬市场,最终威胁到传统金融机构的生存空间。传统金融机构必须将转型作为战略发展的重点规划之一,优化转型战略,规划转型步骤。然而长期以来,由于商业银行处于金融体系中的支配性地位,存在一定程度上的转型惰性。为此,商业银行需要客观认识发展形势,以"开放、平等、协作、快速、分享"的互联网精神促进经营理念的变革,带动企业文化的重塑,为转型奠定思想、观念和企业文化基础。

在互联网时代,金融业经营理念需要顺应时代的变化,揭开覆盖在金融业表面的各种面纱,明确其信用信息整合与风险测度的作用与功能。以往受地域限制,借贷双方信息不对称,加上个体信用风险分析能力不足,需要金融中介机构以自身的资产负债表作为风险缓冲,促成借贷交易,并创造流动性,满足实体经济流动性需求。

而在互联网时代,借贷双方信息沟通基本不受地域限制,直接沟通交流机会显著增加。特别是随着大数据技术对借款人海量信息挖掘分析的成熟与运用,信用信息整合与评估成本明显下降,基本可以不依赖金融机构作为信用中介缓冲风险。由此可见,金融业本质上是经营信息的行业,信用信息整合与测度构成金融机构的核心竞争力之一。

二、重视信用信息整合与测度

我国金融业同质竞争问题突出,经营方式整体粗放,垒大户现象较为明显,规模扩张成为经营内在驱动力。以规模扩张为导向的金融机构,很难真正注意到数据的巨大价值,因而通常也不会有内在动力采取有效措施进行信息深度整合,而是高度依赖抵质押物和第三方担保,客户风险评估往往流于形式,主观臆断占据主导,数据分析也不够深入,易导致金融风险不断积聚。在这种经营现实下,部分金融机构还没有真正意识到信用信息深度整合与测度的重要性。

在理想条件下,违约率趋近于零,因而不需要金融中介的存在。但在现实生活中,个体经营失败的风险使得信用风险成为金融业面临的主要不确定性因素之一。互联网时代虚拟社交网络对实体经济生活的不断替代,加上网络经济行为日益普及与高速扩张,金融机构比以往更需要交易对手的信用信息。

当然,传统金融机构在信用信息深度整合与测度上具有天然优势。经过长期业务积淀,多数金融机构已经积累了庞大的客户信用信息数据库,特别是多年客户信用信息特征观察和违约率数据分析,这为大数据技术和模型应用提供了坚实基础。例如中国工商银行对个人客户和法人客户的违约率、违约损失率等数据的积累已连续进行了多年。客户信息深度整合并不是简单的数据积累与排列,还需要对数据特征进行挖掘。对商业银行的个人客户而言,存取款习惯、汇款路径、存款期限、理财偏好、个人借款额、违约情况、个人财富情况等,都是个体行为的主要信息,也是商业银行潜在业务增长点。以理财偏好为例,商业银行通过数据挖掘,了解客户群整体偏好情况,可以有针对性地发行理财产品。

根据个人客户信息综合情况,还可以分析评估其信用等级。对公司客户而言,财务报表、违约率、资金流向、外部风险事件等,通过大数据挖掘工具进行信息整合,可以生成"客户信用风险体检表",为商业银行全面评估公司客户业务价值奠定坚实基础。商业银行可以通过客户信息整合与测度技术的应用,系统实现对客户利率定价的自动核定,为前台营销提供参考。

适应信用信息深度整合与测度需求,还需要对金融机构的组织体系加以再造。以市场为导向设置机构,易导致客户信息割裂且不完整,难以形成覆盖客户信息的基础数据库。适应数字金融发展需要,未来金融机构应按照信息采集、信息处理与信息反馈这一基本流程进行组织体系的重塑。信息采集从银行实体网点、互联网金融平台、网络信息、第三方机构入手,构建以客户为核心的信息库数据系统。信息处理是对基础信息的分析与评估,通过大数据挖掘工具和模型进行风险测度,自动生成价格,并完成审批程序。积极探索网络统一身份证件的可行性,在涉及商务和交易行为时做好身份识别,并以此为依据实现信用与交易信息的收集与整合。

无论是存款、贷款还是基本支付需求,依托于互联网,可以将相关业务部门进行整合,根据个人客户和公司客户差异形成两大板块。信息反馈则是后续信息跟踪与处理过程,类似于贷后管理,主要是对原有分析模型的纠正与纠偏。当然,围绕信息深度整合与测度还需要设置内部管理与后台支持等辅助部门,特别是涉及业务营销和风险资产处置也需要保留必要的实体机构。

三、积极响应不同类型客户的需求

互联网精神也包含平等、互惠的要求。过去受成本约束,金融机构容易忽视普惠金融领域,对小额分散金融服务需求供给不足。随着互联网金融的广泛推进,业务运营成本显著下降,这为金融机构积极响应不同类型客户的需求创造了良机。积少成多,普惠金融领域也有广阔天地。

2013年"余额宝"横空出世,短短半年间发展至4000多亿元的规模,成为金融市场不可忽视的力量。以阿里巴巴网站信息数据库为基础,仅至2013年第二季度末,"阿里小贷"累计投放贷款超过1000亿元;2013年上半年新增放贷量约420亿元,同期全国小额贷款公司新增贷款总额1121亿元。工商银行契合小微企业"短频急"融资需求的互联网贷款产品"网贷通",余额已超过3000亿元,是目前国内单体金额最大的网络融资产品之一。

积极响应不同类型客户的金融服务需求,要求金融机构做好客户细分。粗放式增长易引发模仿,导致同质化恶性竞争。深耕细作则是数字金融对金融机构的根本要求。在互联网时代,客户差异与个性化需求将会放大,适应个性化金融需求才能凝聚市场人气。

四、建立适应金融科技的人力资源管理系统

金融机构历史积淀和人才储备不同,呈现出显著差异性,奠定了市场细分基础。因此,积极培养建立适应互联网金融发展的专业人才队伍尤为重要。在数据大爆炸的互联网时代,数据分析能力将成为金融机构市场价值的主要指标。因此,要加快培养分析师队伍,一方面要从实务经验丰富的员工中选拔,有计划培养提高数据分析和建模能

力,另一方面要加强外部购买,包括数据来源和模型技术,引进人才。即使是在同质化竞争激烈的情况下,不同金融机构的不同优势也仍会得到金融市场的认可。而在市场细分领域,金融机构将各种金融要素进行重新组合排列,满足客户差异化需求,将更能增强其核心竞争力。

(一)金融机构内部培养培训

金融机构结合转型的要求,需要通过外引内训,构建一只高素质人才队伍。目前商业银行的人才需求主要有两大类:前台的财经类专业人才、后台的信息技术类专业人才。金融科技具有高度集成的特点,加上金融服务边界正趋于模糊化,转型之后的金融机构需要数量较大的既熟悉财经知识、又擅长信息技术的复合型人才,在目前高等学校人才培养专业性强的情况下,要做好人才队伍建设规划,对引进人才的考查需要更加注重学习能力,这样,新引进员工上岗之后,就能够结合工作的需要,不断地补充知识体系,完善知识结构,早日成为复合型人才,为业务发展发挥更大作用。因此,人才的内部培养培训就显得尤为重要,这不仅是构建复合型人才队伍的需要,更是知识更新换代加速、新技术日新月异发展的要求,这需要金融机构完善内部培养培训体系,提供多样化的培养培训方式,建立行之有效的培养培训制度,为人才的成长提供有力支持。

(二)金融机构的团队建设

传统金融机构的成功转型还需要加强团队建设。团队是围绕特定的任务目标,由技能不同、彼此相依的个人所组成的团体,由于团队成员的共同努力能够产生协同作用,团队的绩效水平必然大于个体成员绩效的总和。

对于金融机构来说,团队建设是破除科层制组织障碍的需要,向数字金融的转型需要破除目前的组织障碍。根据企业组织理论的相关原理,工作团队建设是克服科层制种种弊端的有效手段。同时,团队建设是知识型员工队伍管理的需要,竞争优势从表象看是由企业所拥有的资源和能力决定的,而深层次的原因则取决于企业所拥有的知识,因而知识型员工是企业十分重要的人力资源,他们成就愿望强烈,工作团队为这些员工发挥才能提供了更多的机会和更宽广的空间。团队建设还是适应金融科技发展的需要,金融科技使许多不同类型、不同性质的工作高度集成,无法依赖个人或者传统组织,而工作团队能够与此相适应。为此,金融机构要把团队建设作为人力资源管理的重点,积极创造条件,促进内部各种管理团队、业务团队的成长和发展。

五、通过大数据技术提供业务运作与风险控制支撑

从某种意义上说,数字金融就是基于大数据的金融。大数据在消除原来数据孤岛的基础上,实现了各种数据的协作共享,传统金融机构向金融科技的转型,需要借助大数据系统,与客户之间精确对接,从而准确全面地掌握客户需求信息,提供更加精细的服务。大数据服务系统是金融机构业务创新的重要手段。客户的需求具有个性化特点,传统金融模式下客户的需求各种各样,有限的、标准化的产品和服务与客户需求之间

存在不相适应的问题。许多情况下由于商业银行的垄断性，客户无法做出选择，只能以牺牲个性化为代价接受服务。大数据技术对客户需求进行了精准挖掘，商业银行在大数据分析的基础上，就能够有针对性地推出产品和服务，使客户需求得到更好的满足。

大数据是互联网时代的时髦词汇，但传统金融行业运用大数据技术还存在不少现实困难。除了业务系统建设进展缓慢外，信息来源的真实性也存在一些问题。在业务前台，为促成交易，金融机构前台人员时而会帮助客户填写信息，甚至填写不实信息的情况也并不罕见。内部数据信息不完整，系统建设不具前瞻性，使得信息没有根据大数据要求进行排列，也限制了挖掘模型与工具的运用。

此外，同业竞争也在一定程度限制了必要的信息共享，使得单一金融机构掌握的数据不够全面，影响到技术工具的使用效果。还有，既拥有丰富专业经验又懂得数据挖掘工具和模型开发的复合型人才匮乏，成为人力"短板"，也是大数据技术难以在我国金融领域获得广泛运用的主要原因之一。

尽管如此，仍有必要重视大数据技术在传统金融业务运作与风险控制上的支撑。以信贷业务为例，过去主要依靠客户经理贷前调查，信息获取程度与个人经验与能力高度相关。而随着客户经济行为日趋复杂，影响信用风险因素快速增多，已经超出了客户经理的信息处理范围，就有必要通过大数据技术对客户信用信息进行集中处理，从而形成相对客观的风险评价作为贷款审核参考。在贷后调查与风险预警阶段，大数据技术也有广阔用武之地。

通过历史违约数据及特征分析，构建模型预警风险，将构成贷后管理的主要基础。这将极大提高贷后管理效率，节约人工成本。假定客户经理每天负责拜访一个客户，且不考虑跟踪调查滞后性，最多覆盖客户数量极为有限。若通过模型嵌入系统预警，可以实现实时和动态预警，基本不受客户经理生理与工作压力限制。而且风险预警信息可以为前台营销和结构调整提供强有力支撑。

综合来看，互联网时代金融机构客户经理个体经验虽然不可或缺，但重要性不断下降。通过模型不断校正与调整，可以获得稳定的违约概率模型，而这将成为金融机构业务运作与风险控制的主要支撑。同时应加快数字金融基础设施建设，为金融机构的数字化转型创造良好的营商环境。这可以包括在全国范围内铺设 5G 网络、完善智能身份识别系统、金融机构远程开户以及搭建统一的数据平台等。中国工商银行积极探索大数据应用，已成立信用风险监控中心，建立专业数据分析师队伍，实现存量信贷资产和新发放贷款的动态风险监测和实时预警控制。据工商银行公开发布，仅在该中心组建后的一年内就已累计预警和化解潜在风险贷款 4237 亿元。

六、借助监管科技助推金融机构数字化转型

（一）数据隐私保护

监管助推金融机构的数字化转型需要加快立法，加强针对数据使用与数据隐私保护的综合治理。一是重点解决数据携带的问题，只有个人可以携带大科技平台上的数

据,才谈得上大数据,但与此同时,也必须保护大科技平台的利益与积极性;二是保障市场竞争,避免形成大科技平台赢者通吃的局面,增强数字金融业的活力,保护消费者利益。

(二)监管科技的创新与标准建设

积极创新金融监管工具,一是利用"监管沙盒"的机制,为金融科技创新应用提供安全便捷的测试环境,有条件地试验新的业务模式、技术流程及金融产品,成功后再推向市场;二是考虑到数字金融风险传播快、传播广、构成复杂的特点,积极发展监管科技能力,与传统的信息披露、现场检查等手段结合,更好地识别并处置金融风险。

适时推进金融科技、监管科技和数字金融产品的标准建设,促进金融创新与金融风险的合理平衡。一是要积极研究并适时制定大数据、云计算、区块链、人工智能等创新技术在金融领域应用的相关标准;二是针对这些数字技术在金融领域的应用,催生的新的商业模式、新业态,加快完善金融产品、金融服务以及金融监管等方面的标准,充分发挥金融标准在创新推广和风险管理的支撑与引领作用。

最后是监管框架的动态调整与变革,尽快由机构监管转向功能监管,重视行为监管以加强数字化转型中的金融消费者合法权益保护。金融综合经营以及数字科技与金融活动进一步融合,是目前金融发展的基本趋势,也是金融机构在经济全球化进程中提升竞争力的必然选择。我国应从机构监管转向功能监管、审慎监管、行为监管相结合的同时,逐步构建综合性的金融监管框架,以应对金融机构综合化经营的趋势。

第二节 传统金融机构的业务重组

经过多年发展,金融科技平台数量一度呈现爆发式增长,传统金融机构的竞争压力陡增。对传统金融机构转型而言,制定转型策略尤为重要。尤其是在目前已有传统金融机构初步转型成功的现实背景下,借鉴这类机构的成功经验,能够在最大程度上避免陷入误区,从而加快传统金融机构的业务重组步伐。总结这些成功经验,主要有以下几方面。

一、抓住用户需求、明确平台定位

传统金融机构在转型的过程中,首先要考虑的是用户需求。互联网金融行业已逐步细分,业务类型繁多。了解用户需求,确定拟建平台的目标客户群则是首先要关注的问题。目标用户不明确,目标用户范围过大,都可能导致业务无法顺利开展。应积极利用数字技术推动传统金融机构实现商业模式及服务群体差异化转型。大型金融机构应加大数字技术研发与传统金融业务的融合,提高服务效率;中、小金融机构应注重与金融科技服务平台合作,明确差异化市场定位,更多向数字零售银行转型,运用数字化技术控制运营成本,提高风控效果,扩大服务客群范围。

不同类型、不同规模金融机构建立差异化、精细化分工合作,优化金融业产业链格局,扩大金融服务群体,提升金融服务效率。比如,网络借贷业务的主要借款人是中小微企业和信用记录不足的个人,众筹业务的投资人更倾向于在科技类、影视类、农业类项目进行筹资,大数据征信重点解决目前央行无法覆盖到的人群。每一种业务类型,都在为有特定需求的用户服务。只有抓住了目标客户的痛点,解决目标客户的需求,才能维持平台的运行。传统金融机构如果只是因为面临金融科技公司的竞争,为了转型而转型,那将面临很大的不确定性。

二、充分利用金融领域渠道资源

鼓励传统金融机构与互联网金融加快融合。从历史演进角度分析,新兴产业成长离不开传统力量深度介入。互联网金融也是如此。金融+互联网发展是传统金融力量涉足互联网的积极尝试,手机银行、网络支付、网上销售等为金融机构深度参与互联网金融积累了丰富经验。未来,传统金融机构与互联网的融合进程将会加快,在革新传统金融业务的同时,推进互联网金融向纵深发展。

传统金融机构在数字化转型过程中,应尽最大可能利用自身在金融领域拥有的众多资源。金融集团拥有银行、保险、证券、信托等在内的众多子公司,从事单一业务的传统金融机构也与从事其他业务类型的公司有紧密合作。因此,利用好自身丰富的资源,是传统金融机构转型过程中拥有的最大优势。例如,中国平安的担保、保理机构等均与陆金所合作开展业务;平安好车借助平安车险的数据来完善车辆的准确估值。传统金融机构利用自身资源,展开类似于这样的合作,将很大程度上有利于传统金融机构数字化转型业务的开展,能够保证其建立的金融科技平台的高质量运行。

数字金融服务已经深刻改变了用户的偏好,占领了大量的用户入口。在零售业务上,网络金融服务能够帮助客户迅速自如地实现资产转移;在对公业务上,新兴信息技术和金融产品的融合加速了优质客户的"脱媒",可选融资渠道不断增多,导致存量信贷资产质量下降,利润增速回落。在此背景下,传统网点数量优势及服务方式的吸引力降低,金融机构必须构建以网络支付为基础、移动支付为主力、实体网点、电话支付、自助终端、微信银行等为辅助、多渠道融合的金融服务体系。

三、加大资金支持以进行业务推广

传统金融机构在转型过程中的另一大优势为资金实力雄厚。金融科技行业的运营有其独特的一面,即快速烧钱。平台成立的初期,业务推广和招募人才需要大量的资金投入。平台为用户提供服务往往是免费的,而所有的服务都需要成本。为了占领市场,平台还会推出一系列优惠活动以吸引用户,这也是一笔庞大的支出。金融科技是引领金融机构突破的一个核心发力点,金融机构应该主动拥抱和融入金融科技。金融科技对传统金融机构的短期意义在于通过新技术来提升业务效率,改善用户体验,进而巩固和拓展客群;中长期则有利于探索和培育新的细分业务,进而推动银行运行机制与流程的重构,并形成新的金融服务模式。

因此,互联网金融公司在成立后的一段时间内,为了吸引客户、培育客户的使用习惯,公司非常可能在一段时期内都处于亏损状态。然而,一般的创业公司无法承受长时间的亏损,当风投的资金使用完以后,如果无法获得新一轮融资,可能面临倒闭的风险。而传统金融机构在资金上面临的问题则会少很多。这使得各平台在一轮轮的洗牌过程中,传统金融机构建立的公司存活下来的可能性更大。比如,中国平安给予了每个新平台两至三年的试错时间,在这段时间内,不用过于担心资金不足的问题。资金的优势,使得平台可以不断试错和改进,这些都是非传统金融行业背景的金融科技公司所不具备的优势。

四、逐步扩大业务范围并适当引进合作伙伴

纵观以互联网金融为代表的数字金融发展路径,大多是一个在取得用户信任后再进一步逐步升级的过程。从最先开始的第三方支付到被更多用户接受的众筹,大多数用户对互联网金融的信任是在交易过程中逐步形成的。

因此,传统金融机构在开展数字金融业务时,应注意选择合适的业务类型。先易后难。首先开展风险小、对用户金融素养要求较低的业务。在累积了足够的用户后,再开展风险更大、收益更高的业务,逐步扩大业务范围。如今,金融科技领域各公司的市场地位已初步确立,大平台的优势开始突显,新平台想分得一定的市场份额变得越发困难。传统金融机构在转型涉足数字金融业务时,必要的时候可以引进优秀的金融科技公司作为合作伙伴。它们能为数字金融平台导入流量,同时也更能把握住网络用户的各类习惯。因此,选择一家或数家优秀的金融科技公司作为合作伙伴,能够增进数字金融平台的实力,以求得在该业务领域里的长足发展。

第三节 竞争与合作的优势

传统的金融机构拥有雄厚的资金实力以及品牌价值,同时,面对市场风险、流动性风险、操作风险、信用风险等拥有强大的风险管理能力。而较之于传统金融机构,金融科技公司互联网平台拥有比较优势,拥有庞大的网络用户群体以及海量的信息数据,并且其资源平台开放共享,能够提供便捷高效的金融服务。两者之间在激烈竞争的同时,也具有广阔的合作空间。

不论是传统金融还是金融科技,其最终都要实现"金融"的基本功能,核心都在于风险管理。两者的融合,会实现数据和客户资源的有机整合,促使金融服务向智能化发展,还会拓展大众存款及理财市场,实现联合拓展信贷业务,利用海量信用数据及客户评价,开拓小微企业有效客户等,从而真正开启以互联网大数据为基础的风险管理新模式。

一、增强金融科技公司的竞争优势

(一)充分利用资本市场扩大融资规模

1. 积极推动科技型企业上市

主要应推动各地建立科技型企业上市后备资源库,加强对科技型企业的上市辅导。

引导民营科技型企业进行股份制改造,建立现代企业制度。需要各地、各有关单位共同加大扶持力度,在人才培育、申报科技和产业化项目、提供综合金融服务等方面,对科技型上市后备企业给予优先支持。继续深化与上交所、深交所、北交所、港交所等的合作,推动符合条件的企业在境内外证券交易市场上市或挂牌。鼓励已上市的科技型企业通过再融资、兼并重组做大做强。

2. 积极推动科技型企业发行债券

主要举措为支持符合条件的科技型企业公开或定向发行公司债券、企业债、短期融资券和中期票据等各类债务融资工具,组织科技型中小微企业发行集合债券、集合票据,有效运用不同债券产品扩大金融科技型企业直接融资规模。促进证券公司和相关金融机构充分发挥自身优势与作用,为金融科技型企业发行债券提供优质服务。

(二)推动金融科技服务创新

1. 稳步开展科技保险和专利保险业务

探索将高新技术企业小额贷款保证保险、专利权质押贷款保证保险列入小微企业贷款保证保险试点。企业可以在科技计划项目中列支与项目有关的高新科技研发保险费,其保险费支出纳入企业技术研发费用,依法享受国家规定的税收优惠政策。对参加科技保险的高新技术企业,省财政给予一定比例的补助。鼓励有条件的地区建立科技保险和专利权保险补贴制度。

2. 支持科技担保业务发展

鼓励融资担保机构和中小企业信用再担保有限责任公司把科技型中小微企业作为优先支持服务对象,积极参与科技支行的贷款担保业务,加大对科技型中小微企业融资担保支持力度。

3. 开展金融科技结合实验区试点工作

支持各金融机构积极探索投贷联动业务发展模式。选择有条件的高新区、孵化器、众创空间等作为金融科技结合实验区试点,在实验区试点探索银行和创业投资机构合作,以贷款和股权投资相结合的方式支持园区内科技型中小微企业发展,积极争取管理部门支持自主创新示范区开展投贷联动试点和企业股权众筹试点,支持法人银行业机构成为科创企业投贷联动试点银行。

(三)完善科技、金融相结合的公共服务体系

1. 促进信息资源互通共享

组建金融科技研究服务平台,承担科技型企业数据及其融资需求信息库、科技型企业信用信息库建设,研究和宣传推介金融科技等。以高新技术企业认定及科技型企业备案范围为基础,围绕自主创新和转型升级目标,合理确定科技创新重点,定期发布适合科技和金融结合的科技型企业及科技计划项目名录,引导各类金融机构明确支持方向,加大支持力度。利用科技专家库和科技专家网上咨询工作平台,建立科技项目专

评审长效工作机制,为科技型企业和金融机构提供相关信息服务。

2. 建设促进科技和金融结合的中介服务体系

规范发展科技成果和知识产权评估、定价、流转和监管等方面的中介服务,积极发展律师、注册会计师、资产评估、信息咨询等中介机构,逐步建立一批集评估、咨询、法律、财务、融资、担保、培训等多功能为一体的金融科技中介服务中心,鼓励发展财务外包、法律咨询、技术认证等科技型企业服务平台,充分发挥各类中介组织促进科技和金融结合的积极作用。支持建设金融科技服务平台或一站式服务中心。加快建设具有投融资功能的科技园区、科技型企业孵化器、众创空间等创新创业载体。

3. 加强金融科技信用体系建设

鼓励设立科技信用评级机构,依托央行企业征信系统加强科技型企业信用管理工作,建立信用档案,树立守信企业典型,鼓励金融机构为其降低综合融资成本。建立健全失信约束机制,打击逃废金融债务行为,维护金融债权安全。

(四)加强科技和金融相结合的各项保障

应当注重运用财政杠杆促进科技与金融的有机结合,支持新设科技支行、主要提供科技小额贷款的小贷公司的发展,对其金融科技业务给予风险补偿和奖励。支持推动社会资金建立和发展创业投资企业及创业投资基金。探索科技贷款增长风险补偿机制和科技成果转化风险补偿机制,引导金融资源更多地流向科技创新领域。加快推进科技经费管理改革,创新财政科技投入方式与机制,综合运用无偿资助、偿还性资助、创业投资引导、风险补偿、贷款贴息、续贷垫资、保费补贴、专利权质押补贴等多种方式,引导和带动金融机构资金和社会资金参与金融科技活动,促进科技成果转化,提高资金使用效益和效率。

二、提升传统金融机构的竞争优势

传统金融机构包括银行、保险、投行等。各种类型的金融机构通过与金融科技公司签订战略合作协议发展人工智能、大数据、云计算、区块链等新兴技术,有助于实现二者之间的强强联合。数字金融对于传统金融活动将实现从颠覆到合作,再到共融、共生。传统金融机构要实现在业务层面、技术层面和财务层面的全方位变革,全面开展数字化转型就是其必经之路。

以招商银行为例,其数字化转型走在中国银行业的前列,多年前就非常重视金融科技的投资与研发,其战略转型目标是打造金融科技银行。招商银行最具有影响力的两个 App 分别为"掌上生活"和"招商银行",根据 2019 年年报显示,这两个 App 的活跃用户达到了 1.02 亿。招商银行主张在互联网时代大力发扬科技与创新文化,架构灵活的创新团队,在 IT 技术上着力研发敏捷的开发模式并努力与传统模式相结合。最终在这两个 App 中实现了以客户体验为中心、重视考核月活跃用户、重视应用场景、实现快速迭代的目标,开始了线上大举发展之旅。

(一)数字金融激发创新发展新动力

1. 代表先进生产力

以互联网金融为例,"互联网+"是一种先进的生产力,更是互联网理念的进一步深化,是创新2.0下的互联网发展的新形态、新业态,强调互联网与经济社会各个领域的深度融合。通过对互联网这一工具进行不断创新,达到基于互联网、以需求为导向的创新,从而激活经济社会发展的深层活力。"互联网+"代表一种通过互联网大数据与各行业深度融合,感知客户需求并以此为导向的先进生产力,是推动经济形态创新变革的发展动力,有助于促进经济社会整体提质增效。

2. 开启双创新时代

"互联网+"将开启创新创业的新时代,双创要求金融业进行转型升级,形成金融新业态,构建活力新金融。与此同时,大金融的发展必须与科技创新和科技进步联手共进,能够充分利用科技的力量、金融的优势,使两者之间相互补益,最终达到金融成就科技创新,而科技创新再造新金融的融合发展目标。在"互联网+"的时代,两者的有机结合,能够创造新能量,推动生产力。这是因为:一方面以各互联网为主体的企业正在践行金融的功能,创新性地推出了各种新产品,例如众筹、第三方支付、互联网理财等,大大提高了金融的活力和效率;另一方面,银行业、证券业、保险业等传统金融机构纷纷进行数字金融的转型,不断提高服务效率,拓展服务种类,新产品层出不穷,大大激发了传统金融的生命力。互联网企业和传统金融机构两者共同推动"数字金融"的发展。

3. 催生金融新体系

"互联网+"引入金融领域,大大丰富了现有的金融产品体系,提高了市场对金融资源的配置效率,数字金融势必将有力地推动我国金融体系的升级转型,推动金融行业由垄断迈向竞争、由封闭走向开放、由单一走向多元化发展,有利于建立起多种形式并存、开放竞争、功能互补、充满活力的现代金融体系。

(二)数字金融塑造金融机构新模式

面对数字化的金融新业态,商业银行首当其冲,这是因为其整个运营过程与实体经济密不可分、紧密相连,最容易受到新兴的数字化技术的作用和影响。商业银行在运营的各个环节都极易被新兴技术模式渗透,而这也使得各商业银行必须加速自身的数字化升级转型,改变旧经营模式。

1. 渠道转变——线上线下新平台

"互联网+"这一新生事物的出现,使得传统商业活动中的时空局限被打破,这也使得传统金融机构纷纷开始构筑线上、线下相结合的立体网络渠道。在这种背景下,很多商业银行的原有网点可能慢慢变成包袱,需要通过先进的现代互联网技术和信息技术,升级改造传统的物理网点,积极提升网点服务的智能化水平。网点面对面的柜台交易也日渐被自助交易和网上交易取代,因此,商业银行应当重新进行功能布局,增加自助交易终端,如自助发卡机、自助存取款机等。在新形势下,金融服务不受地域、网点以及规模的限制,应该深刻利用数字金融时代下已有的线下优势,主动搭建或者与第三方合作共建各种统一的线上共享平台,从而掌握提供优质金融服务的主动权以及前端话语权。

2. 产品创新——需求导向新动力

数字金融时代的产品创新不像以往多为产品经理们反复理论论证推敲而来的结果,而是以客户需求为导向的逆向创新。因为在数字金融时代,信息的获取比过去容易很多,并且更加全面客观,使得不同客户可以通过各种渠道表达自己对金融需求的无限想象力。社交平台、移动通信都使得客户越来越多地要求定制化产品,而非原来的普通共享产品。传统商业银行必须与时俱进,能够做到适应客户的需求,所有的创新也必须明确以客户需求为导向,只有这样才可能在激烈的市场竞争中保持从容淡定,赢得客户,否则很可能被市场淘汰。

在互联网技术基础上,金融科技使得给普通人提供个性化投资理财服务成为可能,并且拥有精准的投资者风险测评和产品评级。传统金融机构由于成本压力,将金融服务的重点对象放在高净值客户群体身上。在金融科技的助力下,互联网投资平台的用户完全可以根据自己的投资金额、期限以及风险偏好自主选择产品,在操作上根据自己的时间安排。同时,通过精确化的投资者风险测评,平台还可以根据用户测评结果针对性推荐适合的服务。随着技术和服务的创新,金融科技将继续给普通人投资理财带来改变,让金融更加普惠。

3. 服务升级——创新便捷新体验

在金融机构营销的新时代,服务的优劣直接影响销售的产品数量和客户质量。各家商业银行一直倡导微笑式服务,并且对前台工作人员设置有专业服务培训课程。而在数字金融时代,服务又被赋予了新的内涵,即不仅局限于服务的态度,要求更多的是服务的内容。例如有些银行升级改造营业厅,增设咖啡吧式样的体验式服务,就倍受客户青睐。还有很多商业银行在营业厅摆放多台电脑,安装炒股软件,让等待的客户能够进行股票操作,减少等待时的烦躁情绪等。

传统金融机构涉足数字金融领域以后,服务的客户范围大大增加。优质客户在经过一段时间的发展后,成长为一批业务量庞大的公司客户和资产可观的个人客户。挖掘此类用户,并为他们提供信托、基金、保险、借贷等一系列需要高资金门槛的服务,将成为传统金融机构挖掘新用户的方法之一。同时,在信息技术快速发展的今天,传统金融业务和数字金融业务相互迁徙已经成为一种趋势。一些高净值客户和机构客户开始利用互联网进行投资,获得理想的回报。成立自己的互联网金融平台,能够使传统金融机构的客户迁徙在集团内部完成。这样,不仅不会流失客户,还会增加客户黏性,提高用户忠诚度。

总之,在数字金融时代,各家金融机构应利用互联网思维,以"客户至上、极致体验"为企业的服务理念,处处做到客户优先,为客户着想,提供人性化服务、友好型服务和智能化服务。通过创造层出不穷的极致服务和客户体验,持续增强客户黏度,夯实金融机构最重要的基础客户资源。

4. 结构变革——扁平高效新架构

数字金融时代,传统的金融机构总分支垂直联动架构已经略显疲态,较之于新兴的数字金融体系,其运行效率已显得不足。随着市场竞争的加剧,总体金融环境已经发生变化,机遇必须及时把握。各家金融机构面对数字化转型的新形势,必须时刻警醒,灵活调整策略,积极应对各种挑战。因此,现在各家金融机构也正积极响应,摸索改革现有的垂直式管理架构,讨论论证是否建立专业的数字金融扁平化组织架构,以便能够及时高效地应对客户需求,提供专业解决方案。

5. 机制改革——数据驱动新模式

数字金融时代,企业所有的交易行为、经营行为以及管理行为最终都会被记录下来,形成数据,即我们通常所称的"大数据"。基于大数据的金融服务平台主要指拥有海量数据的电子商务企业开展的金融服务。大数据的关键是从大量数据中快速获取有用信息的能力,或者是从大数据资产中快速变现的能力,因此,大数据的信息处理往往以云计算为基础。可以说"大数据"是整个传统金融机构进行数字金融转型的基础。基于对这些所有的数据进行分析,可以对企业的一切商业行为进行数字化分解。传统的对历史经验的依赖模式,可以平稳地过渡到数据依赖的模式,一切用数据说话。

在数字金融时代,大量的金融产品和服务通过网络来展现,包括固定网络和移动网络。在大数据时代,风险管理理念和工具也将调整,金融产品和服务的消费者和提供者之间信息不对称程度降低。大数据金融无疑是高效率的,许多流程和动作都是在线上发起和完成,很多操作均是自动实现。同时传统金融机构的服务边界也在扩大,首先,就单个金融机构而言,其最合适经营规模扩大,由于效率提升,其经营成本必随之降低,金融机构的成本曲线形态也会发生变化。另外,通过网络化呈现的金融产品,对消费者而言,是可控、可接受的。大数据金融的高效率性及扩展的服务边界,使金融服务的对象和范围也大大扩展,金融服务也更加能够满足客户的多元化需求。

金融机构可以根据现有客户的历史交易数据和结算情况,以及信用交易记录等数据对企业经营情况进行客观分析和掌握,并能结合整个行业以及市场的整体情况,更加科学地评价企业的业务前景、风险程度,从而对资本进行更加合理的配置,引导业务健康合理发展。另一方面,金融机构可以依据数据分析,对客户的销售规律加以把握,了解到客户的结算周期、上下游交易情况等,从而适时为客户进行定制化服务或者提供客户偏好的产品和服务,从而真正满足客户的需求和意愿。利用好大数据,就可以实现数据说话、数据下达指令,锻造支撑未来发展的"最强大脑"。

(三)金融科技提升基础客户新体验

传统金融机构和数字金融新业态的客户存在一定的互补关系。比如,互联网金融平台的客户大多是传统金融机构很少为其提供服务的小微客户。因此,传统金融机构涉足互联网金融领域，便可以扩大其业务范围。传统金融机构在开展业务时，难免会遇到一些资质较好，但是在公司现有规定下并不能为其提供服务的客户。因此，传统金融机构涉足互联网金融领域后，可将优质的潜在用户引流到自己的互联网金融平台上。传统金融机构用该种方式服务了更多的客户，扩大了自身的业务范围。并且，以这种方式挖掘出的资产端，往往比之前没有金融背景的互联网金融平台寻找到的资产端更优质，出现风险的概率也更小。大量的潜在用户和优质的资产端，使传统金融机构成立的互联网金融平台盈利的可能性更大，并能获得更为可观的利润。

近年来，金融机构主动顺应用户移动化、碎片化、社交化的行为变化，从提升客户体验角度出发，积极运用移动互联网技术，创新推出各种人性化、新潮、有趣的金融服务。比如，中国工商银行近年来在为众多政府机关和企事业单位职工安全高效代发工资的基础上，不断升级服务标准，扩展服务内涵，为代发工资这项老业务注入了新活力。据工商银行相关负责人介绍，结合用人单位和职工的需求，工行在代发工资业务平台上构建了以"工银薪管家"为主体的综合金融服务体系，涵盖"薪金卡""薪金通""薪金溢""薪金贷""薪金惠""薪金享"六大特色服务以及其他多种专属服务，较好地满足了广大职工在支付、结算、理财、融资、消费等全方位的服务需求。再如，中国建设银行也加快向创新银行转型，推出众多满足客户多样化需求的金融产品和服务。如借鉴互联网思维及先进企业创新经验，在移动支付结算、智慧网点建设、个人投资产品组合、客户服务升级等多个领域取得多项创新；首创"快贷"个人自助贷款，有效满足客户的多样化需求；紧跟移动支付技术发展趋势，加快虚拟介质创新，并加大优质客户适配产品研发力度；在手机银行中新增"账户商品""现金分期申请"等多项功能，在个人网银中新增账户原油、账户铜等商品的投资理财功能，并不断优化善融商务、悦生活等服务功能。

（四）数字金融开启风险管理新思路

从征信的角度看，大数据时代，征信方法已经跳出了传统的静态数据，任何人浏览网页、线上购买商品等行为均会留下痕迹，金融机构和金融科技公司可以根据这些痕迹分析出有用信息。基于风险控制的角度，金融机构及金融科技公司借助大数据可以了解客户整体金融行为，对用户的行为、偏好、习惯进行刻画，对用户的信用风险和欺诈风险通过模型的方式进行科学的计量，提前建立反欺诈、信用风险评估、智能风控引擎、外部数据整合、风控管理制度五位一体的数字科技驱动的风控体系，实现贷前审批、账户管理、客户实时跟踪、资金监控、贷后催收全周期覆盖的监控程序。例如凡普金科自主研发的智能大数据动态风控系统——FinUp云图便实现了这一功能。通过机器学习和自然语言处理，FinUp云图形成一个模仿人类大脑行为的风险控制知识体系，将大数据转换成客户画像，通过深度学习自动发现隐藏在复杂关系里的风险点，挖掘潜在欺诈行为。

数字化信息技术缓解了传统金融机构信息不对称和风控的难题，用更为有效的方法找到了金融科技风控的有效途径。互联网金融依靠其底层的海量数据，通过挖掘分析提供充分的参考信息，并托线上模式，逐渐形成一套行之有效的破局策略。通过挖掘客户信息、产品交易、信贷行为、征信、合作方和第三方平台等多个不同领域的风险数据,对客户进行综合的评价和推断,形成细致的客户分群和诚信评级,立体评定客户的最高可授信金额。在反欺诈方面,通过分析客户线上行为的一致性、终端设备、IP、区域等信息,预测客户申请和交易中的欺诈可能性;通过分析客户与客户之间信息所呈现的共性特征,预测群体客户的欺诈可能性,从而最大限度地规避集团性、规模性的欺诈行为。

通常来讲,金融机构普遍存在高杠杆经营的特性,同时金融监管也一直非常严格,这些情况都使得风险管理在传统金融机构的日常经营中所处地位非同一般,金融机构的企业文化中风险文化地位举足轻重。现阶段国内的金融消费权益法律尚不健全,因此,在实际操作中,各家金融机构都会仔细考虑防范声誉风险,避免客户损失波及其信誉等。此外,金融科技可以及时发现客户资金的异动情况、担保关联方的异动情况,还有抵押品价值变动的情况等,可以对这些变动情况做深度的分析,尽早发现违约风险。

因此,金融机构在针对个人客户推出新的金融产品时,往往会从自身以及客户两个角度出发,同时采取多种风险控制措施。对公司客户而言,则要履行严格的授信审批程序,主要依靠客户经理的授信调查报告,然后经过风控部门人员的逐级审核,根据企业的业务情况、财务状况以及未来发展情况给出授信意见,决定是否给予企业授信。该种授信模式在时间效率上明显落后,越来越不能满足现代社会客户对快捷高效服务的要求,这也是数字金融发展迅速的一个动因。传统金融机构也已经意识到了这个问题,并逐步通过构建自己的交易和支付平台或者与第三方合作,根据客户交易的大数据分析,判断客户的实质风险以及资金需求,这无疑是未来金融机构风险管理的新模式。当然,目前该种模式在实践中的应用效果还需要时间去检验。

(五)数字金融建设金融监管新模式

数字金融在带来业务和服务创新的同时,也可能会引发新的监管风险。金融科技渗透的范围扩大,监管边界的界定和风险防范手段也会遇到更大的挑战。近年来互联网金融风险事件层出不穷,例如P2P、网贷公司大规模倒闭,各类机构过度获取个人隐私和数据等乱象已经给金融行业监管敲响了警钟。金融与科技的跨界结合以及技术的快速发展,将会凸显出对监管机构在机制和能力方面不断完善的要求。举例来说,一方面,不管是京东白条,还是余额宝,再或者银行的票据理财,其本质都是金融产品,但是因为前两者主要由互联网企业来操作和完成,而互联网企业又属于商业企业,因而一度未被纳入监管范围。而另一方面,如果是商业银行同样开展此类业务的话,则要面临严格监管,需要接受银保监会的产品准入审批和严格的资金监管。这就无疑造成了一种不对等,因而提高了商业银行开展数字金融业务的成本,并从根本上限制了商业银行数字金融创新活动的开展。更为甚者,这种不对等的监管将持续地不利于商业银行的优势发挥。

较之于新兴的金融科技公司,传统金融机构的优势在于雄厚的资金实力、优秀的品牌价值、良好的风险管理能力,以及丰富的金融业务经验等,传统金融机构熟知如何设计理财产品,如何更有效地开展资产管理业务。但现行的监管制度,对传统金融机构理财产品提出严格要求,要求所有理财产品销售必须客户亲见亲签,尤其是第一次购买还需要签署协议。这样就造成了传统金融机构无法像余额宝一样方便灵活,从而限制了它们借助信息技术开展理财业务的潜力。

而金融科技企业的优势在于庞大的客户群体、海量的客户交易数据、先进的信息技术和成熟的信息共享开放平台。金融科技企业与传统金融机构合作开展理财业务可以减少监管制约,既发挥了互联网的技术优势,提高了客户体验度,又避免了监管过度约束所造成的传统金融机构与金融科技企业的不公平竞争。因此,监管当局也在摸索、革新数字金融时代下的监管新模式,未来将积极解决客户远程开户等一系列问题,力争实现虚拟电子账户与传统账户身份相同,不断创新有效监管的新方式。

英国于 2016 年提出了"监管沙盒(Regulatory Sandbox)"理念,得到了发达国家金融市场的积极响应和仿效,也为国内金融科技监管机制提供了有益借鉴。国务院金融稳定发展委员会的成立为我国实施"监管沙盒"提供了必要的基础条件。随着监管机制的变化,监管层也将利用技术辅助监管理念和手段的升级。如目前已建立的金信网银大数据检测预警金融风险平台,就是以大数据、云计算为技术支撑;央行反洗钱检测分析中心也在持续探索大数据技术在非结构化数据处理、数据采集、统计分析等领域的应用。总体而言,金融科技已经快速并深入地融入金融领域应用的方方面面。无论是金融机构还是监管层,都应以开放的态度拥抱它所带来的变化。金融科技发展会加速监管机制的不断完善以及监管科技的迅速崛起,同时给金融机构带来重大的挑战和机遇。

本章小结

1. 随着科学技术的不断发展和进步,传统金融机构如何抓住金融科技发展契机,积极主动地与金融科技公司进行融合发展,从而开辟一条创新性的转型升级之路,对于传统金融机构而言具有非常关键的战略意义。

2. 传统金融机构的经营管理转型主要包括:重塑金融业经营理念,高度重视金融信用信息整合与测度,积极响应不同类型客户需求,建立适应金融科技的人力资源管理系统,通过大数据技术为业务运作与风险控制提供支撑,借助监管科技助推金融机构数字化转型。

3. 传统金融机构的业务重组主要包括:抓住用户需求、明确平台定位,充分利用金融领域渠道资源,加大资金支持以进行业务推广,逐步扩大业务范围并适当引进合作伙伴。

4. 数字金融改变金融机构的方式主要包括渠道转变、产品创新、服务升级、结构变革、机制改革。

思考题

1. 传统金融机构为何要进行金融科技转型？
2. 传统金融机构的经营管理转型包括哪些步骤？
3. 传统金融机构的业务重组主要包括哪些？
4. 举例说明传统金融机构科技转型的成功案例。

第七章 区块链与数字货币

【本章提要】 区块链作为一种全新的数据分布结构,能够在不依赖于中心化机构的情况下实现很强的安全性。数字货币是区块链技术的重要应用,主要包括非法定数字货币和法定数字货币。本章第一节阐述区块链的基本概念与特点。第二节介绍数字货币的预备知识,包括货币演化逻辑和电子支付概述。第三节分析数字货币的概念及其特点。

第一节 区块链的概念与特点

一、区块链的概念

区块链本质上是一个数据库,随着比特币而迅速兴起。与传统的数据库相比,区块链技术具有更好的不可伪造性、可追溯性、透明性等显著特点。通俗地讲,区块链就是将存储数据或信息的一个个"区块",通过某种方式"链"起来。这样处理的好处是,前后区块之间可以建立明确的、近乎唯一的关系,前面任何区块的篡改,都会造成与后面区块的不一致,从而能够很容易地被识别出来。因此,要想篡改区块链上的任何信息,整个区块链都必须做出相应的调整,以目前的普遍算力,这一任务是不可能完成的。这样的架构设计,很好地解决了人类社会的信任问题。传统上,熟人之间的信任比较容易建立,然而陌生人之间的信任则很难建立,只能通过引入双方共同信任的第三方机构牵线搭桥,才能一定程度上解决这一问题。基于区块链技术,由于数据记录是不可篡改且透明的,因此陌生人之间无须引入中介机构就可建立信任。接下来逐一讨论区块链的技术实现。

二、区块链的技术实现

(一)传统数据记录模式

区块链作为一种数据库,其核心功能是实现数据记录和存储。以交易为例:假设某经济系统中只有 ABCD 四个人,其中 A、B 二人初始各拥有 50 元钱;接下来 A 给 C 支付 20 元钱,B 给 D 支付 25 元钱,D 给 C 支付 15 元钱,B 给 A 支付 5 元钱。那么如何构造一个数据库记录这些交易过程呢?

表 7-1 记录了上述交易的整个过程,如果该经济系统接下来又发生了很多笔交易,只需在表中增添行记录相应的交易信息即可。问题的焦点在于由谁来记账?如果这 4 个人是熟人,会有很多解决方案,比如制定如下规则:4 个人轮流记账,任何人都可以随时查验账本,一旦发现作弊,则严厉惩罚作弊者。如果这 4 个人是陌生人,上述规则基本上会失效,此时如果允许引入第三方机构,则这一问题也能够很容易地解决掉:只要 4 人相信中介机构,记账权就可以交给中介机构;一旦中介机构作弊,4 个人都可以很容易找到中介机构,并对其实施严厉的处罚措施。现在的问题是,在不引入中介机构的时候,如何解决这一问题?

表 7-1 传统数据记录表

交易 ID	支付方	接收方	金额
1	起点	A	50
2	起点	B	50
3	A	C	20
4	B	D	25
5	D	C	15
6	B	A	5

对于这一问题,中本聪的回答是每一个人都公平地拥有记账权,为了防止在记账过程中作弊,同时规定其所记账本只有得到所有人的认可后才能成为"合法"的账本。这一规定显然给记账者施加了成本,为了保证仍然有人愿意记账,再加两条奖励机制:如果某人所记账本得到了所有人的认同,即最终成为"合法"账本,那么系统给其一定的奖励;同时,交易者为了使得自己的交易能够被迅速入账,也可以支付一定的交易费用。

(二)基于区块链的数据记录

记账权问题解决后,又出现了一个新的问题:随着交易量的不断增加,可以想象到表 7-1 的行数会越来越多,为了保证之前的交易未被篡改,验证者每次都需要重复查验已发生的交易,这显然会造成极大的重复工作。中本聪给出的解决方案是,引入区块链,即:每一区块只包含有限的若干条交易信息,一旦该区块被"装满"后立即"封存",然后再在该区块上盖上唯一的标识以防止该区块被篡改;之后的交易就只能"装入"新的区块,因此接下来只需对新的区块进行验证即可。此时,我们的表 7-1 升级为表 7-2 的模式。

表 7-2 基于区块链的数据记录

区块 ID	交易 ID	支付方	接收方	金额	矿工	挖矿费用	区块奖励
B1	T1	A	B	10	A	1	25
	T2	A	D	15		1	
	T3	A	E	5		1	
B2	T4	B	C	2	E	1	25
	T5	D	E	5		1	
	T6	C	A	10		1	

(三)如何"封装"区块?

对区块"封装"技术的核心要求有两点:第一,高度灵敏性,即对区块内容的任何修改都会引起"封装"标签的改变。有了这一保证,后续查验区块内容是否被篡改,就变为查验"封装"标签是否发生了改变。第二,高度压缩性,即将区块所包含的所有信息压缩成很短的信息,这一条将极大地降低之后的查验工作量。

Hash 函数能够很好地满足这些要求。Hash,一般翻译为散列、杂凑,或音译为哈希,是把任意长度的输入(又叫作预映射 pre-image)通过散列算法变换成固定长度的输出,该输出就是散列值。这种转换是一种压缩映射,具有以下 3 个基本特征:输入可以是任意大小的字符串,输出则为固定大小,且对于任意输入都可在合理时间内计算散列输出。一般来说压缩映射意味着一定不是一一对应,即对于某一输出值,可能存在两个或两个以上的输入值与之对应。如此一来,似乎又无法满足我们对"封装"的技术要求,因为理论上存在以下可能性:虽然篡改了区块内容(即输入发生了改变),但输出变量并未改变。

为了规避这一问题,区块链对 hash 函数增加了以下几点要求。第一点即所谓的碰撞阻力:无法通过合理的方法找到两个值 $x1$ 和 $x2$,使得 $H(x1)=H(x2)$;唯一的方法是暴力破解,即通过遍历输入集合实现目标。注意,这里讲的是在现实中无法找到,而非理论上不存在。以比特币所采用的 SHA-256 为例:一个 256 字节的输出,理论上输入最多可达 $2^{64}-1$。让我们做一个直观的比喻:假设一个字节对应于 1 平方毫米,那么 $2^{64}-1$ 则相当于 36170 个地球的面积之和。如果要想暴力破解 SHA-256,假设人类制造的所有计算机从宇宙起源时便开始计算,到目前为止找到该碰撞的概率仍然趋近于无穷小。第二点被称作隐秘性(也称作单向性,one-way),在仅知道 $y=H(x)$ 的情况下,无法算出输入值 x,这要求 x 必须来自一个分散的集合。第三点被称作谜题友好,对于 $H(x)=y$,已知 y 反推 x 的最佳策略为随机尝试,即暴力破解是唯一的破解之道。第四点被称作雪崩效应,即输出值对输入值是极度灵敏的,即使输入仅改变了一个空格或者逗号,输出也将发生改变。

(四)区块如何"链"?

上述讨论可知,每一个区块最后都被压缩成一个 hash 输出。为了将区块前后依次

链接起来,在生成每个区块的 hash 函数时做了如下规定:

$$hash(n) = hash[hash(n-1), information(n), Nonce] \quad (7-1-1)$$

其中,hash(n) 表示第 n 个区块的 hash 值,hash(n-1) 表示第(n-1)个区块的 hash 值,information(n) 表示第 n 个区块所记录的信息,Nonce 是一个随机值(来源于 number used only once)。由于每一个区块的"封装"标签——hash 值都包含了前一个区块的"封装"标签,所有区块都被"链"在了一起,零散的区块一起构成了区块链。在整个区块链技术中,Nonce 扮演了非常重要的角色,这将在后续讨论中得到印证。

如此"链"法,能够很好地实现区块链的防篡改性。假设某区块链目前的区块高度为 20 个,有人突发奇想试图修改第 10 个区块中的交易信息,让我们分析这一修改将会发生什么。这一修改意味着 information(10)发生了变化,根据 hash 函数的雪崩效应,意味着 hash(10)将发生变化;hash(10)的改变必然引起 hash(11)的改变;以此类推,对第 10 个区块交易内容的改变,将引起后面所有区块的 hash 值发生变化,如此重大的改变,当然会引起所有人的注意,将无法得到社区其他的成员的认同,篡改无效!

是否可以通过调整 Nonce 值,使得在 information(10)发生改变的情况下又保证 hash(11)不发生变化呢?正如前面的讨论,虽然理论上存在这种可能性,但根据碰撞阻力,要想找到对应的 Nonce 值,最优方案就是暴力破解。以 SHA-256 为例,这一方案完全不可能。

在将区块"链"在一起的时候,有可能出现分叉,比如基于第 10 个区块,同时出现了 2 个合法区块,区块链可能变成区块树。交易记录的唯一性要求社区参与者只能认可其中的一个区块是合法区块,另一个区块必须被抛弃。该依据何种标准做取舍?区块链的取舍一般采取所谓的"最长链法则",即哪一分支后续区块数量多,该分支就成为合法链。以比特币的发展历史为例,"最长链法则"能够很好地解决类似分叉问题,一般情况下只要某笔交易所在区块,有 6 个区块"链"在其后,就可以认为该笔交易是安全的,即可以保证该笔交易所在区块处于最长链上。

(五) 如何防止挖矿劫持?

在表 7-2 中已经提到了矿工,区块链中的矿工指的是那些不断争取记账权以获得区块奖励的节点。挖矿劫持是指拥有极大算力的矿工自己作弊的情形。以表 7-2 为例,矿工 A 的三笔交易被打包于区块 B1 中,假设矿工 A 先对区块 B1 做了正常的处理并得到了社区所有成员的认可,此时 A 支付掉了 30 元,为了得到大家的信任,矿工 A 等区块 B1 后面又接了三个区块之后开始篡改区块 B1 的交易信息,比如完全抹掉相关的交易记录,如图 7-1 所示。

此时,只要矿工 A 的速度更快,在其他诚实的矿工刚刚生成了一个区块的时间内,矿工 A 生成了 4 个区块,此时被篡改后的区块变为最长合法链。上述情形被称作挖矿劫持。区块链该如何防止类似事件发生呢?

区块链技术通过所谓的工作量证明(proof of work)来防止类似攻击,我们通过公式(7-1-1)来阐述这一问题。具体地,矿工要想将某一打包好的区块成功"上链",区

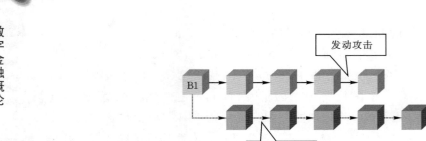

图 7-1 挖矿劫持示例

块链协议要求其所生成的 hash 值必须符合某一规则,比如小于某一特定值。注意,在公式(7-1-1)的三个输入变量中,hash($n-1$)和 information(n)是固定的,无法更改的;因此,矿工只有不断调整 Nonce 的取值,以生成满足规则的 hash(n)。如前所述,区块链所用的 hash 函数输入变量非常多,要想找到合适的 Nonce 值,需要不断重复试错,此过程恰似淘金热时代的挖矿矿工,挖矿和矿工的叫法正源于此。对于一个矿工来说,验证交易并将若干合法交易打包生成区块,是非常简单的。以比特币为例,目前的算力处理这一问题所花费的时间几乎可以忽略不计,比特币平均 10 分钟出一个区块,绝大部分时间被花费在寻找合适的 Nonce 值上。因此,篡改数据或将非法交易的数据打包至区块链,很容易被其他矿工发现,从而很难成为最长链;换句话说,在自然状态下上述的挖矿劫持不会发生。唯一的例外是,当某一矿工控制了绝大多数算力时,有可能发生挖矿劫持,此即所谓的 51% 攻击。但就目前的区块链发展情况来看,单一矿工控制绝大多数算力的现象尚未出现。

三、区块链的发展及应用举例

(一)区块链的发展阶段概述

迄今为止,区块链大致经历了三个发展阶段。区块链 1.0 时代的典型代表为比特币,奠定了区块链的主要基础,形成了区块链的基本雏形;但此时的区块链功能仍然较为单一,只能记录简单的交易信息,虽说在去中心化框架下实现了交易,但人类经济活动的大部分内容区块链无法介入。区块链 2.0 时代的典型代表为以太坊,一个重要创新是发明了智能合约,将合约执行这一典型需要中心化机构介入的活动在去中心化框架下完美解决,至此,一些简单的经济活动即可在去中心化框架下完成。前两个阶段的区块链技术面临的重要挑战包括:交易效率较低,很难突破吞吐量瓶颈;由于需要在完全去中心化框架下保证交易安全,因此需要加大作弊成本,即需要加大挖矿难度,这样一来就会造成电力资源的极大浪费。剑桥大学估计 2020 年比特币的年耗电量达到 80 太瓦时,这一惊人的耗电量几乎超过了世界上大多数国家的耗电量!更加严重的是,这类区块链技术几乎很难介入目前世界的任何主流活动中,比如金融系统很难引入这样的区块链技术。

目前,区块链逐渐进入 3.0 时代,即联盟链时代。此时的区块链技术,不再执着于去中心化,而是在去中心化和中心化之间寻求某种平衡,一方面缓解过渡中心化所带来的一系列风险,同时也可以大幅提高工作效率。一般做法是,有一个中心化的机构主导某一区块链社区,叫作 MSP(membership services providers),主管区块链网络中其他节点的授权、准入、剔除等。由于 MSP 根据其掌握的信息,可以更加合理地分配区块链网络中各节点的角色,比如专门负责验证交易、对合法交易进行打包排序、将合法交易记录上链、协调整个过程等,有了分工协作,整个过程的效率必然大大提高。

(二)区块链的应用举例

正如前面所述,区块链 1.0 时代的典型应用是比特币,区块链 2.0 时代的典型应用是以太坊,这些都将在数字货币部分有所涉及。如何将区块链项目落地,使其对经济社会的发展切实产生推动作用,仍处于探索阶段,正如 True Link Financial 的联合创始人卡伊·斯汀康比所说:"经过多年的不懈努力和数十亿美元的资金投入,除了货币投机和非法交易,没有人真正地了解区块链的用途。"

就目前的应用而言,主要从以下几个方向进行探索。

1. 公有区块链(public block chains)

公有区块链的核心含义是世界上任何个体或者团体都可以发送交易,且交易能够获得该区块链的有效确认,任何人都可以参与其共识过程。公有区块链是最早的区块链,也是应用最广泛的区块链,各大比特币系列的虚拟数字货币均基于公有区块链,世界上有且仅有一条该币种对应的区块链。公有区块链的一个核心意图是去中心化,目前的尝试包括线上投票、星际文件系统(IPFS)等。

2. 私有区块链(private block chains)

第二个方向是私有区块链,指的是仅仅使用区块链的总账技术进行记账,可以是一个公司,也可以是个人,独享该区块链的写入权限,本链与其他的分布式存储方案没有太大区别。传统金融都是想尝试私有区块链。

3. 联盟链(consortium block chains)

联盟链由某个群体内部指定多个预选的节点为记账人,每个块的生成由所有的预选节点共同决定(预选节点参与共识过程),其他接入节点可以参与交易,但不过问记账过程(本质上还是托管记账,只是变成分布式记账,预选节点的多少,如何决定每个块的记账者成为该区块链的主要风险点),其他任何人都可以通过该区块链开放的 API 进行限定查询。

接下来,以沃尔玛借助联盟链解决食物溯源问题为例详细介绍联盟链如何在现实世界中发挥作用。

2018 年,有关被大肠杆菌污染的长叶莴苣的疫情报道在整个美国引起了一片哗然,此次疫情中,有超过 200 人生病,5 人死亡。这是"美国农产品行业有史以来暴发的涉及范围最广、最致命的疫情"。更糟糕的是,没有人能够追踪到使这些莴苣受到污染的污染源,因为整个农产品供应链——从种植它的农场到销售它的超市——都是非常不透明且低效率的。整个系统都是有纸化的,所有处在这个供应链上的公司都只需要能够跟踪产品的"上一步来源和下一步去向",这意味着,想要跟踪或追溯多个步骤就必须与多家相互独立的公司进行联系。追踪到某种商品的来源可能需要一周以上的时间。美国有关当局花了3个多月的时间才追查到某问题农场,该农场使用了亚利桑那州尤马市一条运河的水。即使在源头被确定后,也没有人能真正地确定他们买到的莴苣是否被污染了,因为很难知道买到的莴苣来自哪个农场。

受此事件冲击,不久后沃尔玛宣布将对其供应链进行如下改革:要求每家销售绿叶蔬菜的公司将产品相关供应链信息放在区块链上,每家公司将在沃尔玛旗下的、由沃尔玛与IBM共同开发的区块链上记录产品的每次物流,每次物流都将作为一个交易在这个被称作IBM Food Trust的区块链上进行记录。每笔交易都要对元数据进行编码,如产品的批号、时间和日期,以及产品的产地和目的地等。

IBM Food Trust属于联盟链,由供应链上的所有企业共同维护。相比于公有区块链,联盟链的一个显著优势是,能够大幅度减少挖矿浪费。由于沃尔玛和IBM拥有这个区块链,他们不需要第三方的矿工,只需授权某一部分节点扮演矿工的角色即可,这将极大地缓解算力上的"军备竞赛",减少能源浪费。同时,他们可以通过设置细化的访问控制或许可,准确地确定每个人的访问权限;一旦出现问题,他们也可以及时地介入。

沃尔玛的这一尝试可谓成效显著。由于供应链流程已经数字化,数据也以标准化的格式进行存储,所有内容都集中存储,目前沃尔玛可以做到在2.2秒内追踪某个农产品从种植的农场发货到其放置在沃尔玛货架上的整个流程,比传统溯源流程效率提升了数十万倍!更为重要的是,沃尔玛可以确切地知道在整个物流过程中,每个步骤设计的人员及其位置,这可以帮助沃尔玛立即识别并从货架上撤走受污染的食品,还可以帮助当局更快地找到并关闭生产受污染食品的农场。

第二节 数字货币的预备知识

一、货币演化概述

货币是人类经济社会发展到一定阶段的必然产物,其出现又极大地推动了经济社会发展。随着人类经济社会的不断发展,货币的形态也在同步演化。马克思认为,货币本质上代表的是一种社会关系,因此其发展演化必然受到生产力发展的影响。本节将从技术变迁的视角,概述货币演化历史。

(一)货币的基本特性

马克思主义政治经济学认为,货币的本质是固定地起一般等价物作用的商品,体现的是商品经济条件下人们的相互关系。货币具有以下五种职能:其一,价值尺度,即一切商品价值量的多少是通过货币衡量和计算的。其二,流通手段,即货币在商品交换过程中起着媒介作用,这极大地提高了商品交换的效率。其三,贮藏手段,即一部分货币退出流通过程,被人们作为社会财富的一般代表贮藏起来。其四,支付手段。人们的经济活动并不必然仅限于"一手交钱一手交货"的初级阶段,交钱和交货往往会出现不同步的现象,比如赊账买卖、债务融资等。当赊购到期时,一般通过货币进行清偿,此时货币发挥的功能就是支付手段。支付手段使得即便在缺乏现金的情况下也可以实现商品的顺利流通,极大地提高了商品的流通效率,进一步繁荣了人类的经济活动。其五,世界货币。当商品交换突破了国别界限,国与国之间的贸易活动快速发展之后,货币作为一般等价物的功能就被扩展至国际经济关系中,此时货币所发挥的功能即为世界货币职能。

(二)货币的演化历史

如何才能更好地发挥货币的五大职能?这是任何一种货币要想流行起来必须回答的基本问题。对人类社会所出现的货币进行总结归纳之后,易刚和吴有昌指出,货币应该具备以下几点基本特性:容易标准化、可分性、携带方便、材料稳定和不容易变质。随着人类技术水平的不断变化,货币的形态也在不断地发生着相应的变化,而货币演化的底层逻辑则是不断地加强货币的基本特性,使其更好地发挥五大基本职能。

在人类社会发展的早期,由于缺乏相关的生产技术,人们往往选择一些在各经济主体之间得到了较高认同的商品作为一般等价物,在商品交换中扮演者货币的角色,此即商品货币的阶段。比如在政治经济学教材中经常出现的如下例子:一只绵羊可交换25千克谷物,也可交换1把斧头、7米麻布等。在此经济活动中,一只绵羊本质上扮演了货币的角色。注意,这一阶段的货币,其物理形态一般为日常生活中常见的商品,具有明确的、显而易见的使用价值。当把一只绵羊作为"货币"的时候,极大地提高了该经济体系的经济活力,比如:某人拥有一把斧头,想换回可用于充饥的谷物,然而拥有谷物的人想要的是可用于防寒的麻布而非斧头;如果没有绵羊这一"货币"的时候,这一交换无法完成,各经济主体的状况无法得到改善;当绵羊"货币"出现以后,人们可将拥有的商品先换为绵羊,再用绵羊交换其想要的商品。随着生产力的发展,这种原始的货币形态逐渐消失,然而在某些特殊的环境下依然可以观察到类似的情形。比如,在美国的某监狱,由于大多数犯人都喜欢抽烟,香烟逐渐演化为人们乐于接受的一般等价物,在监狱的日常交换中扮演了"货币"的角色;逐渐地,即使不抽烟的犯人也愿意接受香烟,因为它可用于交换需要的其他物品。

如果从货币的基本特性出发,对早期的货币形态进行分析,就会发现这类货币需要进一步发展。以绵羊为例:由于绵羊的体型存在较大差异,很难做到精确的标准化,直觉上一只大羊应该比一只小羊更值钱,这种非标准化在交换过程中可能产生巨大的分歧。如果拥有一只羊的某人希望换取25千克谷物,这一交易能够很快得以完成;但是,如果某人想换取10千克谷物和4米麻布时,由于绵羊的难以分割性,这一交易很难顺利完成。通过类似的分析我们可以发现,绵羊作为"货币",在其他基本特性上也存在着缺陷,比如,由于换回的绵羊有可能得病而死,这将极大地影响人们对绵羊这一"货币"

的信心。

随着人类金属采矿和冶炼技术的发展,在人类经济活动史上长期充当主流货币形态的金属货币得以迅速发展。马克思说"金银天然不是货币,但货币天然是金银",说的就是金银在充当货币时具有独特的优势。金银的质地较为柔软,比较容易切割,较好地满足了人们对货币可分性的要求;同时,金银也很容易做到标准化,比如任何人、任何地方的一两黄金都是一样的。金银作为重金属,其化学性质异常稳定,在自然环境下很难发生化学变化;由于稀缺性,其价值非常高,一小块金银往往可以交换很多的其他商品,因此在实际经济活动中需要人们携带的金银比较少,较好地解决了便携性问题。

随着造纸术、印刷术的发展,货币形态逐步从金银向纸币转变。相对于金属货币而言,由于纸币的币值可以人为规定,其在可分性和便携性上都具有明显优势,尤其在大规模、远距离交易方面更是具有绝对优势;此外,在标准化、稳定性等方面,纸币也可以满足日常交易范围的要求。近代以来,随着交易活动的日益频繁和交易距离的不断加大,纸币逐渐取代金银等金属货币(包括银圆),在经济活动中发挥着重要的作用;金银等贵金属逐渐退出了日常交易活动,更多地发挥着国际储备的功能,是央行实力的一种背书。

(三)货币演化规律讨论及展望

纵观人类的经济活动史,我们发现,从货币的供给角度看,生产力对于决定货币的具体形态起着决定性作用;从需求角度看,如何更好地发挥货币的基本职能,是某一种货币形态最终能够胜出的决定性因素。从货币使用者的角度来说,货币在经济活动中究竟发挥了哪种职能可能并不重要;相反,在使用过程中的便捷性是他们能够体验到的,从而成为他们是否接受某种货币形态的重要影响因素。很明显,金属货币的使用便捷性远远大于商品货币,而纸币的使用便捷性又远远大于金属货币。事实上,如果单独从货币的价值尺度或贮藏手段的角度,很难完全理解为什么纸币能够取代金属货币而成为最流行的货币形态。由此可见,如何提高货币在使用过程中的便捷性,是进一步发展和完善货币形式的重要推动因素。

随着计算机技术的不断发展,人们的经济活动逐渐从线下转向线上,很多交易活动都是在线上完成的,网络购物平台成了人们生活中不可或缺的一部分,比如我国迅速崛起的淘宝、京东以及后来的拼多多,就连风头正劲的短视频平台也在向直播带货的方向转型。在此过程中,以上讨论的货币形态都很难满足相关要求——人们怎么能够指望借助金属货币或者纸币完成线上交易呢。在如此巨大的需求推动下,新的支付形式呼之欲出,人们进入了电子支付时代。

二、电子支付概述

数字货币与电子支付之间存在着非常紧密的联系,我国央行研发的法定数字货币项目被称作 DCEP(digital currency electronic payment)。因此,在介绍数字货币之前,我们先介绍电子支付的相关概念,为进一步理解数字货币打下一定的基础。

(一)电子支付的基本概念

电子支付是指消费者、商家和金融机构之间使用安全电子手段把支付信息通过信息网络安全地传送到银行或相应的处理机构,用来实现货币支付或资金流转的行为。电子支付经历了以下几个发展阶段:第一阶段是银行利用计算机处理银行之间的业务,办理结算;第二阶段是银行计算机与其他机构计算机之间资金的结算,如代发工资等业务;第三阶段是利用网络终端向客户提供各项银行服务,如自助银行;第四阶段是利用银行销售终端向客户提供自动的扣款服务;第五阶段是最新阶段也就是基于Internet的电子支付,它将第四阶段的电子支付系统与Internet整合,实现可随时随地的通过Internet进行直接转账结算,形成电子商务交易支付平台。

(二)电子支付的进一步讨论

让我们想象如下场景:刘先生接到远在外地求学的女儿小刘同学的电话,说参加某个培训班需要额外支出2000元人民币,希望得到父亲的财务支持。对于女儿如此上进的要求,刘先生当然非常乐意予以支持。只见刘先生掏出手机,通过微信给女儿转账2000元,小刘同学拿着父亲的微信转账开心地去报名了。接下来让我们详细分析这一看似简单的过程。

首先中介机构是不可或缺的。这一看似简单的过程,完整细节是这样的:刘先生向微信支付发出转账请求;微信支付收到这一请求后,在刘先生的账户上减去2000元;然后在小刘同学的账户上增加2000元。由此可见,虽然微信支付隐藏在了暗处,但在这一过程中却扮演着无比重要的角色,离开它,刘先生账户上的2000元无法被"划拨"至小刘同学的账户。中介机构的存在,将会导致一个对用户不太友好的问题——费用。在微信转账的使用场景中,费用问题可能并未引起用户的注意,这是因为微信支付为了抢占市场份额以及带动相关业务的发展,"大方地"免收转账费用,但理论上讲微信支付拥有收取转账费用的能力。事实上,如果用户的钱在微信支付系统内部流转,微信的确免去了一切手续费;但当用户想脱离微信支付系统时,比如将微信余额转至银行账号,目前的提现费率是0.1%。类似的事情也发生在信用卡支付上,大部分消费者未感受到费率的存在,是因为信用卡主要是向商家收费的。

其次,电子支付对支付安全提出了非常高的要求。无论是金属货币时代还是纸币时代,交易双方基本上都会发生物理接触,此时支付安全相对比较容易得到保证。然而,到了电子支付时代,交易双方一般不发生物理接触,彼此之间几乎毫无了解,如何保证支付安全则变得更具挑战性。如何保证从刘先生账户转出2000元这一指令是由刘先生本人发出或者得到了刘先生本人的授权?密码学的发展,特别是非对称加密技术为这一难题提供了解决方案:刘先生的转账指令和账户密码一同发送至微信支付平台,平台在无须知道账户密码的情况下也可以对相关信息的真伪做出判断。

从上面的分析可以看到,电子支付本质上是账户状态的变化。比如,刘先生向小刘同学转账2000元这一事件,在纸币时代是伴随着纸币的物理转移得以完成的——刘先生钱包里的 2000 元纸币转移至小刘同学的钱包。然而,在电子支付时代,转账过程并未有任何物理状态的变化,只是刘先生和小刘同学账户状态的变化:刘先生的账户减少了 2000 元,同时小刘同学的账户增加了 2000 元。理解清楚这一点,对接下来理解清楚数字货币将起到非常关键的作用。

既然电子支付的本质是账户状态的变化,谁拥有记账权则变得非常关键。再强调一次,记账权的问题在纸币时代处于可有可无的地位,一笔交易的发起至完成,由货币的物理转移作为标志。刘先生的 2000 元纸币真真切切地转移至小刘同学的钱包里,试问还有谁怀疑此次转账已完成?在此过程中,刘先生、小刘同学当然可以各自维护一个账本以记录每天的交易,但是这一操作并非是必需的,并不影响任何交易的执行。当允许存在中介机构时,记账权归属问题是自然的、清晰的,这一权力显然只能由中介机构完成,比如:当你试图通过中国工商银行向客户发起一笔交易时,理应由工行记录你的账户状态的变化;当你试图通过支付宝向客户发起一笔交易时,理应由支付宝记录你的账户状态的变化。围绕着记账权及其衍生的各种安全问题,由用户及监管机构共同应对:用户有权利随时核对自己的账户,有权利将账户余额提现,一旦发现问题,可以向中介机构申诉或向上级主管部门申诉。

然而,一旦将记账权赋予中介机构,将会产生一系列问题。首先,中介机构一般会收取手续费,这一问题在国外尤其明显。比如:Visa 信用卡的费率一般为 1.5%~2.5%,通过 PayPal 进行国际汇款的费率大概为 3% 左右;我国信用卡的费率一直很低,据资料显示,普通商家大概在 0.6% 左右,优惠商家大概在 0.38% 左右;微信和支付宝收取费率大概在 0.38% 左右。其次,影响金融的普惠性。中介机构为了控制风险,一般只会对一部分人授信,只有获得授信的人才可以享受相关服务,这极大地影响了金融的普惠性。以我国的信用卡为例,农村的广大同胞很少能够享受到相关服务。第三,数据安全存在较大隐患。交易数据是非常重要的个人信息,包含了个人的消费习惯、财务状况等重要内容,然而当大量使用者将这些重要的信息存放在同一个中介机构时,就存在严重的安全隐患。以国外银行为例,2014 年黑客窃取了美国摩根大通银行 1 亿客户的数据;2019 年,美国 Capital One 银行的 1 亿名客户的出生日期、地址等敏感信息被窃取,更不用说美国最严重的数据泄露事件之一——美国征信巨头 Equifax 泄露了 1.5 亿美国人的包括社会安全号码在内的个人数据。此外,当大量重要数据由中介机构保管时,外生的巨大灾害可能会造成致命打击,比如地震、海啸、恐怖袭击造成数据的大幅丢失。

第三节 数字货币的概念与特点

基于上述讨论,我们发现当人类进入电子支付阶段后,货币在日常生活中使用的便捷性得到了极大的提升。但是,由于中介机构在此过程中扮演着不可或缺的角色,这将导致一些其他的问题,比如高昂的费用、数据安全等。至此,一种新兴事物呼之欲出,此即本节将详细讨论的数字货币。

一、数字货币的概念

说到数字货币（digital currency）的发展，中本聪（Nakamoto）发明的比特币（Bitcoin）是必须要讲的，我们的分析从其开创性论文《比特币——一种点对点的电子现金系统》(Bitcoin：A Peer-to-Peer Electronic Cash System）开始。由题目可知，数字货币有两大重要特性：点对点和电子现金系统。何谓"点对点"？我们传统货币就具有典型的"点对点"特性，借助于传统货币，任何交易双方在没有第三方参与的条件下都可以完成交易。对照前述微信转账的例子，"点对点"的特性就更容易理解了，即可以绕开微信平台完成交易。"电子现金系统"主要应对的是电子支付问题，这一特性在现如今电子商务如此发达的年代，显得尤为重要。因此，数字货币必须解决的关键难题是：如何在保持传统货币"点对点"支付特性的前提下，实现良好的电子支付功能。引用我国数字货币研究方面的权威专家、中国人民银行数字货币研究所前所长姚前博士的话，数字货币应该是电子货币和实物现金的一体化。基于此，我们给出数字货币的概念：数字货币是借助于加密算法创造出的兼具点对点支付特性的电子货币，在很多场景下与加密货币（cryptocurrency）同义。

根据发行主体的不同，数字货币可分为法定数字货币（digital fiat currency）和私人数字货币。前者由各国的中央银行发行，与传统货币具有同等地位，同样具有法偿性的数字货币，在整个货币体系中属于 M0 的范畴（即基础货币）。后者是基于某些开放算法的货币，没有明确的发行主体，其发行数量一般由既有算法事先确定（比如比特币大概只能发行 2100 万左右）。由于私人数字货币没有国家背书，因此不具有法偿性，即卖方可以合法地拒绝接受该货币。

二、数字货币的发展历程及现状

（一）非法定数字货币的发展历程

2008 年的金融危机对世界经济产生了深远的影响，那些平日里为了利益而忽略风险的发达国家的投资银行家们，由于深度绑架了一国经济发展，在他们出现问题的时候政府不得不出手救市（此即所谓的"too big to fail"），这引起了人们对国家主权货币的担忧和不满。中本聪就是其中之一，为此特地创造了一种名叫比特币的数字货币，为了防止发行方恶意滥发货币，中本聪特地将比特币的发行权交给算法，由计算机程序代替人类行使发行权。第一枚比特币问世时，中本聪将泰晤士报当天的头版标题隐蔽地植入创世块中："泰晤士报 2009 年 1 月 3 日财政大臣很快就要对银行实施第二次紧急援助"[①]。

由比特币引发私人数字货币蓬勃发展。截至目前，至少有 2000 种私人数字货币被创造，包括知名度较高的以太币、莱特币、比特币现金等。由于私人数字货币的种类过

---

① 原文为"The Times 03/Jan/2009 Chancellor on brink of second bailout for banks"。

于繁多,不可能做到一一论述,接下来以比特币为基准,从改良比特币的角度简述私人数字货币的发展。

作为货币,提高交易效率是其理应发挥的基本功能,然而比特币在这方面存在着致命的弱点,那就是一笔交易的确认时间很慢。按照比特币的设计,平均大概每 10 分钟出一个区块,这意味着使用比特币进行的交易被记入账本大概需要 10 分钟;此外,为了防止有人可以篡改账本,只有当某一个区块被后继 5 个区块认可后,该笔交易才能被认为最终得到了确认。由此计算,基于比特币的交易,从交易发起到交易得到确认,平均需要等待 1 个小时。如果交易比较拥堵,即提交待确认的交易太多,一笔交易最终得到确认的时间会更长。平均而言,比特币每秒大概只能处理 3 笔交易;据摩根士丹利估计,Visa 卡每秒钟大概可以处理 5000 笔交易。根据比特币的设计,要想让你的交易被优先处理,只能通过提高交易费用来吸引矿工优先将你的交易记录上链,这无疑会提高交易费用,但即便在"高昂的"交易费用加持下,你的一笔交易仍然需要花费 10 分钟左右的时间。

第一个试图改进这一问题的是莱特币。2011 年 11 月 9 日,曾任职于谷歌的程序员、美籍华人李启威发布了莱特币。莱特币的技术原理和比特币基本相同,核心区别是采用了 Scrypt 算法(比特币采用的是 SHA-256 算法),这一算法的改变将平均出块时间由比特币的 10 分钟缩短至 2.5 分钟,将交易效率提升 4 倍。

第二个重要改进由比特币早期的著名开发者麦克·赫恩提出。针对比特币存在的问题,麦克·赫恩决定通过硬分叉对比特币进行改良,他认为可以通过比特币扩容来解决这些问题。将一笔交易记录到区块链,如果将这一过程分为两步:将该笔交易记录到某一区块、通过计算某一数学难题完成工作量证明,那么绝大部分时间花费在第二步上。因此,如果将区块链扩容,即每一区块能够记录更多的交易,理论上将极大地提升交易效率。比特币将每一区块的大小严格限制在 1 MB 以内,如果将容量扩大至 8 倍,交易效率也差不多能够提升 8 倍左右。基于此思路,麦克·赫恩创造了比特币现金(Bitcoin cash),将每个区块大小限制在 8 MB 以内。从市场反馈看,比特币现金在发行初期取得了一定程度的成功,价格一度超过 3600 美元,同时也引发比特币价格下跌了 6%。然后这一做法很快被其他"聪明人"效仿,在比特币现金出现后的较短时间内,通过硬分叉产生了大量的比特币改良版本,包括比特币黄金、比特币钻石、超级比特币等,这种现象迅速引起了市场的担忧,被认为已沦为许多利益集团敛财的工具。最终,市场选择用脚投票,这些改良版本的比特币价格出现了大幅暴跌。

2013 年出现的以太坊,从更大的维度对比特币进行改进。在此之前的所有数字货币,功能都只局限于充当支付工具,然而以太坊的野心显然更大,它要将这种去中心化的产物进一步推向其他领域,甚至企图复制人类的各种经济活动。现代的经济活动,本质上是在合约制度下展开的。例如,花 2 元钱买了一瓶水,这一交易可看作执行了如下合约:A 在收到 B 的一瓶水之后,向 B 支付 2 元钱现金。传统意义上的合约,需要中介机构参与以保证其顺利执行,以太坊试图通过去中心化的区块链保证合约执行,此即智能合约。以太坊创始人 Vitalik Buterin 是俄裔加拿大人,他思考的问题是如何基于区块链运行代码、托管 App、存储数据等。以太坊更像一个开发平台,提供各种模块让用户来搭建应用,比如通过智能合约来实现更多的功能。与传统开发平台上的应用程序被称作 App 类似,基于以太坊开发的应用程序被称作 DApp,核心区别是该 App 是去中心化的。以太坊的出现彻底激活了数字货币,由于它提供了一个可供开发的平台,一些底层代码和协议已经搭建完成,这极大地降低了数字货币的开发难度,各种各样的数字货币迅速被创造出来,比如最著名的稳定币 USD Coin 就是通过以太坊网络运行的。

(二)法定数字货币的发展现状

比特币出现后不久,立即引起了各国央行的广泛关注,我国是最早做出反应的大国之一。2014 年,我国中央银行成立专门的研究团队,对数字货币发行和业务运行框架、数字货币的关键技术、发行流通环境、面临的法律问题等进行了深入研究。2017 年 1 月,中国人民银行在深圳正式成立数字货币研究所。2020 年 8 月 14 日,商务部网站刊发《商务部关于印发全面深化服务贸易创新发展试点总体方案的通知》,通知明确,在京津冀、长三角、粤港澳大湾区及中西部具备条件的试点地区开展数字人民币试点。

我国央行数字货币研究所在法定数字货币的基础研究方面开展了一系列有意义的探讨,姚前在《理解央行数字货币:一个系统性框架》中,对一系列重大的、基础性的问题做了讨论。在价值维度上法定数字货币是信用货币,有价值锚定,能够发挥货币功能;同时,具有信用创造功能,对经济具有实质性作用。在技术维度上法定数字货币是加密货币,需要运用密码学理论知识设计法定数字货币特定的表达形式,以保障数字货币的可流通性、可存储性、不可伪造性、不可重复交易性、不可抵赖性。在实现维度上法定数字货币属于算法货币,在发行环节,设计上又可执行脚本的考虑,将来可以使用预设可靠的算法规则进行发行。在应用维度上法定数字货币是智能货币,这一点不仅在用户体验上得以体现,也在货币政策执行上变得更加智能。

2016 年,加拿大各银行启动了代号为 Jasper 的项目,以研究基于分布式账本技术(distributed ledger technology,DLT)的大额支付系统。该项目分两个阶段进行:在第一阶段,参与者基于以太坊平台搭建了结算系统,实现结算资产在参与者之间的交换;在第二阶段,以 Corda 平台为基础,纳入了流动性借阅机制(liquidity saving mechanism),使得参与者能够互相协调支付指令,从而减少流动性需求。该项目的主要目的是研究中央银行以及金融机构如何在分布式账本上完成银行间支付,同时也考虑了基于不同 DLT 平台的大额支付系统,以及如何在 DLT 大额支付系统中使用某些现代支付系统技术(比如交易排队)来降低对抵押品的要求,提高支付效率。

2016 年 11 月 16 日,新加坡金融管理局(Monetary Authority of Singapore,MAS)宣布,正与 R3 合作开展一个称为 Ubin 的央行数字货币试验,以评估在分布式账本上使用新加坡元的代币形式进行支付结算的效果。同样地,该项目也分两阶段完成。第一阶段从 2016 年 11 月 14 日至 2016 年 12 月 23 日,持续 6 个星期,其目标是创建一个基于分布式账本技术的央行数字货币银行间支付系统的概念证明(POC);第二阶段从 2016 年底开始,为期 13 周,MAS 与埃森哲合作,旨在探索分布式账本技术是否能在数字化支付和去中心化处理的基础上实现特定的实施全面结算功能,包括支付队列处理、交易隐私、清算最终性和流动性优化等问题。经过两阶段试验,Ubin项目表明,不同的DLT技术和方案设计,可以实现传统实施全面结算系统的关键功能,并能通过分布式处理,避免传统集中式系统的单点故障风险,还可以发挥DLT本身的优势,比如密码安全性和不变性。

2016年12月,日本央行和欧洲央行宣布启动一项名为Stella的联合研究项目,旨在研究分布式账本技术在金融市场基础设施中的应用,评估现有支付体系的特定功能是否能够在DLT环境下安全高效地运转。Stella项目的试验结论可归纳如下:一是基于DLT的解决方案可以满足实施全额支付系统的性能需求;二是DLT的性能受到网络规模和节点距离的影响;三是DLT方案具备加强系统弹性和可靠性的潜力。

三、非法定数字货币的特性

非法定数字货币具有如下几点鲜明的特征:去中心化、匿名性、透明性、安全性等,接下来以非法定数学货币的典型代表比特币为对比进行逐一讨论。

(一)去中心化

正如前面所述,2008年金融危机中欧美各国政府的救市行为可能是中本聪创造比特币的重要推动力,因此他想要解决的第一个问题是如何防止货币当局滥发货币。纵观人类历史,防止滥发货币都不是一件容易的事情,这一问题在纸币时代变得尤其严重。比如1937年抗战前夕,国民政府法币发行总额不过14亿余元;到日本投降前夕,法币发行额已达5000亿元;到1947年4月,发行额又增至16万亿元以上;1948年,法币发行额竟达到660万亿元以上,等于抗日战争前的47万倍,物价上涨3492万倍,法币彻底崩溃。这一问题并非只有历史上发生过,以委内瑞拉为例,按照国际货币基金组织(IMF)估算,2016年委内瑞拉的通胀率达到481.5%,2017年则可能达到1642.8%,年初1元钱的商品到年底超过16元。米尔顿·弗里德曼曾说过,"通货膨胀在任何时候、任何地方都是货币现象",恶性通货膨胀一定是货币超发的结果。

中本聪将解决这一问题的方法指向了去中心化,他试图构建如下系统:分布有众多节点,每个节点都具有高度自治的特征;节点之间彼此可以自由连接,形成新的连接单元;任何一个节点都可能成为阶段性的中心,但不具备强制性的中心控制功能;节点与节点之间的影响,会通过网络而形成非线性因果关系。这种开放式、扁平化、平等性的系统现象或结构,我们称之为去中心化。在这样的系统中,货币的发行权不归属于任何节点,而是由算法生成和得到大多数节点认同来共同认证的。首先,比特币总量被算法严格限制在2100万枚以内,在比特币社区这一规定很难被改变;其次,某一节点想要获得区块奖励(可理解为新发行的比特币),这一事实必须得到大多数节点的认同。打个比方,合法劳动所得的100元人民币,只有得到社区大多数人的认可后才能真正成为你的钱,才能在社区内进行交易。

(二)匿名性

匿名性是传统货币的一个非常好的特性,又有谁愿意将自己的交易流水公之于众呢?然而,所有传统的电子支付方式都无法很好地保证匿名性,这是因为传统的电子支付方式须借助于中介机构才能得以完成,而用户在得到中介机构的相关服务之前,需要先通过其审核,在审核过程中一般要求用户必须提交相关的真实信息。这样一来,相关中介机构完全掌握了用户的所有电子支付信息,留给用户的只能是祈祷中介机构不要滥用相关信息或者将相关信息卖给其他人。

这一问题在去中心化的框架下能够得到很好的解决。在去中心化系统中,任何交易无须得到第三方机构的授权,用户可以完全隐去个人真实信息,比如迄今为止人们仍然无法知道比特币的首位用户中本聪的任何真实信息。需要指出的是,这里的匿名性仅指在比特币系统中可以做到完全匿名,但一旦将比特币兑换为其他法定货币并提现至银行卡时,就无法再保证匿名性了。

需要强调的是,匿名性仅仅是私人数字货币的一个特性,这一特性并不必然产生正面效应。比如比特币经常被用于非法交易,这也是比特币最大的争议之一,主要原因就是其良好的匿名性为犯罪分子逃脱法律制裁提供了便利。我们认为技术是中性的,不能因为犯罪分子使用该技术就全盘否定之,就好比不能因为刀具可能成为犯罪器械而不加辨别地全盘否定刀具对人类的价值。

(三)透明性

透明性是指非法定数字货币的所有交易信息都被记录在区块链上,任何人都可以获得区块链的全节点信息,这种透明性尤其突出了社区各节点的对等性、公平性。以传统的电子支付为例,用户和中介机构之间就存在不对等性,因为中介机构明显具有信息优势,这是一种完全具有排他性的信息获取能力——中介机构可以轻松地获取用户的交易数据而其他任何人都无法获得相关信息。传统电子支付中的这种高度非透明性,能够成为中介机构赚钱的利器,比如微信平台完全可以借助这种高度不透明的数据优势制定更具针对性的广告方案,获得极其高额的广告收入。

(四)安全性

安全性是指在使用私人数字货币进行交易的整个过程是安全的,主要包含以下几方面的内容。

1. 任何人无法冒充账户所有者发出交易指令

这也就是说只有本人可以支配私人数字货币。私人数字货币通过公钥+私钥模式保证这一点,这里的公钥类似于银行账户,私钥类似于账户密码,公钥由私钥生成。每一个公钥在发起交易时都必须用私钥进行非对称加密,如果某人用假的私钥对某公钥的交易指令进行加密,这一行为会被社区的验证节点(可理解为矿工)发现,这样的非法交易无法得到社区大多数节点的认同。

2. 要保证所有者不能多次支付同一个数字货币

这一问题在传统货币时代很容易得到保证,因为每一次支付都伴随着货币的物理转移,甲向乙支付了100元人民币,此时这100元人民币的纸币从甲的钱包移动至乙的钱包,甲自然无法再次用该100元人民币进行其他支付。在有中介机构的电子支付中,甲向乙支付了的100元人民币,由于只有中介机构拥有记账权,所以也没有理由允许甲再次支付这100元。然而在去中心化的系统里,这一问题变得异常复杂,因为交易过程中并没有发生任何物理状态的变化,且每一个人都拥有记账权,如何防止双重支付攻击变得比较棘手。比特币是通过构建所谓的UTXO数据集来完成的。

3. 交易记录无法被篡改

在去中心化的交易系统中,每一个人都拥有记账权,那么是否可以通过以下方法获得"免费的午餐",比如甲用比特币向乙购买一个商品,当甲收到货之后,抓紧时间从交易记录中抹去该笔交易,这样一来甲所支付的比特币又回到了甲的口袋里。为了防止这类事情发生,比特币发明了工作量证明(PoW)机制,即:将交易打包到一个区块是很容易实现的,但是要将该区块成功"上链",需要花费大量的时间求解一个数学难题。如果某人篡改了交易记录,这样的区块很难被其他人接受的,也就几乎不可能处于最长"链"上,根据PoW协议,该区块是无效区块,篡改交易记录失败!

四、法定数字货币的特性

对于大多数私人数字货币,一个区别于传统货币或者电子支付方式的重要特性是去中心化。支持者认为中心化机构费用昂贵,而且还蕴含着一些意想不到的风险,比如客户资料泄露问题、与委托人之间的客户冲突问题、信息披露不完善问题等,因此去中心化是私人数字货币必须坚持的一个基本特性。然而,去中心化也引起了其他一些不必要的麻烦,最典型的问题包括交易验证所需时间过长、PoW协议将过度浪费资源、交易吞吐量瓶颈等。除过这些技术性挑战之外,私人数字货币往往通过算法严格规定了货币发行量,这将使得无法通过一些有益的货币政策来促进经济的健康发展。比如当市场过热时理应减少货币供给,而当市场过冷时则需要通过增加货币供给来提振市场情绪。个人认为,有效货币政策的缺位是比特币价格发生剧烈波动的重要诱因,无论如何币值稳定应该是一个成功货币的基本特征,否则无法较好地发挥价值尺度的基本职能。法定数字货币必须解决私人数字货币中存在的这些问题,在逐步发展的过程中呈现出以下特性。

(一)法定数字货币是由央行发行的电子货币

这一特性至少包含如下几点含义:首先,法定数字货币的发行是通过中心化方式完成的,因此这一系统中允许一个超然的中心化机构存在,这将使得非法定数字货币面临的一些问题迎刃而解。比如,比特币为了防止交易记录被篡改,引入了PoW协议,而这又将极大地降低交易效率,造成资源的极大浪费;然而,当允许存在一个超然的中心化机构时,就可以由这个中心化机构授权某几个基点进行交易验证,同时放弃PoW这种"昂贵"的协议,转而采用拜占庭容错机制(BFT协议),这将极大地提升交易效率。其次,央行可以借助数字货币更好地发挥中央银行在经济发展中的基本职能。比如,可以实现更加精准的货币投放。央行向中小企业定向提供资金支持,用以推动其健康发展。然而在目前的货币体系中很难精准实现这一政策目标,因为有可能中小企业将相关政策支持投向了房地产等违背央行最初意愿的地方。在法定数字货币下,通过引入特定条件触发机制,相关的货币只有在真正发展相关主业时才能被使用。再次,数字货币是央行的负债,由央行进行信用担保,因此具有无限法偿性,即法定数字货币完全等同于纸币,作为支付工具时不能被拒绝。

同时,法定数字货币在货币体系中属于M0,商业银行可以基于此发挥货币派生功能,通过货币乘数放大社会中的货币流通量。央行背书使得法定数字货币相比于当下流行的电子支付方式,比如微信支付、支付宝等,有着明显优势。从安全性上讲,法定数字货币受存款保险制度的保障,基本不可能发生违约事件;而微信支付、支付宝本质上属于用户与企业的合约关系,账户余额不受存款保险制度保障,一旦企业出现危机,用户面临的潜在风险明显更大。

(二)法定数字货币应该能够很好地融入现代金融体系

首先,法定数字货币不应该是对现代货币体系的颠覆,而应该是对现代货币体系的发展和完善,使其更加契合数字经济时代的各种要求。以我国数字人民币为例,其投放模式采用"双层运营"模式,即:央行按照100%准备金制将数字人民币兑换给商业银行,再由商业银行或商业机构将数字人民币兑换给公众。这样的制度安排极大地减轻了数字货币对现有金融体系的冲击,同时也能够较好地保证公众使用习惯的连续性。"双层运营"模式能够更好地调动现有资源:央行在数字货币的研发上有着绝对优势,但是在客户服务方面却没有商业银行经验丰富,这样的制度安排能够更好地发挥各自的优势;此外,商业银行这么多年来积累的IT基础设施和服务体系,也能够派上用场。

其次,在现代金融体系的加持下,法定数字货币能够更好地实现一些私人数字货币难以实现的功能。比如,可以在一定范围内实现双离线交易。私人数字货币很难实现双离线交易的一个重要原因是,中心化机构的缺失使得无人可以对潜在风险做担保。双离线交易的本质思路是"先交易后记账",即:当交易发生时,交易双方各自在本地记录该交易;当网络可用时再将相关交易上传至"中央"账本,至此该笔交易才真正完成。比如,甲花了2元钱从乙处买一瓶矿泉水,甲和乙通过NFC等近距离无线通信技术"连接",但由于网络故障该信息无法及时传至"中央"账本,交易状态和账本状态无法同步更新,这将可能导致潜在风险,比如甲此后永远断开网络,则乙理论上永远无法获得支付。在非法定数字货币框架下,这一潜在风险足以"摧毁"类似的交易,因为无人愿意为这类风险担保;但是在法定数字货币框架下,金融机构完全有能力为类似的风险担保,因此"双离线支付"即可顺利实现。

这里需要强调的是,导致非法定数字货币框架下双离线支付失效的核心原因是,每个节点都是完全对等的,彼此之间完全是匿名的,因此没有节点愿意为其他节点的潜在风险买单;然而,在法定货币框架下,金融机构和公众的地位并非完全对等,金融机构也掌握更多的公众信息,一旦公众违约可对其实施一系列严厉的惩罚措施,这些足以保证在这一过程中金融机构所承担的风险在很大程度上是可控的。

(三)法定数字货币是在央行参与主导下逐步试验审慎推广的

从数字货币的发展历程看,不论是初期的比特币、莱特币,还是之后的以太币,都没有经历试验推广(至少不像各国的法定数字货币试验项目那么严格),而是直接推向市场,在市场中逐渐发展和完善。比如以太币,最初基于 PoW 协议,但由于交易效率过低、资源浪费过于严重,后期逐渐向 PoS 协议转变。这样做的原因,一方面是由于缺乏强有力的中心化机构进行严密的顶层设计,另一方面也由于这类非法定数字货币并未担负过多的公共责任,推出后即使失败也不会造成太严重的系统性冲击(失败的私人数字货币确实比比皆是,比如前面提到的比特币现金、比特币黄金等)。

法定数字货币则不同,在一国的金融体系中扮演着极其重要的角色,这类项目一般来说只许成功不许失败。从各国的试验探索来看,主要体现在以下几个方面:首先,需要不断探索法定数字货币的实现技术,如何实现法定数字货币与现有金融体系的无摩擦融合;其次,不断探索法定数字货币的应用场景,比如我国的数字人民币可能会在小额支付领域发挥作用,Jasper 项目则在探索法定数字货币在大额支付系统中发挥作用的可能性;再次,评估法定数字货币的引入,是否提升现有金融基础设施的运行效率,比如 Stella 项目试图评估分布式账本技术能否提升效率。总之,法定数字货币的试验推广还有很长的路要走,也需要各界人士积极参与讨论。

本章小结

1. 区块链本质上是一种数据结构,即将数据或信息存储于一个个的区块,并将这些区块按照某种规则"链"接在一起。这样处理的好处是,前后区块之间可以建立明确的、近乎唯一的关系,前面任何区块的篡改,都会造成与后面区块的不一致,从而能够很容易地被识别出来。

2. 区块链经历了 3 个发展阶段,1.0 时代的典型代表为比特币,2.0 时代的典型代表为以太坊,3.0 时代的典型代表为联盟链。

3. 货币发展经历了商品货币、金属货币、纸币等几个阶段,其中使用的便捷性是货币演化的重要驱动因素,电子支付、数字货币等新型货币形态的出现正是这一演化逻辑的生动备注。

4. 数字货币包括非法定数字货币和法定数字货币,前者以比特币、以太币为典型代表,后者以数字人民币为典型代表。

思考题

1. 什么是区块链?请简述其技术实现过程。
2. 区块链经历了哪几个发展阶段?每个阶段的代表性产品是什么?
3. 货币经历了哪几个发展阶段?其驱动因素有哪些?
4. 非法定数字货币的特性有哪些?
5. 法定数字货币的特性有哪些?

第八章 智能投顾

【本章提要】 智能投顾是投顾业务的 3.0 版本,是人工智能等前沿科技与投资顾问业务深度融合的产物。本章第一节介绍智能投顾行业的发展概况。第二节阐述智能投顾的理论基础。第三节介绍智能投顾行业的发展实践。

第一节 智能投顾业务的基本介绍

智能投顾的英文为 robo-advisor,意为机器人顾问。因此最简单的理解是机器人充当顾问的角色,为投资者提供投资建议。智能投顾可看作高科技手段和金融实务深度融合的产物,在技术方面,一般会用到云计算、大数据、人工智能等前沿技术,在金融方面,主要基于现代投资组合理论(modern portfolio theory)及其相关发展。由于智能投顾的算力优势,在分析过程中能够更好地挖掘相关数据,比如更全面、充分地考虑投资者的财务状况、理财目标、风险偏好等约束条件,因此一般能够提供更具竞争力的投资建议。

一、投顾业务介绍

(一)为什么需要投资顾问?

理论上讲,投资者能够通过参与股票市场获得收益,其原因有二:首先,一般来说大多数优秀企业都是上市公司,比如我国的贵州茅台、工商银行等,国外的苹果公司、微软公司、特斯拉公司等也都是公开上市企业;其次,股票市场给小资金投资者提供了分享优秀企业发展成果的途径,普通投资者很容易通过买入上市公司的股票而享受其增长红利。然而有研究表明,普通投资者参与股市投资往往是亏钱的,一个很重要的原因是他们缺乏分散化投资的理念,这类投资者的投资策略存在很明显的分散化不足,他们似乎更喜欢将鸡蛋放在同一个篮子里。

究其原因,缺乏专业的金融知识,比如未能很好地掌握现代投资组合理论,是出现这一现象的重要原因。此时,投资顾问的作用得以显现:投资顾问受到了更系统的现代金融知识教育,他们在很大程度上能够帮助客户实现分散化投资。在这里,投资顾问指的是专门从事提供投资建议而获得薪酬的人士。投资顾问所提供的投资建议有广义和狭义之分:广义上,投资建议涵盖金融投资、房地产投资、商品投资等各种具有金融属性的投资品种;狭义上,特指为投资者提供证券投资的相关建议。

虽说投资顾问能够很好地解决分散化不足的问题,但他们的投资建议同样会表现出系统性偏误。行为金融学研究表明,投资者的投资信念(belief)往往会表现出过度自信(overconfidence)、乐观主义(optimism)、代表性偏误(representativeness)、保守主义(conservatism)、确认偏误(confirmation bias)、锚定效应(anchoring)、可得性偏误(availability bias)等,而非经典理论所声称的完全理性,这些认知偏差会使得投资顾问的投资建议偏离最优状态。智能投顾的引入能够较好地缓解这一问题。

(二)投顾业务的发展历程

按照金融界人士的看法,投顾业务经历了以下三个发展阶段。

第一阶段:传统投顾。在20世纪末以前,投资顾问业务主要表现为人工理财,一般是金融机构为高净值客户提供的一对一的咨询服务,帮助其实现更好的财富管理,同时赚取咨询费、佣金,甚至还可以赚取利益分成。这一阶段的投顾业务,本质上解决的是非专业性的问题,即经过专业训练的从业人员为非专业客户提供更科学、更有效率的投资建议。

第二阶段:在线投顾。从20世纪末至2015年,投顾业务逐渐从线下移到了线上,即所谓的在线理财业务。此阶段的投顾业务主要在以下两个方面有所进步:一方面,其服务范围从高净值客户扩大至中等净值客户,即投资顾问也为中等净值客户提供交易性投资组合管理和有限的投资建议;另一方面,交互模式有了大幅改进,客户可以根据自身需求在线上平台进行投资理财。但是投资策略或者投资建议仍然以人工为主,人类所面临的行为偏误、有限认知等问题并未得到根本性解决。

第三阶段:智能投顾。从2015年开始,投顾业务逐渐实现真正意义上的智能理财,自然人有限参与甚至完全退出咨询环节,整个咨询过程都是由计算机程序完成,其在分析客户的理财需求或投资偏好的基础上,通过算法和产品搭建数据模型,为客户提供理财建议。这一阶段的投资建议不仅具有坚实的专业基础,同时也能够很好地克服人类固有的行为偏误、有限认知等。同时,智能投顾使得投顾业务不再是"有钱人"才能获得的服务,普通的中小投资者也可以方便地获得相关服务,提升了金融的普惠性。

二、智能投顾的优势分析

(一)咨询费用低

传统投顾业务的咨询费用比较高,一般在1%左右,智能投顾极大地降低了相关费用,主要原因有以下两点。首先,运营成本大幅下降。智能投顾的大多数工作都由计算机程序代为完成,极大地降低了人工成本;同时,员工数量的下降也会降低其他成本,比如房租成本(无须过大的办公室)。其次,规模效应大幅提升。智能投顾的客户群体非常庞大,每个客户所依赖的基础条件差异不大,这使得随着客户数量的增加边际成本下降非常明显。就目前的行业情况看,智能投顾的管理费率普遍维持在0.25%~0.5%

之间,显著低于传统投顾业务的费用。

(二)参与门槛低

正如前面所说,智能投顾具有很强的普惠性,使得普通老百姓也能够享受金融市场发展的红利。在投顾业务的第一阶段,比如其典型代表——私人银行理财,一般要求客户净值在 600 万以上(有些私人银行部门甚至将门槛设在 1000 万以上);即便在投顾业务的第二阶段,大多数业务也要求客户净值达到 100 万。造成这一问题的主要原因是,传统的投顾业务运营成本很高。智能投顾借力先进技术,大幅度降低了其运营成本,进而降低参与门槛。以目前的实际情况看,智能投顾平台对客户的最低要求一般维持在 1 万元至 10 万元之间,这使得中产及以下的长尾客户群体能够享受到相关服务。随着智能投顾行业的进一步发展,有希望将参与门槛降至零,实现真正意义上的全民理财。这一设想并非天方夜谭,国外的 Betterment、国内的钱景私人理财已经局部实现这一目标。

(三)投资品类广

智能投顾平台往往通过与第三方交易型开放式指数基金(即 ETF 基金)公司或国外金融机构合作的方式,为用户提供全球范围内的投资组合,若涉及税率问题还可自动选择最佳方案。例如 Wealthfront 涉及多达 11 项资产类别,包括美股、海外股票、债券、自然资源、房产等,投资组合的载体为指数基金 ETF;投米 RA 为用户提供专门的美股账户用以投资美国股票,RA 账户用来投资智能投资组合,包含精选 ETF,分别追踪美国、中国以及其他发达国家和发展中国家的股票、债券、房地产市场等相关指数,境内理财则是由投米 RA 提供国内固定收益类产品理财服务(P2P 理财),涵盖活期、短期、中期、长期产品。

(四)投资策略透明度高

传统的投顾业务,由于种种原因,投资策略的透明度一直不高。从主观原因上讲,传统投顾业务高度依赖于投资顾问,从业门槛主要体现在投资策略本身,为了自身的长远发展,很少有投资顾问愿意将投资策略毫无保留地与客户分享。从客观原因上讲,投资顾问的人为参与程度较高,很多策略高度依赖于投资经验甚至某种程度上的"灵光一现",这样的过程很难与客户完全分享。以上两个问题对智能投顾业务的影响比较小,因此极大地提升了投资策略的透明性。智能投顾的核心竞争力逐渐由自然人向计算机程序转移,其优势更多体现在算法效率、模型效率等方面,因此最终的投资策略可以"慷慨地"与客户分享。透明性的提高,能够降低委托代理过程中的信息不对称,降低道德风险,促进投顾行业的持续健康发展。

(五)客户易操作

智能投顾的服务流程较为简便。全流程均可以在互联网上实现,相对标准和固定,大幅简化用户操作过程,一般只需几个步骤就可完成投资,省去分析和选择投资标的的过程。智能投顾平台一般都通过网页或 App 的形式,投资者只需要在平台上回答相应的投资调查问卷,智能投顾系统便可以评估出投资者的风险偏好水平、确定理财方案,自动生成相应的投资配置组合。整个流程下来所花的时间仅需几分钟,达到高效、精准匹配用户资产管理目标。智能投顾就像一个贴身管家,7×24 小时全天候随时响应客户需求,不间断智能化管理客户的专属投资账户。

(六)可实现个性化定制

智能投顾可实现个性化定制,主要表现在以下两个方面。

(1)基于多元的理财目标提供丰富的定制化场景。智能投顾为投资者提供了基于多种场景的资产配置计划,颠覆了传统投顾的单一的资产管理模式。以钱景私人理财为例,其为投资者提供了存钱购房、存钱结婚、存钱育儿、存钱养老和梦想基金五个理财目标,理财动机不同,定制的理财方案也各不相同。

(2)针对客户的风险偏好及投资期限为其个性化定制最佳投资组合。智能投顾在用户主动提供或测评得到风险偏好及投资期限之后,为其个性化定制最佳投资组合,并且将详细方案清晰呈现。以摩羯智投为例:若设定投资期限 1~3 年,风险承受级别 5,那么系统给出的投资组合是摩羯 14 号,查看详情可以看到主要分成 4 类产品组合:固定收益(48.58%)、股票类(26.61%)、现金及货币(13.42%)、另类及其他(11.39%),用户可以看到每一类各自包含的公募基金品种以及对应的资金配比。

三、智能投顾的驱动因素分析

(一)技术角度分析

1. 海量数据为智能投顾的发展提供了坚实基础

众所周知,大量训练是提升人工智能模型的必经之路,海量数据则为提升智能投顾的表现提供了丰富的训练集。随着互联网、移动终端的普及,以及物联网的兴起,数据来源越来越丰富,数据获取方式越来越多元,人们进入了海量数据时代。与传统数据相比,这不仅仅是数据规模的简单扩大,更是沿着数据维度、频度两个方向的不断发展。在数据维度上,用户产生数据的类型、层次、场景越发丰富,诸如交易数据、社交数据、行为数据、信用数据等各类数据层出不穷;在数据频度上,数据的记录及发布频率持续提升,由低频数据向高频数据转化,比如互联网平台流量、浏览有效时长、用户交易额等实时监测数据。毫无疑问,这些颗粒状的数据能比传统的财报数据更精确、更能前瞻地反映用户状况。随着计算机算力的不断提升,这些海量数据能够得到更加有效的利用,为提升智能投顾的投资绩效提供坚实基础。

2. 人机交互技术的不断发展为智能投顾提供了有力保障

如果说海量数据能够帮助智能投顾研发出更好的投资策略,那么人机交互技术的发展则能够更加方便地将相关策略推介给投资者,吸引更多的投资者参与进来。图像识别、语音识别技术的发展,使得人们越来越难以辨别人工客服与机器人客服的区别,同理,这些技术将极大地提升智能投顾的客户体验,促进智能投顾行业的发展。

(二)需求角度分析

从需求角度看,智能投顾行业有着非常光明的发展前景。

第一,我国人民的投资需求日益高涨。改革开放四十多年来,我国经济飞速发展,取得了举世瞩目的伟大成就,在此过程中居民财富稳步增长,中产阶级不断壮大,人们对财富的保值增值要求越来越高,不再满足于银行存款等传统投资渠道。然而,大多数人没经过专业的金融训练,缺乏基本的投资经验,此时智能投顾能够很好地解决这一问题。

第二,投资理念越来越多元化。随着人们理财意识的逐渐觉醒,理财需求将越来越旺盛。特别是千禧一代(80后、90后被称为千禧一代)的崛起,使得基于互联网的智能投顾更受欢迎。中国20世纪八九十年代出生的年轻一代正逐渐成为社会的中坚力量。他们的理财投资的行为习惯和思维方式深受互联网影响,更容易接受互联网新事物和新产品,在投资、借贷、理财等金融行为上,更依赖科技驱动型工具与方式,他们中大多数正处于经济能力上升或稳定阶段,未来一段时间内他们对智能投顾的需求会呈直线上升。

第三,长尾客户群体蕴含着巨大的潜在需求。传统的投顾业务主要聚焦于中高收入者,而占据人口绝大多数的普通老百姓被排除在服务范围之外,形成了财富管理行业的空白市场。智能投顾的优势,恰好能够很好地服务于这一群体,激活他们的财富管理需求。以拼多多为代表的一批专注于下沉市场的企业,近些年取得了飞速发展,这也意味着长尾客户确实蕴含着巨大的能量,亟待合适的商业模式予以激活。

(三)行业变革角度分析

券商佣金率的持续下降,一人一户政策的全面放开,以及行业竞争格局的转变,为智能投顾的发展带来机遇。近年来,互联网证券蓬勃发展,互联网开户、交易、资产管理等业务不断取得突破。激烈竞争导致券商经纪业务佣金率近年来持续下行,2016年一季度行业整体佣金率已下滑至0.042%,创历史新低。佣金率持续下滑对业绩产生深远影响,寻找新盈利增长点迫在眉睫。以智能投顾为代表的增值服务有效提升客户体验,满足个性化需求,同时充分发挥券商投研、产品设计等专业优势,有助于实现经纪业务转型升级,开拓新市场空间。

2015年4月,中国证券登记结算有限责任公司发布通知,明确A股市场全面放开"一人一户"限制,即自然人与机构投资者均可根据自身实际需要开立多个A股账户和封闭式基金账户,上限为20户,这表明投资者可同时在多家券商开户。新政策环境下,投资者数量、股票账户数量高速增长,且客户更换证券账户的壁垒被消除,潜在需求被有效激发,券商经纪业务的价格竞争一触即发,行业佣金率持续下降,倒逼着券商经纪业务加快转型，提升服务质量。佣金率较低且具有各类特色服务的券商竞争优势将更加显著，而差异化的投顾产品是不少券商的发展重点，据不完全统计，已有超过30家券商推出了基于智能投顾的App产品，不仅扩大了投顾业务的覆盖面，还能为客户提供个性化的服务。

四、中国智能投顾的制约因素分析

我国智能投顾起步较晚，尚处于早期阶段，创业公司、券商机构、银行机构，以及百度（Baidu）、阿里巴巴（Alibaba）、腾讯（Tencent）三大互联网公司（合称BAT）等陆续入局，智能投顾市场热潮渐渐扩大。自2014年我国首个智能投顾平台——胜算在握上线以来，智能投顾快速发展，弥财、钱景私人理财、爱理不理网等平台相继上线，各具特色。此外，互联网理财平台和BAT等互联网巨头也逐步开展合作，推出智能化理财功能，配合自身的互联网金融产品超市，加紧在智能投顾领域的布局。虽然智能投顾有着巨大的优势，这几年在我国也取得了飞速发展，但仍然存在一些制约因素。结合国内券商研究所的相关研究，总结如下。

第一，在监管方面，我国的智能投顾行业的规章制度仍在不断完善之中，因此智能投顾的发展面临一定的政策风险。国外的一些智能投顾平台持有RIA（registered investment advisor，注册投资顾问）牌照。在RIA牌照下，平台的资金受到监管和托管以后，可以根据用户的委托进行投资。我国关于智能投顾的监管仍然处于不断探索之中，这无疑增大了智能投顾发展的不确定性。比如，2021年11月2日，部分基金公司和基金销售机构收到了《关于规范基金投资建议活动的通知》，其中对基金投资组合策略建议活动的业务进行了进一步的界定和规范；据同花顺财经2021年12月20日的报道，有记者发现工商银行的智能投顾服务"AI投"于2021年12月4日起暂停产品申购，目前正在进行规范改造，招商银行也给该行的智能投顾服务"摩羯智投"按下了"暂停键"。从长远来看，良好的监管环境能够促进智能投顾行业实现健康发展，但该行业的发展随着监管趋严可能会经历一个"阵痛期"。

第二，从投资环境来看，ETF产品有限，且金融产品和对冲工具较少，这将极大地限制以分散化投资为主要手段的智能投顾业务发展。从国际上智能投顾市场的发展可以看到，ETF产品是他们很重要的投资标的，其市场上数量巨大的ETF产品为智能投顾发展提供了非常好的土壤。我国的ETF数量仍然有限，规模仍然较小，这无疑会限制智能投顾的发展。同时，我国股票市场上的做空机制仍然不够畅通，T+1交易制度对程序化交易仍然是极大的限制，金融衍生品的发展仍然处于初级阶段，这使得我国股票市场很难实现真正意义上的对冲投资，这些客观环境会限制智能投顾的发展。

第三，从投资者来看，过多的散户数量可能会成为制约智能投顾业务的重要因素。赌博心理是散户投资者的一个重要特征，他们往往更加关注短期回报，更加希望博取概率较小的高收益，这与智能投顾长期被动的投资风格相矛盾。总之，智能投顾以长期被动投资为主，而这种投资方式在国内市场的接受程度较低，这一点从ETF的市场规模可以清楚看到。

虽说智能投顾在中国的发展面临着各种制约因素,但从发展的角度来看仍然有着非常光明的前景,特别是在我国大力推动数字经济发展的时代背景下,智能投顾在某种意义上确实代表着投顾业务未来的发展方向。我国监管部门应做好顶层设计,及早地完善监管制度,为智能投顾的长远健康发展提供坚实的制度保障。

第二节 智能投顾的理论基础

正如前面所述,首先,智能投顾必须为投资者提供分散化的投资组合,这部分任务主要奠基于现代投资组合理论;其次,智能投顾需要向投资者提供更为具体的投资策略及操作,这部分任务主要借助于量化投资策略完成。本节将较为详尽地介绍智能投顾的两大理论基础。

一、现代投资组合理论(MPT)

现代投资组合理论(modern portfolio theory,MPT)是现代金融学理论的基石,因此也是智能投顾最为重要的理论基础。1952年,哈里·马科维茨在《金融杂志》上发表了题为《资产组合选择——投资的有效分散化》一文,首次系统地研究了均值-方差框架下的资产组合选择问题。长期以来,资产收益率是对风险的补偿,这一观点在学术界和投资界颇为流行。人们对于收益率的看法比较统一,如何界定、度量风险成了长期困扰人们的核心问题。虽然每个人都能感受到风险,但是很难给出一个准确的刻画方法,马科维茨认为方差可作为风险的一个度量。在此基础上,人们的投资选择可被简化为期望收益-方差的权衡取舍问题:投资者希望投资组合的期望收益最大化,同时方差最小化。最后,马科维茨认为在大多数情形下分散化投资都能够较好地实现这一目标。

(一)分散化投资的重要性

在讨论分散化投资的必要性之前,我们必须指出分散化投资并非必然最优,有些特殊情形下非分散化投资才是最优的。比如,市场上有只证券,我们将它记作证券一。证券一的预期收益更高且方差也更小,在这种特殊情形下,显然最优选择是只买入证券一,而非分散化投资。然而,如果市场竞争足够充分,这类情形发生的可能性就比较小。既然证券一完全优于其他证券,那么所有投资者就会选择买入证券一,这样一来证券一的价格会被推高,其预期收益率降低,市场买入力量一直持续至证券一的优势不再"那么明显"时停止(即收益率低于其他证券)。

需要注意的是,这里的分散化投资并不仅仅意味着组合所涵盖的证券数量很大,更重要的是这些证券所在行业也要分散化。比如,有人发现随着人们越来越富裕,出国旅游越来越热门,因此该投资者将所有钱全部投向航空公司,因为出国旅游热必然推动航空行业的利润暴涨。该判断在一段时间内确实得以应验,但是新冠肺炎疫情肆虐全球,出国旅游随之戛然而止,航空行业受到了前所未有的打击。如果该投资者缺乏分散化投资理念,其投资将承受巨大亏损。相反,如果该投资者的投资组合涵盖了航空、公共事业、医疗、消费等不同行业，医疗、消费行业的收益能够在一定程度上弥补航空行业的亏损。分散化投资使得投资组合的收益表现更为平稳，对于实现财富的保值增值异常重要。

(二) 投资组合权重确定

对于分散化投资来说，最重要的任务是如何找到最优投资组合，即如何确定各证券的权重。假设市场上有 N 个风险资产，期望收益向量为 e，方差协方差矩阵为 V，任务是在给定期望收益率 $E(\tilde{r}_p)$ 的条件下，寻找最小化方差的组合权重。将组合权重记作 w，则问题变为如下的优化问题：

$$\min_{\{w\}} \frac{1}{2} w^T V w \tag{8-2-1}$$

$$\text{s.t.} \quad \begin{aligned} w^T e &= E(\tilde{r}_p) \\ w^T \mathbf{1} &= 1 \end{aligned}$$

其中，$\mathbf{1}$ 为每个元素都为 1 的向量。拉格朗日函数为

$$L = \frac{1}{2} w^T V w + \lambda [E(\tilde{r}_p) - w^T e] + \gamma (1 - w^T \mathbf{1}) \tag{8-2-2}$$

一阶条件为

$$\frac{\partial L}{\partial w} = Vw - \lambda e - \gamma \mathbf{1} = \mathbf{0}$$

$$\frac{\partial L}{\partial \lambda} = E(\tilde{r}_p) - w^T e = 0$$

$$\frac{\partial L}{\partial \gamma} = 1 - w^T \mathbf{1} = 0$$

求解模型之前，先引入 4 个常数：

$$\begin{aligned} A &= \mathbf{1}^T V^{-1} e = e^T V^{-1} \mathbf{1} \\ B &= e^T V^{-1} e \\ C &= \mathbf{1}^T V^{-1} \mathbf{1} \\ D &= BC - A^2 \end{aligned} \tag{8-2-3}$$

显然，在期望收益向量 e、方差协方差矩阵 V 已知的情况下，A、B、C、D 为 4 个常数。

综合一阶条件可得最优组合的权重 w 为

$$w = \frac{1}{D} \{[B(V^{-1}\mathbf{1}) - A(V^{-1}e)] + E(\tilde{r}_p)[C(V^{-1}e) - A(V^{-1}\mathbf{1})]\} \tag{8-2-4}$$

其中，权重 w 为向量，表达式中的所有参数都已知。由此可知，在给定基础资产收益率向量和方差协方差矩阵的前提下，如果投资者提出期望收益 $E(\tilde{r}_p)$，我们就可以求解出相应的最优组合权重。在这里，为了简便起见，我们没有施加卖空约束，即假设所有资产都可被卖空。

(三) 资产组合前沿

求得最优组合权重之后，我们可以进一步讨论该组合的期望收益和方差之间的关系。为方便起见，将期望收益为 $E(\tilde{r}_p)$ 的最优权重记作 w_p，期望收益为 $E(\tilde{r}_q)$ 的最

优权重记作 w_q，则最优组合 p 和最优组合 q 之间的协方差为

$$\text{Cov}(\tilde{r}_p, \tilde{r}_q) = w_p^T V^T w_q = \frac{C}{D}\left[E(\tilde{r}_p) - \frac{A}{C}\right]\left[E(\tilde{r}_q) - \frac{A}{C}\right] + \frac{1}{C} \quad (8-2-5)$$

所以，最优组合 p 的方差为

$$\text{Cov}(\tilde{r}_p, \tilde{r}_p) = \frac{C}{D}\left[E(\tilde{r}_p) - \frac{A}{C}\right]^2 + \frac{1}{C} = \sigma^2(\tilde{r}_p) \quad (8-2-6)$$

调整之后可得：

$$\frac{\sigma^2(\tilde{r}_p)}{\frac{1}{C}} - \frac{\left[E(\tilde{r}_p) - \frac{A}{C}\right]^2}{\frac{D}{C^2}} = 1$$

最优组合 p 的期望收益率 $E(\tilde{r}_p)$ 与标准差 $\sigma(\tilde{r}_p)$ 之间呈双曲线关系。

接下来介绍零协方差组合，这一概念在现代资产组合理论里非常重要。不失一般性，我们试着在前沿组合里寻找有效组合 p 的零协方差组合 $zc(p)$。

$$\text{Cov}(\tilde{r}_p, \tilde{r}_{zc(p)}) = \frac{C}{D}\left\{\left[E(\tilde{r}_p) - \frac{A}{C}\right]\left[E(\tilde{r}_{zc(p)}) - \frac{A}{C}\right] + \frac{D}{C^2}\right\} = 0$$

$$(8-2-7)$$

所以，零协方差组合 $zc(p)$ 的期望收益为

$$E(\tilde{r}_{zc(p)}) = \frac{A}{C} - \frac{\frac{D}{C^2}}{E(\tilde{r}_p) - \frac{A}{C}} \quad (8-2-8)$$

根据前面的讨论，对于任意给定的期望收益，与之匹配的最优资产组合权重随之确定。

（四）任意组合与前沿组合

可以证明，任意资产组合 q 的期望收益率，都是前沿组合 p 及其零协方差组合 $zc(p)$ 的线性组合[①]：

$$E(\tilde{r}_q) = (1 - \beta_{qp})E(\tilde{r}_{zc(p)}) + \beta_{qp}E(\tilde{r}_p) \quad (8-2-9)$$

其中，β_{qp} 表示任意组合 q 与最优组合 p 之间的相关系数。

至此，我们发现，要想描述任意投资组合的期望收益率，只需知道一个有效投资组合即可。问题是，如何找到这个有效投资组合？注意，由于前面的推导过程都非常理想化，完全没有考虑现实世界中的任何约束条件，所以即便由计算机按照上述过程求出最优投资组合的权重，也未必是真正意义上的最优组合。理论界一般认为，市场组合可能是最接近最优状态的组合。

（五）资本资产定价模型（CAPM）

在前面理论的基础上，如果令最优组合 p 为市场组合 m，则对任意投资组合 q 有：

---

① 这里证明从略，感兴趣的读者可参读黄奇辅和罗伯特·李兹森伯格合著的《金融经济学基础》，宋逢明译，清华大学出版社 2003 年出版。

$$E(\tilde{r}_q) = (1-\beta_{qm})E(\tilde{r}_{zc(m)}) + \beta_{qm}E(\tilde{r}_m) \qquad (8-2-10)$$

整理可得：

$$E(\tilde{r}_q) - E(\tilde{r}_{zc(m)}) = \beta_{qm}[E(\tilde{r}_m) - E(\tilde{r}_{zc(m)})] \qquad (8-2-11)$$

上述表达式是 CAPM 模型最一般的形式，不要求无风险资产的存在。如果假设存在无风险资产，简单推导可得更常见的 CAPM 模型：

$$E(\tilde{r}_q) - r_f = \beta_{qm}[E(\tilde{r}_m) - r_f] \qquad (8-2-12)$$

CAPM 模型对现代金融理论十分重要，它将资产风险分解为系统性风险(可理解为市场风险)和非系统性风险(可理解为公司自身的特质风险)，这为接下来的多因子定价模型提供了思路。多因子定价模型认为，资产收益率有系统性风险因子和非系统性风险因子共同驱动，系统性风险因子既包括市场因子，也包括其他因子，比如常见的市值因子和账面市值比因子等。对投资业界来说，多因子选股是量化投资的重要研究内容。如何找出系统性风险因子也就成了研究者们非常重要的工作。

CAPM 模型也为套利策略提供了研究思路。比如，某投资者通过股指期货市场对冲市场风险，如何确定对冲比率(hedge ratio)呢？一般做法是参考 CAPM 模型，估计所持有投资组合与市场组合的相关系数(即 beta 系数)，对每一份所持有的投资组合，在股指期货市场做空 beta 份的期货合约即可。

同时，CAPM 模型也为基金评价提供了基准。一般来说，基金经理的收入与其所管理基金的表现高度挂钩，可问题是基金表现的很大部分来自整个市场环境，激励机制的核心是评估基金经理自身的努力，即需要剔除市场环境的影响。此时，CAPM 模型可以估计基金表现的多大比例来自基金经理的努力，并基于此设计激励机制。

二、量化投资策略(QIS)

如果说现代投资组合理论为智能投顾提供了一个基本的分析框架和思路，那么量化投资策略(quantitative investment strategies，QIS)则帮助智能投顾将研究成果转化为具有操作性的投资策略。量化投资策略几乎涵盖了整个投资过程，主要有以下三大内容：量化选股、量化择时、套利交易。

(一)量化选股

目前流行的量化选股方法主要包括：多因子策略、风格轮动策略、行业轮动策略、动量反转策略等。

1. 多因子策略

多因子策略的研究步骤一般为：因子挖掘—模型构建—历史回测。主要有两种方法帮助智能投顾挖掘潜在的定价因子，一个是通过跟踪学术期刊的最新研究获得思路，另一个是通过与业内资深人士进行沟通获得思路。有了基本思路之后，构造因子指标并预先通过回归分析对其有效性做初步判断，获得比较理想的结果，并做进一步的投资组合分析，判断作为基准策略的有效性。为了提升基准策略的表现，一般会在其基础上加入经验判断作为调节变量。通过上述分析，一般会得到多个备选因子，通过这些因子之间的相关性分析尽可能地剔除冗余因子,如果因子过多,可能还需要进一步的降维处理。降维一般有两种方法——基于主成分分析提炼出最重要的因子,或者聘请业内资深专家对相关因子进行打分。在此基础上,将进一步构造买入-卖出信号以及仓位调整规则,至此多因子选股模型基本构建完成,之后可基于历史数据做更为严格的回测分析。总体而言,多因子选股模型简单易行,有较好的稳健性,样本外的表现也很好。为了更好地保证多因子模型的稳健性,一般会很强调这类模型背后的经济学逻辑。

2. 风格轮动策略

风格轮动策略的核心思路是,投资者偏好会随着市场状态的变化而改变,表现出一定的投资风格轮动特征。这种投资风格的转变,有可能是投资者理性分析的结果,也可能是由纯粹的投资者行为变化导致的。比如,当宏观经济环境不景气时,投资者们分析后发现成长股的盈利不确定性将大幅上升,但对消费类股票或者公用事业类股票的盈利状况影响就比较小,因此他们的投资风格可能会从成长股向消费股转变,这类转变可被看作理性分析的结果。有心理学研究发现,随着日照时长的缩短,人们的情绪会变得低迷,对事物的态度也会变得悲观,此时投资风格会趋于保守,表现在股票市场就是资金从小股票向大股票转变,这类现象可能主要由投资者情绪变化引起的。总之,风格轮动策略就是抓住了这种投资风格的变化规律,进而构造可盈利的投资策略。在业界,一般有两种风格鉴别技术:基于持股特征基础的投资风格鉴别法(HBS),例如晨星公司的风格箱法和新风格箱法;基于收益率基础的投资风格鉴别法,如夏普的鉴别方法。这类策略的重点是寻找合适的转变时机,主要有两种方案:马尔科夫切换模型,即通过分析历史数据寻找合理的切换时点;二元选择模型,比如 Logit 或 Probit 模型,计算下一时点风格转变和不转变的概率,用以确定是否进行风格切换。

3. 行业轮动策略

行业轮动模型的核心思想是:不同行业在经济体系中所处位置不同,有些属于产业链的上游,有些则属于下游行业,在一个完整的经济活动中,上游行业为现行行业,而下游行业则为追随行业。以某地的基础设施建设为例,钢铁、水泥等建筑材料显然属于现行行业,而建设完成后发展起来的消费、文化则为追随行业。宏观经济学研究中,增长和波动是永不改变的主题,这意味着经济发展过程中会出现周期性规律,在不同的经济发展时期,有些行业受益而有些行业承受压力。投资业界根据这一基本原理,将不同的行业分为周期性行业和逆周期行业,然后根据经济的不同发展时期选择不同的资产配置。周期性行业(cyclical industry)是指和国内或国际经济波动相关性较强的行业,其中典型的周期性行业包括大宗原材料(如钢铁、煤炭等)、工程机械、船舶等;逆周期行业是指经济不景气时受影响较小的行业,比如教育、医疗、娱乐等。行业轮动模型与风格轮动模型比较相似,优点是其有着更为坚实的经济理论基础,而且相对来说比较容易预测。经济发展存在一定的周期性规律,这一点是有迹可循的,同时,货币政策也有一定的周期性规律,且是可观察的,这些变化规律为行业轮动模型提供了天然的转化时点。

4. 动量反转策略

动量反转策略,其核心逻辑是股票过去的表现能够很好地预测其未来表现。以 A

股市场为例,基于过去 6 个月的股票收益率,表现好的股票在接下来 9 个月的表现也仍然很好,而表现差的股票在接下来的 9 个月表现也很差,此即动量效应;基于过去 2 个月股票的收益率,表现差的股票在接下来 1 个月表现反而更好,而表现好的股票在接下来 1 个月反而表现更差,此即所谓的反转效应。动量/反转效应是实证资产定价领域最为著名的异象,最早由 Jegadeesh 和 Titman 于 1993 年首次在横截面数据发现这一现象,Carhart 在此基础上于 1997 年提出了著名的四因子模型,据说这是对有效市场假说最重要的挑战,有效市场假说的提出者 Fama 也承认这一异象很难在理性框架下予以充分说明。与前述三种选股策略相比,动量反转策略在选股时几乎忽略了所有的经济学逻辑,也不关注公司的任何基本面指标,他们只关注二级市场上的交易表现,这是其最突出的特征。

(二)量化择时

量化择时是指利用数量化的方法,对股价的短期走势做出预判,并基于此决定买入、卖出时点。知名量化投资从业者丁鹏博士在其编著的《量化投资——策略与技术》一书中,对量化择时做了一定的归纳总结,介绍了 8 种量化择时方法,分别是趋势择时、市场情绪择时、有效资金模型、牛熊线、Hurst 指数、SVM 分类、SWARCH 模型和异常指标模型。

1. 趋势择时

趋势择时的基本思想来自技术分析,技术分析认为趋势存在延续性,因此只要找到趋势方向,跟随操作即可,趋势择时的主要指标有简单移动平均 SMA(simple moving average)、指数平滑异同移动平均 MACD(moving average convergence and divergence)、平均线差 DMA(difference of moving average)、三重指数平滑平均线 TRIX(triple exponentially smoothed average)等。

2. 市场情绪择时

市场情绪择时就是利用投资者的热情程度来判断大势方向。当投资者情绪热烈、积极入市时,大盘可能会继续涨;当投资者情绪低迷、不断撤出市场的时候,大盘可能继续下跌。常见的市场情绪指标有:①投资者信心指数,可通过直接调查获得。②折溢价率指标,指基金市价与基金净值之间差额与基金当前净值的比例,常用正值代表溢价,负值代表折价,是基金中最常见的概念。如果溢价率高则说明市场情绪较高,反之则说明市场情绪较低。③新股指标,即 IPO 上市后市场交易价格相对于发行价的指标,IPO 溢价越高(即 IPO 发行价相对越低)说明市场情绪越高。④市场指标,包括资金流量、涨跌停家数等,资金流入越多,涨停家数越多,意味着市场情绪越高。⑤投资者行为指标,包括新增开户数、基金仓位、卖空比例、保证金交易规模、资金出入等,如果市场投资者入市越积极,特别是杠杆资金入市越积极,则说明市场情绪越高。

3. 有效资金模型

有效资金模型和选股模型中的资金流模型类似,是通过判断推动大盘上涨或者下跌的有效资金来判断走势。有效资金是指市场上能对趋势产生影响的资金流,同样的资金量,在趋势顶部和底部的时候,对市场的影响是不一样的。从大概率的角度来看,当股价愈接近顶部时,上涨1%所需要的主动买入资金越多,上涨也就越困难,也就是通常理解的"滞涨"或者"顶部放量",此时的成交金额更能反映股价的高低,对于股价的指示更有效,而底部则刚好相反。有效资金模型就是构建有效资金指标来判断一波趋势是否接近拐点的策略。

4. 牛熊线

牛熊线择时的思想就是将大盘的走势划分为两根线,一根为牛线,一根为熊线。牛熊线一般为年线,是指250日移动平均线。在牛熊线之间时大盘不具备方向性;如果突破牛线,则可以认为是一波大的上涨趋势的到来;如果突破熊线,则可以认为是一波大的下跌趋势到来。

5. Hurst 指数

Hurst 指数简单来讲就是有偏的随机游走,最初是由英国水文学家哈罗德·埃德温·赫斯特(Harold Edwin Hurst)提出。Hurst 指数体现了时间序列的自相关性,尤其反映了序列中隐藏的长期趋势,统计学上称为长期记忆。Hurst 指数是分形理论在趋势判断中的应用。分形市场理论认为,资本市场是由大量具有不同投资期限的投资者组成的,且信息对不同投资者的交易周期有着不同的影响。利用 Hurst 指数可以将市场的转折点判断出来,从而实现择时。

6. SVM 分类

支持向量机 SVM(support vector machines)是目前很流行的一个数学方法,主要用于分类与预测。择时本质上是一个预测过程,即利用过去的数据预测未来一段时间大盘是上涨还是下跌。但是市场是非线性的,使得传统的线性预测方法效果不佳。由于 SVM 独特的机制和效果,对非线性预测有非常好的效果,因此利用 SVM 技术来建立择时模型,可以有效地避免传统回归模型的精度和扩展性问题。SVM 择时就是利用 SVM 技术进行大盘趋势的模式识别,将大盘区分为几个明显的模式,从而找出其中的特征,然后利用历史数据学习的模型来预测未来的趋势。

7. SWARCH 模型

SWARCH 模型是海通证券开发的一种利用宏观经济指标来判断大盘的策略,该模型主要刻画了货币供应量 M2 和大盘走势之间的关系,揭示我国证券市场指数变化与货币供应量之间的相关关系。海通证券改变了以往构建单一模型研究两者长期均衡关系的做法,转而从周期属性和宏观背景角度出发,引入隐性变量对宏观经济周期和市场趋势进行了合理的刻画,并以此为重要前提,构建了度量宏观经济周期与证券市场趋势及其相互影响关系的 SWARCH 模型。基于中国股票市场数据的实测发现,以 M2 环比增速为基础指标构建的货币供应周期与证券市场之间的关联度最强也最稳定,并且货币供应周期具有领先市场趋势的特征,最佳领先期为一期,即一个月。

8. 异常指标模型

市场上有很多异常信息,当大盘在某个特定的情况下它们就会出现,比如在大盘的底部或者顶部的时候,往往会有一些知情交易者提前知道某些信息,他们的交易行为对市场形成了扰动,如果捕获这些异常信息,则可能对大盘走势的预判具有重要的价值。常见的异常指标有市场噪声、行业集中度和兴登堡凶兆等。

(三)套利交易

套利(arbitrage)是现代金融非常核心的概念,其本质含义是通过交易同风险不同收益率的两个或多个金融产品获取无风险收益。比如某商品在 A 地区售价为 3 元,在 B 地区售价为 2 元,商家可以在 B 地区以 2 元钱购入该商品,然后在 A 地区以 3 元钱卖出,赚取 1 元钱的差价。严格意义上的套利,在现实世界中是不存在的,因为违反了经济学的基本原理——一价定律。分析刚才的例子,该商品之所以在 A 地区和 B 地区的售价不同,很可能是因为两地为分割市场,很难将 B 地区的该商品运至 A 地区进行销售。在现实的市场上,虽然很难找到绝对的套利机会,但近似的套利机会却经常出现,尤其随着衍生品的不断发展,这类机会将会越来越多。比如,一旦沪深 300 现货与沪深 300 指数 ETF 之间出现价格分离时,就可以通过套利获利。再比如,上证 50 指数 ETF 和上证 50ETF 期权,也可以通过套利交易获利。套利策略是量化交易中很重要的研究内容,在市场中常见的有商品期货套利、股指期货套利、统计套利。

1. 商品期货套利

商品期货套利,顾名思义就是在商品期货市场寻找套利机会。商品期货套利主要有以下四类策略。

1)期现套利

交易标的为同一商品的期货合约、现货合约。由于种种原因,同一商品的期货价格和现货价格可能会出现显著的偏离,当这种偏离程度明显不合理时,套利交易者就可以做多价格较低的品种同时做空价格较高的品种,这样一来该商品未来价格变化的系统性风险就被完全对冲了,只要未来期货现货价差收窄,套利者就可以赚取利润。期现套利的风险相对较小,因为即便价差不收窄也可以通过现货交割实现利润。

2)跨期套利

交易标的为同一商品期货在不同月份的期货合约。如果投资者观察到远期合约出现了明显的升水或者贴水,就可以通过建立数量相等、方向相反的交易仓位构造跨期套利策略,如果价差在未来有所收窄则获得利润。相对于期现套利,跨期套利的风险相对较高,因为没办法通过现货交割实现利润。比如,远期合约升水且该价差一直持续至近期合约的交割日,此时投资者就无法赚取理论上的利润。本质上讲,跨期套利的盈利基础仍然是假设市场是有效的,不合理的价差会被其他投资者发现并最终被抹平。

3)跨市场套利

跨市场套利具体是指在不同市场之间进行套利的交易行为。当同一期货商品合约在两个或者更多市场进行交易时,由于区域间的地理差别等因素,各商品合约间存在一定的固有价差关系。但是,由于两个市场的供求影响因素、市场环境及交易规则等方面不完全一致,价格的传导存在滞后甚至失真的情况,因此固有价差水平会出现偏离。跨市场套利正是利用市场失衡时机,在某个市场买入(或卖出)某一交割月份某种商品合约的同时,在另一个市场卖出(或买入)同一交割月份的同种商品合约,以对冲或交割方式结束交易的一种操作方式。

4)跨品种套利

跨品种套利是指利用两种不同的但相互关联的商品之间的合约价格差异进行套利交易,即买入某一交割月份某种商品合约,同时卖出另一相同交割月份相互关联的商品合约,以期在有利时机同时将这两个合约对冲平仓获利。跨品种套利的核心策略是寻找两种或多种不同但具有一定相关性的商品间的相对稳定关系(差值、比值或其他),在其脱离正常轨道时采取相关反向操作以获取利润。

2. 股指期货套利

股指期货套利与商品期货套利的区别仅在于交易品种的差异,股指期货套利是通过发现股指期货与股票现货之间的价差,进而构造套利组合的投资策略。与商品期货套利类似,股指期货套利也包括期现套利、跨期套利、跨市场套利、跨品种套利等四种基本的套利策略,主要内容与商品期货套利类似,这里不再赘述。

3. 统计套利

统计套利是指将套利建立在对历史数据进行统计分析的基础之上,估计相关变量的概率分布,结合基本面数据进行分析并用以指导套利交易。相比于无风险套利,虽说统计套利增加了少量风险,但由此带来了更多的套利机会,这也是统计套利迅速发展的根本原因。统计套利的基本思路是运用统计分析工具对一组相关联的价格之间关系的历史数据进行研究分析,研究该关系在历史上的稳定性,并估计其概率分布,确定该分布中的极端区域,即否定域,当真实市场上的价格关系进入否定域时,则认为该种价格关系不可长久维持,套利者有较高成功概率进场套利。统计套利交易中,挖掘出稳定的价格关系,是整个交易策略开发过程中最为重要的环节,也是套利策略盈利的最为重要的保障。

第三节 智能投顾的发展实践

一、智能投顾行业发展概述

(一)国际发展概述

智能投顾的理论准备以及技术基础在很早就已具备,但在现实世界中落地也就近十几年的事情。2008年,国际金融危机愈演愈烈,传统的资产管理模式遇到了前所未有的挑战，同时投资者对金融机构的信任也陷入低谷，智能投顾业务应运而生。2008年，Jon Stein 和 Eli Broverman 联合创立了名为 Betterment 的公司，首次提出了智能投顾这一概念；经过两年的筹备，该公司的首款产品于 2010 年发布。该公司的业务模式很快受到市场追捧，此后其服务、产品和管理的资产一直不断增多。2015 年 4 月，该公司进入养老金市场，帮助所有客户制定个性化退休储蓄和投资方案；2016 年 3 月初，Betterment 针对美国的退休储蓄计划 401（k）发布了平台产品 Betterment for Business。

此后，智能投顾行业飞速发展。分国家来看，美国、中国、日本、英国始终为全球前四大智能投顾市场。截至 2021 年，美国的智能投顾管理规模高达 9990 亿美元，占全球智能投顾份额的 69.85%；我国以 927 亿美元的规模位列第二，占全球智能投顾份额的 6.4%。就目前的行业现状来看，智能投顾公司主要由以下三种类型：①靠智能投顾起家的初创公司，典型代表为 Betterment、Wealthfront 等，技术优势和差异化服务是这类公司的核心竞争力，他们的野心也往往更大，试图颠覆传统的投资咨询行业；②大型金融机构进军智能投顾行业，典型代表为 Vanguard、嘉信理财，强大的渠道、广泛的客户基础以及深厚的投资咨询经验是这类公司的核心竞争力，因此他们一旦推出智能投顾产品，能够快速占领市场份额；③传统金融机构通过直接收购智能投顾初创企业进入智能投顾市场，典型代表为贝莱德收购 Future Advisor、景顺收购 Jemstep 等。

按照智能投顾行业的市场规模来看（基于 2021 年的数据），目前前五位分别为：Vanguard、嘉信理财、Betterment、Wealthfront 与 Personal Capital。其中，2022 年 1 月，瑞银宣布收购 Wealthfront，至此 Betterment 成为资产管理规模前五名中仅存的独立公司。

(二)国内发展概述

我国的智能投顾起步较晚，直到 2015 年后才出现真正意义上的智能投顾，但是发展速度很快。据 Statista 估算，2016 年至 2021 年我国智能投顾的资产管理规模依次为：80 亿美元、290 亿美元、810 亿美元、1770 亿美元、3160 亿美元、4850 亿美元，这样的管理规模在世界范围内也仅次于美国。据估计，我国智能投顾管理资产总额在 2022 年将超 6600 亿美元，用户数量超过 1 亿。

纵观当前国内智能投顾相关公司及产品，按照其开发主体可分为三类：第一，独立第三方财富管理机构，以技术驱动的智能投顾创业公司和转型中的互联网金融公司为典型，例如蓝海智投、理财魔方等，他们在 2015 年就率先把智能投顾模式引入国内；第二，传统金融机构，以银行、券商、基金为代表，纷纷推出智能投顾的产品或线上平台，如招商银行的摩羯智投、中国平安一账通、嘉实基金金贝塔等；第三，互联网巨头，凭借其流量和数字技术优势，进行智能投顾业务条线的扩张，如京东智投、同花顺的 iFinD 等。

我国的智能投顾行业演化出了以下四种业务模式：第一，独立建议型。这一类型的智能投顾与国外的 Wealthfront、Betterment 等知名平台相似，通过调查问卷的方式了解投资者的相关信息，并基于此提供与其风险承受和收益要求相匹配的资产组合。第二,综合理财型。这类模式将智能投顾功能整合到公司原有的运营体系,通过对接内部以及外部投资标的,既能更好地服务老客户,又可以吸引新客户。第三,配置咨询型。这种模式通过实时抓取全市场的各类产品数据,统计它们的收益和风险特性,结合客户的风险评测指标,帮助用户选取合适的金融产品组合。与独立建议型模式相比,这一模式主要针对更专业的个人投资者。第四,类智投模式。这种模式多为跟风智能投顾概念,几乎无智能或自动化投资属性。其多以量化策略、投资名人的股票组合进行跟投,同时兼具论坛性质的在线投资交流平台。严格来说,这类模式并非真正意义上的智能投顾。

二、Betterment 介绍

(一) Betterment 发展历程

2008 年 Betterment 成立于美国纽约市,是智能投顾行业的开创者和引领者,成立十多年来取得了飞速发展。2014 年以来公司管理资产规模翻了逾 28 倍,截至 2022 年 3 月,管理规模约为 330 亿美元,拥有 70 余万客户,平均账户规模 4.7 万美元。

2010 年至 2015 年,可看作 Betterment 的第一个发展阶段。此时,智能投顾市场刚刚起步,Betterment 在这一阶段主要定位于 C 端市场,其主要向个人投资者提供投资建议。由于其定位,这一阶段它的主要经营特色为客户操作简便、取消了传统投顾业务的最低投资额限制、低廉的管理费用,这些特色助力 Betterment 迅速发展,也将智能投顾推向了金融业的前台。在这一阶段,Betterment 总共进行了四轮融资,估值超过了 5 亿美元。

2015 年至 2020 年,可看作 Betterment 的第二个发展阶段,其主要特色可总结为增量市场寻新路。这一阶段,整个金融科技行业的发展有所放缓,同时智能投顾业务的底层算法和投资策略也引起了人们的质疑;同时,传统金融机构也加紧对这一新兴行业的布局,并借助其庞大的客户群体试图实现弯道超车,并迅速抢占智能投顾行业的市场份额。在此背景下,Betterment 公司也做出了一系列调整,最显著的做法是开始布局 B 端市场。一方面,Betterment 优化存量 C 端的服务,推出人机结合的投资方式,即智能投顾+传统投顾;另一方面,挖掘增量 B 端市场,开发 Betterment for Advisor 的产品线,与独立持证投资顾问合作,为用户提供投资咨询、财务规划、养老规划等一对一咨询服务。其中,与知名网约车运营商 Uber 的合作可看作公司决心在 B 端市场发力的标志性事件。2016 年 8 月份,Uber 宣布将与在线资产管理公司 Betterment 合作,为波士顿、芝加哥、新泽西及西雅图的 Uber 司机提供资产管理咨询服务及退休计划协助服务。具体来说,Uber 司机将可以通过 Uber 应用直接免费开通 Betterment IRA 或者 Roth IRA(个人退休账户),账户无须初始资金且第一年免费使用,一年后若总金额低于 10 万美元,则需要支付 0.25% 的年管理费,即 1 万美元需缴纳 25 美元。2016 年,公司宣布完成 1 亿美元 E 轮融资,由瑞典投资公司 Kinnevik 领投,之前的投资方 Bessemer Venture Partners、Anthemis Group、MenloVentures 和 Francisco Partners

继续跟投，公司估值7亿美元，累计融资2亿美元。

2020年至今，可看作Betterment的第三个发展阶段，其主要特色可总结为"固存量，扩增量，打造护城河"。随着业务的不断发展，Betterment在最基础的智能投顾业务基础上，不断上线新的业务或服务，包括现金账户管理服务、税务筹划服务及养老金业务等。2021年由Treasury牵头，获得6000万美元融资及1亿美元信贷额度，公司估值高达13亿美元。Betterment最新AUM达330亿美元，并在积极推进IPO进程。

(二) Betterment业务模式

简便性是Betterment业务模式的重要特色，客户只需要在网站上输入个人信息，包括年龄、收入、是否退休、投资的目的、期望等，Betterment便会根据这些条件生成一系列科学、安全、有效、长期的股票、债券配置方案供客户选择。其中包含预期收益、风险系数、期限、投资比例等信息。客户也可以在一定的范围内依据自己风险的承受能力，调整股票和债券投资的比例。具体步骤如下：通过问卷或大数据了解用户的需求和风险偏好，基于此描绘出用户画像，运用算法求最佳投资组合。

智能化资产管理计划主要分为四个类型：高收益再投资型、稳定保值型、计划消费型、退休金规划型。根据每部分资金的用途、投资时间的长短配置不同的策略。高收益再投资型，主要用于投资储蓄，资产增值。投资者可获得最高的收益，相应承担着较高的风险。依据Betterment的模型，建议45岁以下的用户，这部分资金股票配置的比例为90%，债券为10%。随着年龄的增长，股票配置的比例逐渐减少为58%，之后长期维持在这个水平。因为随着年龄的增加，不可预见支出将增加，风险承担能力也将不断下降。稳定保值型主要投资对象为日常生活中的流动资金。该类型是大部分人资产配置中不可或缺的一部分，既能获得稳定的收益又能随时提取。这部分资金股票配置的比例为40%，债券为60%，并且长期保持不变，从而保证较高的流动性。计划消费型的储蓄资金，主要用于购买家庭大宗商品，包含房子、汽车、家具等。这部分资金区分为长期型与短期型两种，随着期限变短，流动性增加，风险减少，收益也相对减少。长期型股票配置的比例为90%，随着期限的临近，股票的配置减为0。整个投资周期，在保证到期资金流动性的情况下，获得最高的收益。退休金规划型主要投资来源为用于退休后日常开支的资金。无论用户初入职场，还是年迈已退休，都需要对退休后的生活进行规划。输入退休后年可支配收入的期望值，Betterment将依据目前的年收入，规划如何达到目标值，是否需要减少开支或增加收入。投资的策略随着年龄的增加，渐趋于保守。

除资产配置方案以外，Betterment提供税收亏损补偿(tax loss harvesting)、资产再平衡(smart rebalancing)服务以及一系列创新型智能化投资工具，例如Auto-deposit和SmartDeposit等。这种创新型智能化投资工具在用户的银行账户与投资账户金额之间自动连接，用户可以即时存取资金，达到最大化投资收益的目标。

以上服务，Betterment均不设置最低的投资额度，按用户所投资的资产总额计算管理费，根据不同管理资产规模应用不同费率，低于1万美元的用户可选择每月3美元或0.35%的年付方式(后者需开通Auto-deposit且每月投资不低于100美元)；1万至10

万美元之间者,每年 0.25%;10 万美元以上者,每年 0.15%。

(三)Betterment 投资标的

ETF 是 Betterment 最为主要的投资标的,他们将可用投资金额等分为 12 份,根据不同的比例投资于股票和债券的 ETF,收益的高低和风险的大小由不同投资标的所占的比例决定。涉及的 ETF 种类丰富多样,股票指数基金包含美国的总股市、大型股、中型股、小型股,发达国家市场和新兴市场。债券指数基金包含新兴市场债、全球债、美国企业债、美国优质债、通货膨胀保护债和短期政府债。从地域上来看,大部分投资于美国,此外还投于英国、法国、日本、中国、迪拜、墨西哥、澳大利亚等全球 100 多个国家。通过高度分散化的配置来降低投资风险,这是大部分个人投资者无法企及的。

ETF 之所以能成为最主要的投资标的,主要有以下几方面的原因。首先,相比于个股而言,ETF 具有更好的分散化特征,这使得投资绩效更可预测,投资波动更小;此外,相比于其他共同基金,ETF 的流动性更好,在交易时段内可随意买卖。其次,ETF 的成本更低,这对于降低智能投顾的管理费用至关重要。ETF 的投资标的事先给定,且标的的股票的名单和权重也事先给定,这使得 ETF 基金的调仓频率较低,这些基本特征极大地降低了 ETF 的管理费用。第三,ETF 比共同基金更具税收优势。一般来说,只有发生真实的股票交易时才会产生资本税,共同基金的每次申购/赎回都发生在基金投资人与基金管理者之间,因此一般情况下会伴随投资组合的变动,即发生真实的股票交易;然而 ETF 则不同,ETF 在二级市场的买卖发生于投资者之间,比如 A 将一份 ETF 卖给了 B,此时基金公司的资产组合并未变化,即并未发生真实的股票交易。如此一来,在股票市场上 ETF 基金的投资标的很少发生变化,成为了事实上的长期投资者,能够享受到长期更为优惠的资本所得税。

总之,Betterment 每季度运行一次选择分析,以评估现有选择的有效性、基金管理人的潜在变化(提高或降低费用比率)以及特定 ETF 市场因素的变化(包括更严格的买卖差价、更低的追踪差异、不断增长的资产基础或减少的选择驱动性市场影响等)。此外,也将投资组合选择变更的税收影响纳入考量,为客户估算在投资工具之间进行转换能够实现的净收益。这种方法的强大之处在于,它能以更快的速度得出综合了许多不同候选证券中几个不同因素的总成本数据。快速评估候选人对每种资产类别潜在选择的适用性的能力,这对于实现公司不断提供强大的投资产品、平台、建议、性能和过程控制的目标非常有用。

(四)Betterment 佣金费率

Betterment 是行业中最便宜的机器人投顾公司之一,没有最低佣金要求,固定投资和咨询管理费大多数客户为 0.25%,高级建议计划为 0.40%。此外,电话咨询软件包收取费用,每个软件包的价格在 199 美元至 299 美元之间。其 Betterment Everyday Checking 业务在客户使用借记卡(就像任何银行或信用合作社一样)时,Betterment Financial LLC 都会从商家那里收取一部分交换费,并且从客户账户的存款中获得一小部分的净利息保证金。

费用按年度进行计算,每季度一次,每个季度末收取费用。例如,如果投资额是1万美元,费用仅为25美元每年。此外,智能投顾公司与基金公司一样,都要收取一个比率费(expense ratio fee),Betterment一个投资组合的平均开支费用是0.13%,这在行业内某种程度上已经属于较低的。投资顾问管理传统投资组合的行业平均费用每年大概1%,取决于管理资产规模。根据在线媒体网站Advisory HQ的数据显示,10万美元的投资者平均支付1.12%也就是每年1120美元。

三、智能投顾的效果评估

正如第一节所讨论,理论上讲智能投顾的出现能够降低投资者的行为偏误,提高他们的分散化水平,进而提高他们的投资绩效。那么从智能投顾发展这些年来看,理论上的效果是否显现?国际金融学研究著名期刊《金融研究评论》(*The Review of Financial Studies*)在2019年发表了一篇题为"The Promises and Pitfalls of Robo-Advising"的论文,对这一问题做了严谨的探讨。

研究发现,智能投顾的效果在不同投资者之间存在明显的异质性。对于那些原本分散化投资不足的投资者(某种意义上可看作投资经验欠缺的投资者),智能投顾能够帮助他们提高投资组合的分散化水平——不仅能增加股票数量,而且也能降低投资组合的波动率,同时使他们的投资表现也有所提高。对于那些原本分散化水平较高的投资者,智能投顾并没能进一步提升他们的分散化程度,也未能提升他们的投资绩效。

研究还发现,智能投顾能够降低所有投资者所面临的行为偏误。具体来说,采用智能投顾之后,投资者的处置效应偏误、趋势追逐倾向、排序效应等金融市场上常见的行为偏误均得到了不同程度的减缓。研究者们特别指出,这些行为偏误只是有所减缓而非彻底消失,因此智能投顾还有待进一步发展和完善。在接下来的发展过程中,智能投顾公司应该更加关注那些原本分散化程度不够的投资者,他们可能才是智能投顾业务的真正需求者。同时,智能投顾公司应该针对不同类型的投资者量身定制更优的投资建议。

本章小结

1. 智能投顾,英文为robo-advisor,可简单理解为机器人充当顾问的角色,为投资者提供投资建议。智能投顾运用了云计算、大数据、人工智能等前沿技术,在算力优势的加持下,能够对数据进行更全面、更充分的分析,因此一般能够提供更具竞争力的投资建议。

2. 智能投顾具有以下优势:咨询费用低、参与门槛低、投资品类广、投资策略透明度高、客户易操作、可实现个性化定制。

3. 我国智能投顾行业发展的主要制约因素包括:监管制度尚处于不断的发展完善

之中,存在一定的政策风险;智能投顾主要的投资标的 ETF 数量仍然过少;以散户为主的投资者过于短视,而智能投顾会更加关注长期表现。

4. 我国的智能投顾目前主要有以下四种业务模式:独立建议型、综合理财型、配置咨询型、类智投模式。

5. 对于分散化不足的投资者来说,智能投顾能够提高其投资组合的分散化水平,同时提高其投资绩效。

思考题

1. 什么是智能投顾？其主要优势有哪些？
2. 智能投顾的驱动因素有哪些？
3. 我国智能投顾行业发展的制约因素有哪些？
4. 请简述我国智能投顾行业的发展现状。

第九章
数字金融业务的监管

【本章提要】 数字金融业务作为一种新型金融业务,有关部门在监管过程中面临新的挑战,不仅需要转变传统的监管理念,同时也需及时跟进新的监管技术。本章第一节讨论了数字金融业务的风险特征,旨在说明监管难点。第二节介绍数字金融业务监管的动态和发展趋势,包括监管理念的转变以及我国相关监管法规的推出。第三节着重介绍数字货币业务的监管动态与趋势,分别阐述了美国和中国的监管实践。第四节讨论了针对ICO的监管问题。

第一节 数字金融业务的风险特征

一、基于金融从业者的角度

人类任何事业的基础必然是人,任何事业成功与失败的决定性因素也仍然是人。从这个角度讲,与传统金融行业相比,数字金融时代的一个最显著特征是很大一部分从业者都来自技术行业而非金融行业。事实上,很多数字金融业务的推动者都是科技公司巨头而非传统的金融巨头,比如我国移动支付业务的最重要推动者是阿里巴巴和腾讯,而非传统的商业银行。举一个极具启发性的例子:借助互联网金融发展起来的东方财富,市值一度超过券商行业的领导者中信证券,即使曾经历了一轮暴跌(市值回撤近四成),东方财富目前在我国的券商行业中仍然排名第二,远超其他大部分券商。从业者的这种巨大差异使得数字金融业务呈现出以下风险特征。

(一)数字金融机构的法律地位不明晰,导致相关业务未得到应有监管

如果将经济体看作人体,那么金融业则相当于血液循环系统。金融机构的任何风险都能够传导至每一个经济细胞。正因为如此,传统的金融机构受到了远超其他企业的严格监管,国际上专门针对金融机构制定了巴塞尔协议。然而,由于数字金融机构长期以来法律地位不明晰,对于其究竟属于科技公司还是金融机构一直存在分歧。这就使得一些针对金融机构的监管条例无法很好地套用在数字金融机构上,一些数字金融机构甚至标榜自己是伟大的创新者和传统规则的颠覆者,试图借此突破传统的已被实践证明的颇为有效的金融监管规则。

缺少了监管规则这个"紧箍咒",数字金融业务呈现出了狂飙式的"野蛮生长"。以

曾经风光无限的P2P为例,2010年才有一些网贷平台被创业人士认可,开始陆续出现了一些试水者;然而,短短两年之后,网贷平台数量就超过了2000家,有着一定活跃度的平台也超过了200家。作为对比,如果以证交所的建立作为我国资本市场的开始,迄今超过30年,然而我国证券公司数量也就134家。由于资本的逐利性,在缺乏监管的情况下,必然大面积出现金融欺诈现象。据报道,至2015年9月,累计问题平台数量就超过了1000家,占比达到整个平台数量的30%。2018年,P2P平台爆雷现象呈现出井喷状,仅上海地区的违约金额就超过了2000亿元。

(二)数字金融机构的非金融背景使其缺乏对风险的有效防范

正如传统金融理论所揭示的,收益和风险是金融业务这枚硬币的两面。因此,风险防范的观念一直深入金融从业者的意识和认知之中。正因如此,传统的金融机构有着非常严格的内部风控体系,他们在看到一笔新业务的同时,该业务潜在的风险也同时进入考量之中。

以银行放贷为例:当有一笔新的贷款申请出现时,首先客户经理需要对该机构进行详尽的调查,包括其业务经营状况、发展前景、融资用途、历史信用状况等,将相关信息形成文件,提交审批部门;审批部门的资深专家对相关材料进行进一步评估,对潜在的风险点敦促客户经理进一步提交材料;一切都合格之后还要通过贷审会,请更广范围内的专家参与论证,论证通过后业务才能获批。此外,还设有专门的合规部门、审计部门对其他潜在风险进行把关。然而,数字金融机构却缺乏类似的风险控制体系和风险控制流程。受互联网行业发展经验的影响(互联网行业往往是赢者通吃),此类机构开展业务的第一考量是如何迅速占领市场,如何将客户基础做到最大,至于业务中潜在的风险可能造成什么后果,则缺乏基本的评估。

二、基于所依赖技术的角度

相比于传统金融行业,数字金融所依赖的技术也出现了极大的改变。这些新技术的使用,一方面使得数字金融行业的风险明显不同于传统金融行业,另一方面也给监管工作带来了新的挑战。

(一)互联网平台的虚拟性增加了风险控制难度

要获得传统金融机构的服务,需要经历比较复杂的申请审批流程,在此过程中一般要求客户到现场进行办理,在此面对面接触过程中,有经验的客户经理能够比较有效地对客户进行初步的判断,同时能够对一些潜在的具有特质性的风险进行进一步的把控。然而,当这些过程都被搬上网之后,问题就变得比较复杂。

首先,客户经理与客户之间一般不进行面对面沟通,而仅仅通过网络平台或者电话沟通,这种情况下一般都是非常程式化的过程,客户经理很难发挥其主观能动性,很难开展具有针对性的沟通。其次,在材料审核时,一般只需提供电子版,包括拍照上传平台。这样的做法在大多数情况下是足够的,然而由于电子版材料不能保证唯一性,一旦有人刻意欺诈,就很难达到基于原件的审核效果。最后,平台的虚拟性极大地提高了对其监管的难度。借助于互联网平台的金融业务,表面看起来信息非常透明,然而由于缺乏第三方机构的有力监管,事实上有些材料很难保证其真实性。比如,P2P平台客户在申请贷款时关于资金用途虽有解释、说明,然而借到钱之后的资金流向却未必如申请材料中所描述的那样。

(二)互联网平台的便捷性提升了风险发生概率

网络的出现,将人们之间的联系从一个"物理概念"变为"虚拟概念",人们之间的联系摆脱了物理接触的限制,极大地降低了联系成本。这使得人们之间的关系更为广泛,更具普遍性。这一特性有利于互联网业务的推广,帮助其迅速扩张。然而这样发展起来的业务,却也天然地隐藏着潜在的风险。

首先,互联网金融业务所服务的客户,往往是传统金融机构未能覆盖的群体,他们普遍缺乏风险意识。这个群体往往更加缺乏金融学科的基本知识和金融业务的基本经验,很容易被一些表面的宣传蒙蔽,特别容易被一些宣称的高利息吸引,而不了解风险和收益是一对孪生兄弟,如此高额的收益必然伴随着极高的风险。其次,互联网金融业务的客户,主要以普通居民为主,受限于个人的财务实力,他们的风险承受能力往往较小。更为不利的是,他们缺乏分散投资的理念,一旦发现"好机会",习惯于将大量资金集中地投向一个项目。一旦发生违约风险,甚至会影响到基本生活保障,投资问题很容易演变为社会问题。最后,正如互联网平台能够提升业务推广速度,而作为硬币的另一面,负面关联性也具有完全对等的传播速度,极大地提高了风险传染速度。在互联网上,任何不利消息都能引来非常广泛的传播,进而很容易造成恐慌。从传播学的角度来看,人们更容易被一些极端的消息吸引,此即所谓的眼球效应;这一现象将驱动一些自媒体人热衷于挖掘所谓的"惊爆内幕",并且引起广泛传播,一些原本在合理范围之内的现象被无限放大,造成不必要的恐慌。金融业也是经营负债的行业。理论上,任何一笔业务的收益和风险都是相伴相生的。需要引起人们警觉的不是风险,而是与收益不匹配的超过合理水平的风险。然而,一些自媒体为了赚取所谓的流量,可能会过度地渲染和放大其中的一个方面。一旦造成群体恐慌,发生挤兑现象,原本细微的风险也都被放大成了大幅的波动,影响数字金融业务的健康发展。

(三)互联网技术的先进性提高了风险监管难度

虽说传统金融业务一直在不断地受到技术进步的影响,然而以往任何时代科学技术对金融活动的影响,都无法与数字金融时代相比。其他任何时代技术的介入,金融本身都占有绝对主导地位,比如银行系统引入了ATM机、银行系统的电子转账业务,都是金融行业主动寻找技术支持的产物。在数字金融时代,人们甚至感觉到传统的金融行业有时反而成了陪衬,很多业务都由互联网企业主导推动的,比如第七章提到的电子支付业务竟然表面上"绕开了"传统金融机构(当然这只是一种表面现象,背后的结算仍然是由传统金融机构完成)。这一背景意味,数字金融时代所依赖的技术,其先进性是其他任何时代都无法比拟的,这方面最为典型的例子莫过于数字货币。这一情形无疑给监管带来了前所未有的挑战。一方面,很多数字金融业务都是全新业务模式,监管者也是首次接触类似的业务,这为全面合理评估其风险水平提出了挑战;另一方面,由于数字金融所依赖的技术很多都处于技术前沿,对于非专业技术人士来说,很难真正地完全理解,这无疑又一次加大了监管难度。

事实上,从监管实践来看,监管机构的负责人基本上都有着非常丰富的从业经验,让资深专业人士监管高度专业化的对象,几乎是大家一致认可的方案。数字金融业务的监管,还有一个难点。很多数字金融业务,都是先进技术和金融服务的深度融合,比如比特币和区块链技术,这使得金融监管工作有些"投鼠忌器":如果严格限制相关业务发展,可能会阻碍相应技术的发展;而如果任其发展,又隐藏着较为严重的金融风险。如何在两者之间找到最佳的平衡,是监管者未来无法回避的重要课题。

第二节 数字金融业务监管的动态与趋势

本节主要从监管理念以及监管实践出发,讨论我国数字金融业务的监管动态与趋势,其中涵盖的业务内容属于数字金融领域相对来说比较常见或者说与传统业务结合比较紧密的部分,比如移动金融客户端、网上银行系统信息安全、商业银行应用程序接口、互联网贷款、荐股软件等。数字金融领域最具颠覆性的创新——数字货币监管问题,将在下一节专门讨论。

一、监管理念的转变与发展

2020年10月25日,在第二届外滩金融峰会上,中国证监会原主席、中国金融四十人论坛资深研究员肖钢发表了题为《数字金融的创新与规制——如何构建前瞻性、平衡型的国际监管框架》的公开演讲,从中可看出资深监管人士对数字金融业务发展的看法。

报告中,肖钢首先将数字金融界定为:数字金融也即金融科技,是通过运用现代科技手段改造或创新金融产品、经营模式、业务流程等,以推动金融发展提质增效。他认为数字金融创新将给监管带来六大挑战:第一,部分新业态、新模式在功能和法律界定上有其特殊性和复杂性,难以划拨到已有业务类型、纳入现有监管框架;第二,金融机构全面数字化转型,数字技术成为支撑经济金融发展新的技术底盘,以风险为导向的传统监管指标适配性下降;第三,金融与科技之间的边界越来越模糊,金融机构与科技企业之间的合作更加广泛深入,需要更加公平开放的监管理念和更加有效的跨机构监管协同;第四,数字支付带动新型全球支付网络加速发展,数字货币催化全球支付基础设施的竞争性重构,数字金融监管亟须更加广泛的国际协同与合作;第五,数据开放共享与跨境数据流动成为新常态,数据安全、隐私保护、跨境治理等成为金融监管需关注的重点问题;第六,行业创新日新月异,传统监管工具的局限性更加凸显,亟须加快数字化监管能力建设,发展新型监管工具。

如何进一步加强数字金融监管?肖钢认为要从四点思路出发,即树立安全发展的理念、完善金融业务监管体系、培养壮大金融创新人才队伍、大力运用监管科技。此外,要建立一套适配、有效的创新型数字金融监管框架,需要在原有监管框架基础上,形成"双导向、三支柱、多元共治"的新体系。所谓双导向就是要坚持风险导向和技术导向并重,更加重视对技术的监管。三支柱,即审慎监管、业态监管、技术监管。肖钢强调:"传统监管注重'大而不能倒'的风险,而新型数字金融监管不仅要关注大机构,还要关注小而分散的长尾风险。"

在具体监管上,应该从以下几个重点主题入手:其一,在数字支付上,当前其主要面临全球非现金支付渗透率挑战、全球支付费率挑战、跨境支付费率和效率挑战;其二,在金融数据治理上,主要问题是数据质量参差不齐、数据权属界定不明、数据流通规则不清、金融数据监管尚未统一的问题与挑战;其三,在大型金融科技公司上,虽然大型金融科技公司的出现具有优化金融服务流程、提高金融服务效率、降低金融服务风险、促进普惠金融发展、拓宽金融业务适应性、推动产业互联网落地等优点,但不利的一面也不可忽视,比如:混业经营可能形成系统性金融风险;金融消费者与投资者的保护仍不充分,维权难度大;可能形成行业事实垄断,给监管部门反垄断带来了不少挑战;可能存在技术安全风险;去中心化增大监管难度。

二、我国政府与数字金融相关的法律法规概览

一行两会,即中国人民银行、银保监会、证监会,是我国金融行业的三大监管机构,在我国的法律法规体系中,这三个部门的文件作为行政法规,是具有法律效力的。本部分将梳理这三大机构发布的关于数字金融相关的文件。

(一)中国人民银行

2019年9月,中国人民银行发布了《金融科技(FinTech)发展规划(2019—2021年)》,在肯定了我国在金融科技方面所取得成就的同时,也指出了发展过程中存在的一系列问题,包括:金融科技发展不平衡不充分的问题依然存在,顶层设计和统筹规划有所缺乏,各类市场主体在科技能力、创新动力、人才队伍、体制机制等方面相对失衡;产业基础比较薄弱,尚未形成具有国际影响力的生态体系,缺乏系统的超前研发布局;适应金融科技发展的基础设施、政策法规、标准体系等亟待健全。同时,该规划主要从以下两个方面探讨了金融科技的风险防范问题:首先,需要提升金融风险技防能力,包括提升金融业务风险防范能力、加强金融网络安全风险管控、加大金融信息保护力度、做好新技术金融应用风险防范;其次,加大金融审慎监管力度,包括加大金融科技监管基本规则体系、加强监管协调性、提高穿透式监管能力、建立健全创新管理机制。此外,规

划还提到需要推动强化法律法规建设、强化金融消费者权益保护等。

2019年9月27日,中国人民银行发布了《关于发布金融行业标准加强移动金融客户端应用软件安全管理的通知》,要求金融行业必须遵守《移动金融客户端应用软件安全管理规范》(以下简称《规范》)。同时,也提出了如下实施工作要求:

第一,提升安全防护能力。各金融机构应严格按照《规范》要求,加强客户端软件设计、开发、发布、维护等环节的安全管理,构建覆盖全生命周期的管理机制,切实保障客户端软件安全。落实网络安全主体责任,采取有效措施防范应对网络攻击,保障相关系统平稳安全运行。对于资金交易类客户端软件,应从资金安全、信息保护等方面开展外部评估。对于信息采集类客户端软件,应重点从信息保护方面开展外部评估。外部评估应每年至少开展一次,形成报告存档备查。

第二,加强个人金融信息保护。各金融机构应严格按照《规范》要求,采取有效措施加强客户端软件个人金融信息保护。一是收集、使用个人金融信息时应遵循合法、正当、必要的原则,明示收集使用信息的目的、方式和范围,并经用户同意。不得以默认、捆绑、停止安装使用等手段变相强迫用户授权,不得收集与其提供金融服务无关的个人金融信息。二是应采取数据加密、访问控制、安全传输、签名认证等措施,防止个人金融信息在传输、存储、使用等过程被非法窃取、泄露或篡改。三是信息使用结束后应立即删除敏感信息,在客户端软件卸载后不得留存个人金融信息。四是不得违反法律法规与用户约定,不得泄露、非法出售或非法向他人提供个人金融信息。

第三,提高风险监测能力。各金融机构要建立健全客户端软件风险监测管理机制,充分利用客户端软件风险监测平台,识别和处置客户端软件潜在的安全漏洞、权限滥用、信息泄露等风险隐患,对发现的漏洞和潜在的风险及时采取补救措施。中国互联网金融协会等应会同金融机构建立健全风险信息共享机制,加大联防联控力度,共同提高客户端软件安全水平。

第四,健全投诉处理机制。各金融机构、中国互联网金融协会等要按照金融消费者权益保护相关规定,完善客户端软件投诉处理机制,按照"有人理诉,有序办诉,高效处诉"的工作原则,规范受理渠道和办理流程,及时处理投诉建议。中国互联网金融协会等应完善投诉调查取证和转移处理机制,通过机构核实、现场检查、技术检测、专家评议等方式进行查证,对查证属实的要督促金融机构做好整改。

第五,强化行业自律管理。中国互联网金融协会等要加强客户端软件行业自律管理,制定行业公约,建立健全黑名单管理、自律检查、违规约束、信息共享等机制,做好客户端软件实名备案、风险监测等工作,督促金融机构严格落实本通知各项规定。同时,定期向人民银行报送相关情况。

2020年2月5日,中国人民银行发布了《网上银行系统信息安全通用规范》,规定了网上银行系统安全技术要求、安全管理要求、业务运营安全要求,为网上银行系统建设、运营及测评提供了依据。

2020年2月13日,中国人民银行发布了《中国人民银行关于发布金融行业标准加强商业银行应用程序接口安全管理的通知》,要求金融机构遵守相关标准。同时,《中国人民银行关于发布金融行业标准做好个人金融信息保护技术管理工作的通知》发布,要求金融机构强化风险识别和监控,建立健全风险事件处置机制,保障个人金融信息主体合法权益。

2020年4月2日,《中国人民银行办公厅关于开展金融科技应用风险专项摸排工作的通知》发布。摸排范围包括移动金融客户端应用软件、应用程序编程接口、信息系统等;摸排内容涉及人工智能、大数据、区块链、物联网等新技术金融应用风险,包括个人金融信息保护、交易安全、仿冒漏洞、技术使用安全、内控管理等5个方面风险情况。

(二)中国银行保险监督管理委员会

2020年7月12日,中国银行保险监督管理委员会发布了《商业银行互联网贷款管理暂行办法》(以下简称《办法》),要求自发布之日起施行。首先,《办法》对一些重要概念做出了界定。具体包括:

(1)互联网贷款:是指商业银行运用互联网和移动通信等信息通信技术,基于风险数据和风险模型进行交叉验证和风险管理,线上自动受理贷款申请及开展风险评估,并完成授信审批、合同签订、贷款支付、贷后管理等核心业务环节操作,为符合条件的借款人提供的用于消费、日常生产经营周转等的个人贷款和流动资金贷款。

(2)风险数据:是指商业银行在对借款人进行身份确认,以及贷款风险识别、分析、评价、监测、预警和处置等环节收集、使用的各类内外部数据。

(3)风险模型:是指应用于互联网贷款业务全流程的各类模型,包括但不限于身份认证模型、反欺诈模型、反洗钱模型、合规模型、风险评价模型、风险定价模型、授信审批模型、风险预警模型、贷款清收模型等。

其次,在风险管理体系中,《办法》对商业银行董事会以及高级管理人员等职责做出了详尽说明,具体如下:

(1)商业银行董事会应当履行的职责包括:①审议批准互联网贷款业务规划、合作机构管理政策以及跨区域经营管理政策;②审议批准互联网贷款风险管理制度;③监督高级管理层对互联网贷款风险实施管理和控制;④定期获取互联网贷款业务评估报告,及时了解互联网贷款业务经营管理、风险水平、消费者保护等情况;⑤其他有关职责。

(2)商业银行高级管理层应当履行的职责包括:①确定互联网贷款经营管理架构,明确各部门职责分工;②制定、评估和监督执行互联网贷款业务规划、风险管理政策和程序,合作机构管理政策和程序以及跨区域经营管理政策;③制定互联网贷款业务的风险管控指标,包括但不限于互联网贷款限额、与合作机构共同出资发放贷款的限额及出资比例、合作机构集中度、不良贷款率等;④建立互联网贷款业务的风险管理机制,持续有效监测、控制和报告各类风险,及时应对风险事件;⑤充分了解并定期评估互联网贷款业务发展情况、风险水平及管理状况、消费者保护情况,及时了解其重大变化,并向董事会定期报告;⑥其他有关职责。

再次,在风险数据和风险模型管理中,《办法》做了如下要求:第一,要求商业银行的数据获取必须合法、必要、有效,不可用于其他用途;第二,采取有效技术措施,保障借款人风险数据在采集、传输、存储、处理和销毁过程中的安全,防范数据泄漏、丢失或被篡改的风险;第三,风险模型的管理职责不得外包,并应当加强风险模型的保密管理;第四,商业银行应当建立有效的风险模型日常监测体系,监测至少包括已上线风险模型的有效性与稳定性,所有经模型审批通过贷款的实际违约情况等。

最后,《办法》对信息科技风险管理也做了专门的规定,包括如下要求:第一,商业银行应当建立安全、合规、高效和可靠的互联网贷款信息系统,以满足互联网贷款业务经营和风险管理需要;第二,商业银行应当注重提高互联网贷款信息系统的可用性和可靠性,加强对互联网贷款信息系统的安全运营管理和维护,定期开展安全测试和压力测试,确保系统安全、稳定、持续运行;第三,商业银行应当采取必要的网络安全防护措施,加强网络访问控制和行为监测,有效防范网络攻击等威胁;第四,商业银行应当加强对部署在借款人一方的互联网贷款信息系统客户端程序(包括但不限于浏览器插件程序、桌面客户端程序和移动客户端程序等)的安全加固,提高客户端程序的防攻击、防入侵、防篡改、抗反编译等安全能力;第五,商业银行应当采用有效技术手段,保障借款人数据安全,确保商业银行与借款人、合作机构之间传输数据、签订合同、记录交易等各个环节数据的保密性、完整性、真实性和抗抵赖性,并做好定期数据备份工作;第六,商业银行应当充分评估合作机构的信息系统服务能力、可靠性和安全性以及敏感数据的安全保护能力,开展联合演练和测试,加强合同约束。

(三)中国证券监督管理委员会

2012年12月5日,中国证券监督管理委员会发布了《关于加强对利用"荐股软件"从事证券投资咨询业务监管的暂行规定》(以下简称《规定》);2020年10月30日,证监会又对其进行了修订。

首先,《规定》对"荐股软件"做了如下界定:"荐股软件"是指具备下列一项或多项证券投资咨询服务功能的软件产品、软件工具或者终端设备,亦即提供涉及具体证券投资品种的投资分析意见,或者预测具体证券投资品种的价格走势;提供具体证券投资品种选择建议;提供具体证券投资品种的买卖时机建议;提供其他证券投资分析、预测或者建议。需要注意的是,具备证券信息汇总或者证券投资品种历史数据统计功能,但不具备上述所列功能中任何一项的软件产品、软件工具或者终端设备,不属于"荐股软件"。

其次,《规定》对"荐股软件"的性质做了界定,指出向投资者销售或者提供"荐股软件",并直接或者间接获取经济利益的,属于从事证券投资咨询业务,应当经中国证监会许可,取得证券投资咨询业务资格。

最为重要的是,《规定》指出证券投资咨询机构利用"荐股软件"从事证券投资咨询业务,必须遵守证券法、《证券、期货投资咨询管理暂行办法》、《证券投资顾问业务暂行规定》等法律法规和中国证监会的有关规定,并符合相应的监管要求。

2020年8月14日,证监会就《证券公司租用第三方网络平台开展证券业务活动管理规定(试行)》向社会公开征求意见。该管理规定共二十一条,主要明确了证券公司租用第三方网络平台开展证券业务活动的责任边界、行为规范、程序性要求、禁止性规定等事项。

首先,明确了适用范围。证券公司租用第三方网络平台的网络空间经营场所,部署相关网络页面及功能模块,向投资者提供证券经纪、证券投资咨询等证券服务,适用该管理规定。该管理规定同时指出,证券公司始终是向投资者提供证券服务的责任主体,应当承担的责任不因与第三方机构合作而免除。其次,明确指出中国证监会及其派出机构依法对证券公司租用第三方网络平台开展证券业务活动实施监督管理。最后,证券公司开展相关业务,应该保持审慎合作的态度,同时需要保持业务独立性、技术备份以及数据保密。

第三节 数字货币监管的动态与趋势

本节所讨论的数字货币,仅局限于非法定数字货币,这是因为法定数字货币有央行背书,监管并非其主要议题。相比于数字金融领域的其他业务,数字货币是真正意义上的全新事物,以至于不易使人真正理解其背后的技术支撑与逻辑。数字货币所引起的一系列议题,比如货币发行权、去中心化等,都是极具颠覆性的议题,对这些问题的讨论,即使在最底层的学理层面上仍然存在巨大的争议和分歧,更遑论具体的监管细节了。因此,本节的内容并非是结论性的,更多的是启发性的阐释。

目前,对于数字货币的法律地位,大多数国家并未有明确的态度,但无一例外地都对这一新生事物表现出了极大的关注,特别是数字货币对一些传统金融监管所带来的挑战,比如在反洗钱、反恐怖融资、反偷税漏税、消费者保护、金融稳定等方面。

一、数字货币对传统金融监管的挑战

(一)反洗钱、反恐怖融资等

洗钱,是指将犯罪或其他非法违法行为所获得的违法收入,通过各种手段掩饰、隐瞒、转化,使其在形式上合法化的行为。反洗钱工作几乎是所有金融监管部门的重要职责,主要包括以下三方面的制度规定。其一,客户识别制度。反洗钱义务主体在与客户建立业务关系或者与其进行交易时,应当根据真实有效的身份证件或者其他身份证明文件,核实和记录其客户的身份,并在业务关系存续期间及时更新客户的身份信息资料。其二,大额和可疑交易报告制度。要求金融机构、特定非金融机构对数额达到一定

标准、缺乏明显经济和合法目的的异常交易应当及时向反洗钱行政主管部门报告,以作为发现和追查违法犯罪行为的线索。其三,客户身份资料和交易记录保存制度。客户身份资料和交易记录保存,是指金融机构依法采取必要措施将客户身份资料和交易信息保存一定期限。参照国际通行规则,规定客户身份资料自业务关系结束后,客户交易信息自交易结束后,应当至少保存五年。

恐怖融资是指下列行为:恐怖组织或恐怖分子募集、占有、使用资金或者其他形式财产;以资金或者其他形式财产协助恐怖组织、恐怖分子以及恐怖主义、恐怖活动犯罪;为恐怖主义和实施恐怖活动犯罪占有、使用以及募集资金或者其他形式财产;为恐怖组织、恐怖分子占有、使用以及募集资金或者其他形式财产。

由于金融监管机构的有效介入,在传统金融服务范围内,洗钱、恐怖融资活动很难顺利进行。然而,数字货币的匿名性、转移快捷性、不可追溯性,天然地成为相关活动的首选方案。有研究表明,大概有四分之一的比特币用户卷入过非法交易,每年大概有760亿美元的比特币交易涉及非法交易,占总交易量的46%,其规模接近欧美每年违规药品的交易总量。为此,金融行动特别工作组(国际反洗钱、反恐怖融资标准的制定者)建议监管者以"看门人"的姿态,对数字货币交易所和其他网络参与者(如钱包服务供应商)实施监管。目前,美国、德国、英国和加拿大采取措施重新解释现有监管规则或出台新的规定,以适用于特定的数字货币业务,意大利则采取了消费者风险警告措施。

(二)税收

由于数字货币是以 P2P(即个人对个人)的方式流通,绕开了传统的金融机构,因此很难对其收税。同时,数字货币的基本属性是货币还是资产仍存在争议,从设计初衷来看理应属于货币的范畴。但由于缺乏明确的价值锚定,也没有任何机构的信用背书,其价值完全来自社区成员的共同信念,使得其价格出现了过山车式的剧烈波动,偏离了货币作为价值尺度、交易媒介的基本准则,使其更具资产属性。这种模糊性,使得收何种税成为另一争议点。

对于货币属性的挑战,许多国家如美国更多的是从道义的角度进行规定,比如:要求计算和报告每次使用或处置比特币的收益和损失,纳税人有义务准确报告。对于资本属性的挑战,美国、加拿大、英国、澳大利亚和德国等大部分国家处于所得税的目的,确定数字货币为财产形式。对于开采创新创建的数字货币,澳大利亚则规定,矿工只有在出售或转让以前开采的比特币才缴税,在此之前作为企业的库存处理;英国规定,使用数字货币购买任何商品或服务,以增值税正常方式处理,"挖矿"获得的收入不纳入增值税范围,虚拟货币兑换为英镑或外国货币,按照货币本身价值缴纳增值税;澳大利亚规定,比特币交易所和市场必须为他们提供的比特币缴纳货物服务税,使用比特币交易时需缴纳两次货物服务税,一是为交易的商品和服务,二是为比特币本身;美国纽约州规定,比特币的交易为易货交易,应缴纳营业税。

(三)金融稳定

金融稳定是金融监管的核心目标之一。由于数字货币的交易量相对于整个金融系统的交易量来说仍然比较小,且与金融系统没有直接挂钩(可视为"另起炉灶"),因此目前来说尚未对金融稳定造成太大的影响。但各国监管机构对这一可能出现的问题已制定了一些初步的防范措施,普遍做法是限制金融机构使用或交易数字货币。欧洲中央银行建议欧盟国家禁止信贷机构、支付机构购买、持有或出售数字货币;美国纽约州和康涅狄格州要求从事虚拟货币交易的所有业务必须获得牌照。

姚前将各国数字货币监管实践概况总结于表9-1。

表9-1 各国私人数字货币监管实践概况

国家	反洗钱、反恐怖融资	税收处理	消费者警告和公告	数字货币中介的牌照/注册	金融部门的警告和禁令	禁止开采/使用
阿根廷	警告	—	消费者警告	—	警告	—
玻利维亚	—	—	—	—	—	是
加拿大	修订现有监管	澄清税务处理	消费者公告	—	—	—
中国	—	—	—	—	禁止	—
法国	应用现有监管	澄清税务处理	消费者警告	—	—	—
德国	应用现有监管	—	—	—	—	—
意大利	—	—	消费者警告	—	警告	—
日本	计划推出新监管	—	消费者警告	计划推出新监管	—	—
俄罗斯	应用现有监管	—	消费者警告	—	—	是
新加坡	计划推出新监管	澄清税务处理	消费者警告	—	—	—
南非	—	—	消费者警告	—	—	—
英国	应用现有监管	澄清税务处理	—	—	—	—
美国	应用现有(联邦)监管	澄清税务处理(联邦)	消费者警告	各州牌照体制	—	—

二、美国纽约州关于虚拟货币商业活动的法规

美国目前仍然是全球金融中心,其监管理念仍然具有很多可借鉴之处。作为美国第一个对数字货币提出具体监管框架和开展监管实践的州,纽约州在很多方面做了探索,接下来逐一介绍。

(一)相关的名词界定

1. 兑换服务

兑换服务指将法定货币或其他价值形式转换(convert)或兑换(exchange)为虚拟货币,将虚拟货币转换或兑换为法定货币或其他价值形式,或者将虚拟货币的一种形式转换或兑换为虚拟货币的另一种形式的服务。

2. 法定货币

法定货币指政府发行的,通过政府法律、法规或法令规定,成为发行所在国的合法通货的货币。

3. 虚拟货币

任何一种作为交易媒介或者以数字储存价值的数字单元(digital unit)。满足如下要求之一的数字交易单元(digital unit of exchange)均可被视为虚拟货币。其中,有集中的存储数据库或管理者的,有去中心化且没有集中的存储数据库或管理者的,还有通过计算或制造工艺而创造或获取的。虚拟货币不包括以下所列的数字单元:仅用于在线游戏平台的、在此类游戏平台外没有市场或应用场景的、无法转换或折合为法定货币或虚拟货币的、不一定能兑换成现实世界中的产品、服务、折扣优惠或用于购买行为的数字单元;作为客户关系计划或者奖励计划中的一部分而发行,且能够在发行者或制定商家用于兑换成现实世界中的产品、服务、折扣优惠或用于购买行为,或者可兑换成其他客户关系计划或奖励计划,但不能转换或折合成法定货币或虚拟货币的数字单元;预付卡中的数字单元。

4. 虚拟货币商业活动

虚拟货币商业活动包括纽约州或纽约居民参与的任何下面所列的行为:接受虚拟货币传递或开展虚拟货币传递行为,但出于非金融目的进行的交易且交易金额不超过一定名义数额的交易不在此列;代替他人储存、持有、托管或保管虚拟货币的;作为客户业务买卖虚拟货币的;作为客户业务开展兑换服务的;控制、管理或发行虚拟货币的。开发和传播软件本身不构成虚拟货币商业活动。

(二)牌照申请

未获得纽约州银行法规定指定的监管机构所发放牌照的个人或组织不得开展任何形式的虚拟货币商业活动。持照人不得行使纽约州银行法第100节中所规定的信托权利。持照人不得通过任何无牌照的中介或通过与无牌照的个人或组织签署中介协议的

方式，开展虚拟货币商业活动。

以下个人或组织可在无牌照的情况下开展虚拟货币商业活动：一是按照纽约州银行法规定成立的，且已获得监管机构批准可开展虚拟货币商业活动的；二是仅将虚拟货币商业活动用于商品或服务买卖或用于投资目的的。

申请者必须按照相关要求提供书面申请材料，应包括以下信息：①申请者名称；②与申请者存在控制关系的组织名称，并提供组织关系图；③个人申请者或机构申请者主要股东及管理人的背景调查报告；④个人申请者、机构申请者主要股东及管理人，以及申请者所雇佣的能够接触到客户资金（法定货币或虚拟货币）的工作人员的照片和指纹信息；⑤申请者的组织架构图和管理架构图；⑥申请者及其主要股东及管理人的当前财务报表，以及申请者未来一年的资产负债表及利润表预测报表；⑦关于申请者现有、历史和未来可能开展的业务的说明；⑧银行业务的全部细节；⑨法规要求提供的相关政策和程序文件；⑩关于申请者及其主要股东及管理人当前或未来可能面临的行政、民事或形式诉讼的书面陈述；⑪纽约州税务部门出具的表明申请者履行税收义务的书面证明材料；⑫受益人为申请者、申请者主要股东及管理人或客户的投保书（如有）；⑬关于申请者所采用的虚拟货币价值计算方法的说明；⑭监管机构要求提供的其他材料。

如果申请者不能完全符合发放牌照的要求，则监管机构可酌情发放"有条件牌照"（conditional license），有效期两年，逾期牌照自动失效。监管机构负责牌照受理申请，并有权对牌照进行发放、暂停、撤销、临时禁止等操作。

(三)合规要求

持照人须遵守所有适用的联邦和所在州的法律法规，指定至少一人负责合规工作，并制定相关合规性文件，内容要包括反欺诈、反洗钱、网络安全、隐私和信息安全等方面。

(四)资本金要求

持照人须按照监管机构要求保持一定水平的资本金，最低资本金要求由监管机构根据持照人相关情况决定，可供监管机构考虑的因素包括：①持照人总资产结构，包括头寸、规模、流动性、风险敞口以及每类资产的价格波动性；②持照人总负债结构，包括负债规模及每类负债的还款时间；③持照人虚拟货币商业活动的实际业务量及预期业务量；④持照人是否已根据金融服务法、银行法或保险法的规定获得了监管机构所发放的牌照或根据上述法律受到相关部门的监管，或者以金融产品或服务提供方的身份受到上述法律的监管；⑤持照人的杠杆水平；⑥持照人的流动性水平；⑦持照人通过信托账户或债券为其客户提供的保护水平；⑧持照人服务的对象类别；⑨持照人提供的产品或服务种类。持照人须按照机关机构要求的比例，以现金、虚拟货币或者高质量、高流动性的投资级别资产作为资本金。

(五)客户资产托管与保护

持照人须按照监管机构要求持有一定美元担保债券或信托账户，以保障客户利益，且信托账户须由符合资质的托管人保管。如持照人代替其他个人或组织储存、持有、托管或控制虚拟货币,则持照人须同时持有同等类型和数量的虚拟货币。

持照人不得卖出、转移、分配、借出、抵押、质押、使用或损害代替其他人或组织存储、持有、托管或控制的包括虚拟货币在内的资产,在托管人允许的情况下开展上述操作的除外。

(六)重大事务变化

持照人如推出或提供重大的新产品、新服务或新业务,或者对现有产品服务或业务进行重大变更的,须事先获得监管机构的书面批准。

(七)控制人变化与并购

(1)持照人的控制人发生变化。控制关系发生变化前,有意获得持照人控制权的个人或组织需向监管机构提交申请并提供相关材料,获得书面批准后方可进行控制关系变更。

(2)兼并收购。针对持照人的全部或大部分资产开展并购前,有意与持照人进行兼并或有意收购持照人的个人或组织需向监管机构提交申请并提供相关材料,获得书面批准后,方可开展兼并或收购活动。

(八)记录保留

持照人应保存所有与虚拟货币商业活动相关的账簿和记录原件,保存时间至少为7年,保存内容至少包括:①每笔交易的金额和日期(具体到交易时间)、支付指令、所支付/收到的费用金额,以及参与交易的客户或持照人账户持有方和其他交易参与方的姓名、账户号码和地址等信息;②包含全部资产、负债、所有者权益、收入和支出的总账;③银行对账单和对账记录;④向客户和对手方提供的财务报表;⑤董事会或决策层的会议纪要;⑥能够证明持照人符合所在州和联邦反洗钱法律法规的相关记录,包括身份识别及验证材料、违规行为记录等;⑦关于客户投诉调查、交易错误处理情况以及对可能导致违规行为的事实所开展的调查记录;⑧本法规要求的其他需要保留的材料;⑨监管机构要求保留的材料。

(九)检查

持照人至少每两年要接受一次监管机构的检查,检查内容包括但不限于:持照人的财务状况、业务稳健性、管理政策、合规性以及监管机构决定检查的其他事项。监管机构可随时对持照人进行检查。

(十)财务报告和披露

持照人在每个财务季度结束时,需向监管机构提交季度财务报告,内容包括但不限于:持照人的财务报表(资产负债表、损益表、现金流量表、权益变更说明、综合收益表以及净流动资产情况表),持照人遵守相关财务要求的记录,财务预测表与业务战略规划,表外项目情况,账户列表并附账户说明,持照人的投资情况报告。持照人须提交审计后财务报表以及由独立认证会计师事务所出具的审计意见和证明材料。

(十一)反洗钱措施

法规所涉的所有美元价值需按照纽约金融服务局的方法对虚拟货币进行价值计算。持照人须综合考虑业务、服务、客户、对手方和地理位置等因素,对自身的法律风险、合规风险、财务风险和声誉风险进行初步评估,并制定相应的反洗钱措施。具体措施至少包括以下内容:完善的内部控制政策和流程,确保持照人符合反洗钱法律法规;每年度由持照人内部工作人员或外部独立机构,对持照人的反洗钱措施的合规性和有效性进行独立检察,并将检查结果报送监管机构;设置专职岗位,负责反洗钱措施的日常协调和监测工作;持续开展反洗钱措施培训。

作为反洗钱措施的一部分,持照人要建立客户身份识别机制,包括:识别和验证账户持有人身份,加强对涉外账户的尽职调查,禁止境外壳公司账户,加强对大额(3000美元以上)交易发起人的身份验证。

(十二)网络安全措施

持照人须制定有效的网络安全措施,确保持照人电子系统的正常运行,保护系统和敏感数据安全,以实现如下五个核心目标:识别内部和外部网络风险,至少能够对持照人系统中存储的信息、此类信息的敏感程度、能够访问此类信息的方法和人群进行识别;通过防御性基础设施及相关政策措施,保护持照人电子系统及所存储信息的安全;探测系统入侵、数据泄露、未授权访问、恶意软件和其他网络安全事件;有效应对网络安全事件;灾后恢复正常运行。

持照人的网络安全措施须包含以下几个方面:信息安全、数据治理及分类、权限控制、业务连续性及灾后恢复计划、能力建设规划、系统运行保障、系统及网络安全、系统与应用开发以及质量保障、物理安全及环境控制、客户数据隐私、设备供应商及第三方服务供应商管理、监测并修改非持照人直接控制的核心协议、事件应急处置。

持照人应设置专门的首席信息安全官(chief information security officer)岗位,按年度向监管机构报告网络信息安全情况,开展网络安全审计,加强应用安全,提高网络安全人员能力建设。

(十三)广告与营销

开展虚拟货币商业活动的持照人在纽约州或向纽约州居民就产品或服务进行广告宣传时,须明确披露持照人名称,并说明持照人"已获得纽约州金融服务局批准开展虚拟货币商业活动的牌照"。

持照人须保存全部广告及营销材料,保存时间至少七年。持照人的全部广告及营销活动须遵守所在州和联邦关于信息披露的法律法规。持照人及其代理方不得进行虚假或误导性宣传。

(十四)消费者保护

1. 重大风险披露

在与消费者签订合同或开展首次交易前,持照人须就相关产品、服务、业务及虚拟货币整体情况,向消费者进行风险披露。

披露内容至少包括如下事项:①虚拟货币不是法定货币,没有政府背书,账户及余额不受联邦存款保险公司或证券投资保险公司的保护;②各州、联邦或国际层面法律和监管环境的变化,可能对虚拟货币的使用、转移、兑换和价值产生负面影响;③虚拟货币交易可能不可逆,因此由于欺诈或交易事故导致的损失可能无法恢复;④某些虚拟货币交易发生时间被视为是交易在公共账簿上记录的时间,可能与客户发起交易的时间有所出入;⑤虚拟货币的价值,部分取决于市场参与者将法定货币兑换成虚拟货币的意愿,因此,如果兑换某种虚拟货币的市场意愿消失,那么该虚拟货币的价值可能全部、永久消失;⑥无法保证现在接受某种虚拟货币作为支付手段的个人或组织,未来还会接受该虚拟货币作为支付手段;⑦虚拟货币相对于法定货币的定价波动较大且具有不确定性,可能在短期内造成大量损失;⑧虚拟货币的性质可能导致诈骗和网络攻击风险增加;⑨虚拟货币的性质意味着,持照人的任何技术问题可能导致客户无法使用虚拟货币;⑩持照人所持有的担保债权或信托账户可能无法弥补客户的损失。

2. 一般性条款披露

在为新客户开立账户以及开展首次交易前,持照人须围绕相关产品、服务、业务及虚拟货币整体情况,向消费者就一般性条款进行披露。其中至少包括如下内容:①消费者需要对未授权虚拟货币交易承担责任;②消费者有权停止虚拟货币预授权转账的支付操作,以及发起停止支付指令的程序;③在不存在法院或政府命令的情况下,持照人在何种情形下可以向第三方披露客户的账户信息;④消费者有权定期索要持照人的账户对账单和定价单;⑤消费者有权索要所有交易收据、明细或其他材料;⑥消费者有权提前获知持照人关于规则或政策的变更情况;⑦账户开立时需要披露的其他信息。

3. 交易信息披露

持照人须向客户披露相关交易信息,至少包括如下内容:交易金额;客户所支付的任何费用及兑换比例;虚拟货币交易的类型和性质;关于交易一旦执行则无法撤回的警告说明(如有);交易相关的其他信息。

4. 交易收据

交易完成后,持照人须向客户提供交易收据,收据须包含以下信息:持照人名称及联系方式;交易类型、价值、日期及准确时间;交易费用;兑换比率(如有);持照人如发生未能交付或延迟交付的情况,所需承担的责任;持照人的资金退还政策;监管机构要求的其他信息。

5. 投诉处理

持照人须建立完善的投诉处理机制,在其网络及实体店面披露以下信息:持照人用于接收投诉的邮寄地址、电子邮箱及电话号码;提醒消费者可以将投诉告知纽约金融服务局;纽约金融服务局的邮寄地址、网址及电话号码等。

三、美国虚拟货币监管法案

2017年7月19日,在美国"全国统一州法律委员大会"(ULC)第126届年会上,《虚拟货币商业统一监管法》获得通过。该法案完整地给出了虚拟货币监管框架,标志着美国对虚拟货币业务的监管进入实质性阶段,为包括我国在内的全球虚拟货币监管提供了立法示范。

总体来看,法案的制定遵循美国的《统一货币服务法》(Uniform Money Service Act)的模式,并与美国财政部金融犯罪执法网络局(FinCEN)关于虚拟货币的规定和州银行监督协会(CSBC)于2015年发布的关于虚拟货币业务的框架性意见保持一致。该法案有三大特点:定义更加宽泛、灵活,比如:将虚拟货币定义为价值的数字表现,强调虚拟货币的通用特征;鼓励技术创新与金融监管间的平衡;审慎监管与行为监管并重。

四、中国的实践

2013年12月3日,中国人民银行、工业和信息化部、银监会、证监会、保监会五部委联合发布了《关于防范比特币风险的通知》(以下简称《通知》)。首先,《通知》明确了比特币的性质,认为比特币不是由货币当局发行,不具有法偿性与强制性等货币属性,并不是真正意义上的货币。从性质上看,比特币是一种特定的虚拟商品,不具有与货币等同的法律地位,不能且不应作为货币在市场上流通使用。但是,比特币交易作为一种互联网上的商品买卖行为,普通民众在自担风险的前提下拥有参与的自由。

其次,《通知》要求,各金融机构和支付机构不得以比特币为产品或服务定价,不得买卖或作为中央对手买卖比特币,不得承保与比特币相关的保险业务或将比特币纳入保险责任范围,不得直接或间接为客户提供其他与比特币相关的服务,包括:为客户提供比特币登记、交易、清算、结算等服务;接受比特币或以比特币作为支付结算工具;开展比特币与人民币及外币的兑换服务;开展比特币的储存、托管、抵押等业务;发行与比特币相关的金融产品;将比特币作为信托、基金等投资的投资标的等。

再次,《通知》规定,作为比特币主要交易平台的比特币互联网站,应当根据《中华人民共和国电信条例》和《互联网信息服务管理办法》的规定,依法在电信管理机构备案。同时,针对比特币具有较高的洗钱风险和被犯罪分子利用的风险,《通知》要求相关机构按照《中华人民共和国反洗钱法》的要求,切实履行客户身份识别、可疑交易报告等法定反洗钱义务,切实防范与比特币相关的洗钱风险。

最后,为了避免因比特币等虚拟商品借"虚拟货币"之名过度炒作,损害公众利益和人民币的法定货币地位,《通知》要求金融机构、支付机构在日常工作中应当正确使用货币概念,注重加强对社会公众货币知识的教育,将正确认识货币、正确看待虚拟商品和虚拟货币、理性投资、合理控制投资风险、维护自身财产安全等观念纳入金融知识普及活动的内容,引导公众树立正确的货币观念和投资理念。

第四节 ICO 及其监管

一、ICO 的基本概念

随着数字货币的发展,另一概念也随之流行,即 ICO(initial coin offering),此概念由 IPO(initial public offering)衍生而来。IPO——首次公开发行/募股,是指公司在金融市场上首次向公众出售公司股份,筹集资金用于公司未来的发展;ICO——首次代币发行,是区块链项目首次发行代币,募集比特币、以太币等通用数字货币的行为。2013年7月,Mastercoin(现更名万事达币 OMNI)是最早进行 ICO 的区块链项目之一,它是建立在比特币协议之上的二代币,旨在帮助用户创建和交易加密货币以及其他类型的智能合同。

原始的数字货币,比如比特币、以太币,流通还主要限于专业人士或对新兴事物感兴趣的参与者,即便发生风险,也可看作"一个愿打一个愿挨",而且风险可能就在"圈内"传染,"出圈"的可能性仍然较低。但是,ICO 则完全不同,借助于"币圈"的赚钱效应以及与 IPO 的高度相似性,很容易吸引普通投资者参与其中,如果监管不当将造成实质性的非法集资、洗钱活动,甚至引发影响社会稳定的群体性事件。

那么,为什么 IPO 可以得到政府的大力支持而 ICO 却不行呢?首先,IPO 虽然得到国家的大力支持,比如我国迅速推出科创板以支持高新技术产业的 IPO 融资,但是需要注意的是,IPO 从来都是在严格监管下开展的。尚不论目前仍在实施审核制的主板市场,单就注册制而言,也仅仅是将 IPO 过程市场化,对此过程的监管从未放松,比如要求 IPO 企业充分披露信息、要求参与 IPO 过程的金融机构适度认购跟投、要求只有符合资质的投资者才能参与注册制 IPO 等,这些无不将投资者保护作为重要目标。反观 ICO,尤其是 ICO 初期阶段,几乎看不到任何投资者保护的措施。

其次,IPO 之后,股票就可以在公开的股票市场进行交易,比如我国的上交所、深交所,可以保证股票的流动性,同时这些交易所也承担了上市之后的监管职责,在很大程度上保护了投资者的利益。而对于 ICO,其交易场所绝大多数情况是不受法律保护的,有些交易所甚至是各国政府打击的对象,在这样的场所进行的"股权"交易,投资者的合法权益难以得到有效保护。

最后,IPO 融资主体和 ICO 融资主体之间存在着巨大的差异。一般而言,IPO 公司都是传统意义上的企业,其经营模式、盈利模式是可以解读的,其未来发展前景也是可以分析、预测的,即便是高科技企业,也不难开发出合理的估值模型(当然预测精度可能较低),因此 IPO 企业理论上是可以被合理定价的。与此不同,ICO 企业是一种完全颠覆传统认知的商业模式,不要说预测未来,就是看懂其当下情形也是一件很困难的事情。这种模糊性给了非法集资、洗钱等非法活动以可乘之机,各种令人眼花缭乱的商业计划书,可能本质上就是一场难以辨别的骗局。而且,这类项目很多都是虚拟存在的,比如区块链的鼻祖——比特币,在现实世界中完全无法找到相对应的实体。一旦风险事件发生,追责难度极大。

二、ICO 监管的学理分析

ICO 如何监管、由谁监管,以及监管的依据何在?这些问题是 ICO 监管面临的首要问题。鉴于 ICO 和 IPO 的相似性,且在很多情况下人们更愿意将数字货币看作一种资产,因此 ICO 似乎应该由证监会监管。那么,监管的依据何在呢?美国是较早对这一问题展开讨论的国家,为此美国 SEC 还召开了听证会,现在仍然可以在 SEC 的官网上找到题为《基于"投资合约"框架的数字资产分析》(Framework for "Investment Contract" Analysis of Digital Assets)的文章。

首先,需要判断 ICO 是否属于证券(security)? 美国证券法规定,企业为筹资而发行的任何债务单据或凭证,包括经营性公司的股票、有限责任公司的会员权益以及有限合伙人的权益,都属于证券。判断是否属于证券,一般会用所谓的 Howey 检验来检查是否属于投资合约(investment contract)。Howey 检验认为,如果满足以下条件即可认为存在投资合约——向普通企业投资,对这笔投资有一个合理的利润预期,该利润是来自其他人的努力。可以看出,此处有 4 个关键点:一笔投资、普通企业、合理的利润预期,以及他人的努力。

很明显,绝大多数 ICO,尤其是代币发行的区块链项目,符合投资合约的内容。某团队(可看作普通企业)为了项目发展,通过出售股份向普通投资者募集资金,投资者们预期从该笔投资中获得利润(利润预期),且该利润并非来自投资者自身努力,而是来自该区块链项目团队成员的努力。

存在争议的可能是类似于比特币这类"原创"区块链项目。以比特币为例,投资者买入比特币,可能纯粹是为自己的"信念"买单,而非为了预期的高额回报;更具挑战的是,难以确定比特币背后是否存在"普通企业"。事实上,比特币的发展并非由一个稳定的团队推动,因此很难认定比特币属于一种证券。美国 SEC 主席 Jay Clayton 也明确指出,在现有监管框架下,为了替代法定货币(比如美元、欧元、日元等)而产生的加密货币(比如比特币)不属于证券的范畴。但其他的代币(token)发行,属于证券的范畴,理应受 SEC 监管。

中国人民银行数字货币研究所前所长姚前认为,我国要建立 ICO 监管框架,可在 ICO 服务于实体经济的前提下,根据区块链技术行业的特性,在上市审批、投资者限制、项目公开宣传和推介等方面予以审慎监管。具体措施可包括以下几点:额度管控与白名单管理;ICO 融资计划管理;对发行人施予持续、严格的信息披露,强调反欺诈和其他责任条款;强化中介机构的作用;监管部门主动、及早介入,加强行为监管,全程保留监管干预和限制权力;加强国际监管合作与协调。

三、ICO 监管

(一)各国政策

目前,对 ICO 的监管态度分歧很大。有的国家严格禁止 ICO,典型的包括中国和韩国。2017年9月4日,中国人民银行等七部委联合发布《中国人民银行 中央网信办 工业和信息化部 工商总局 银监会 证监会 保监会关于防范代币发行融资风险的公告》,指出代币发行融资"本质上是一种未经批准非法公开融资的行为,涉嫌非法发售代币票券、非法发行证券以及非法集资、金融诈骗、传销等违法犯罪活动"。2017年9月29日,韩国金融服务委员会(FSC)也宣布禁止任何形式的ICO。

大多数国家对ICO持较温和的态度,在强化监管的前提下同意其发展,比如前面介绍过的美国的情况。新加坡也持这一态度,2017年8月1日,新加坡金融管理局(MAS)发布澄清公告,表明如果ICO符合该国关于证券的定义,则要求向MAS提交招股说明书并注册。加拿大证券监督机构(Canadian Securities Administration)发布声明称:综合考虑ICO发行的整个流程,许多ICO代币符合证券的定义,并要求他们遵守证券法;此外,ICO也可能是衍生品,需要受加拿大证券监管机构所通过的衍生品法律的约束,包括贸易报告规则。英国对ICO的发展持观望态度,并且创新性地发明了"监管沙盒"解决这一监管难题,该监管创新很快被新加坡、加拿大等国借鉴。

(二)监管沙盒简介

监管沙盒是2015年11月由英国金融监管局率先提出的创新监管新理念。监管沙盒作为一个受监督的安全测试区,通过设立限制性条件和制定风险管理措施,允许企业在真实的市场环境中,以真实的个人用户与企业用户为对象测试创新产品、服务和商业模式,有助于减少创新理念进入市场的时间与潜在成本,并降低监管的不确定性。

监管沙盒具有如下特征:参与公司只能对事先知情并同意参与的消费者/投资者测试其创新方案;参与的消费者/投资者应被告知测试的潜在风险以及可获得的补偿;参与的消费者/投资者与其他领域的消费者/投资者享有同等的权利;参与沙盒测试的企业必须承担向消费者/投资者赔偿所有损失的责任(包括投资损失),并且应当证明其有足够的资产确保赔偿。

监管沙盒的监管措施包括以下几个方面。

第一,监管沙盒使用者应该满足设定的前提条件。具体要求分别为:真正地具有实质性创新;有助于解决行业"痛点";能为消费者和行业带来益处;已做好测试准备。

第二,进行授权与白名单管理。具体要求分别为:需要设定准入行业;对于可预见风险较高的项目,酌情有限授权;考虑到ICO项目的差异化,可进行"个别指导",建立单独的适用规则等。

第三,保护投资者。具体要求分别为:只有对测试活动表示同意并被充分告知潜在风险、补偿措施的客户,才能被纳入测试范围;进行测试的ICO项目应制定测试活动的信息披露、投资者保护、损失赔偿方案,并获得监管部门的审核通过;进行测试的ICO项目发起人,需要证明具备赔偿能力。

第四,强化监督管理。具体要求分别为:测试的ICO项目应就测试情况定期向监管部门汇报,并在测试完成后向监管部门提交最终报告,供监管部门评估审查;监管部门全程监督测试活动,保留关闭测试的权力。

本章小结

1. 作为科技与金融深度融合的产物,数字金融业务与传统金融业务存在不小差异。就从业者角度而言,很多数字金融业务是由科技企业主导的,这些企业的风险意识较为淡薄,产品定位不清晰,会造成严重的监管盲区。从技术角度看,数字金融产品的技术壁垒更高,对监管者提出了更高的技术要求。

2. 2019年以来,中国人民银行、中国银保监会、中国证监会等监管机构针对数字金融业务发布了一系列的监管文件,监管理念和监管手段都取得了一定的发展。

3. 在数字金融业务的监管方面,美国政府也处于起步阶段,监管理念的显著特色为:鼓励技术创新与金融监管间的平衡,审慎监管与行为监管并重。

4. 我国针对比特币等私人数字货币施加严格监管,要求各金融机构和支付机构不得以比特币为产品或服务定价,不得买卖或作为中央对手买卖比特币,不得承保与比特币相关的保险业务或将比特币纳入保险责任范围,不得直接或间接为客户提供其他与比特币相关的服务。

5. 作为IPO业务在区块链领域的应用,ICO业务存在更大的安全隐患。比如ICO企业严重缺乏透明性,其发展前景很难预测,同时很容易变形为非法集资等非法活动。为此,我国政府在2017年之后严格禁止ICO活动。有些国家对ICO的态度相对温和,英国监管机构为此开发了监管沙盒模型。

思考题

1. 与传统金融业务相比,数字金融业务的风险有哪些特征?
2. 针对数字金融业务监管,我国政府制定了哪些监管法规?
3. 针对数字货币,我国有哪些监管措施?
4. ICO是什么?请简要分析ICO监管的学理基础。
5. 监管沙盒的主要措施有哪些?

主要参考文献

[1] 曹凤岐. 互联网金融对传统金融的挑战[J]. 金融论坛,2015,20(1):3-6+65.

[2] 曹国强. 商业银行转型发展战略选择:"轻资本""轻资产""轻成本"[J]. 银行家,2016(7):32-33.

[3] 曹辉. 网络借贷中大数据征信的应用:背景、实践与展望[J]. 贵州社会科学,2019(10):116-122.

[4] 曹雷. 国际财富管理巨头的数字化转型启示[J]. 中国外汇,2019(24):65-67.

[5] 陈晓红,李杨扬,宋丽洁,等. 数字经济理论体系与研究展望[J]. 管理世界,2022,38(2):208-224+13-16.

[6] 陈勇,杨定平,宋智一. 中国互联网金融研究报告(2015)[M]. 北京:中国经济出版社,2015.

[7] 程婵娟,刘晓锋,李逸飞. 商业银行管理[M]. 北京:科学出版社,2015.

[8] 邓建鹏,马文洁. 大数据时代个人征信市场化的法治路径[J]. 重庆大学学报(社会科学版),2021,27(6):163-176.

[9] 丁晓蔚. 从互联网金融到数字金融:发展态势、特征与理念[J]. 南京大学学报(哲学·人文科学·社会科学),2021,58(6):28-44+162.

[10] 范一飞. 中国法定数字货币的理论依据和架构选择[J]. 中国金融,2016(17):10-12.

[11] 傅昌銮,王玉龙. 数字金融的涵义、特征及发展趋势探析[J]. 产业创新研究,2020(3):51-54.

[12] 管同伟. 金融科技概论[M]. 北京:中国金融出版社,2020.

[13] 何平平,车云月. 大数据金融与征信[M]. 北京:清华大学出版社,2017.

[14] 何平平,车云月. 互联网金融[M]. 北京:清华大学出版社,2017.

[15] 何瑛,杨孟杰,周慧琴. 数字经济时代区块链技术重塑会计学科体系路径[J]. 会计之友,2020(11):153-160.

[16] 胡婕,叶浩. 星展银行数字化转型追踪及启示[J]. 中国银行业,2021(6):79-82.

[17] 黄奇辅,李兹森伯格. 金融经济学基础[M]. 宋逢明,译. 北京:清华大学出版社,2003.

[18] 黄益平,黄卓. 中国的数字金融发展:现在与未来[J]. 经济学(季刊),2018,17(4):1489-1502.

[19] 黄益平,王海明,沈艳,等. 互联网金融12讲[M]. 北京:中国人民大学出版

社,2016.

[20] 黄卓,沈艳.数字金融创新促进高质量经济增长[J].新金融评论,2019(4):108-124.

[21] 黄卓,王海明,沈艳,等.数字金融12讲[M].北京:中国人民大学出版社,2017.

[22] 贾甫,冯科.当金融互联网遇上互联网金融:替代还是融合[J].上海金融,2014(2):30-35+116.

[23] 姜才康,李正.区块链+金融:数字金融新引擎[M].北京:电子工业出版社,2021.

[24] 焦瑾璞,孙天琦,黄亭亭,等.数字货币与普惠金融发展:理论框架、国际实践与监管体系[J].金融监管研究,2015(7):19-35.

[25] 金融科技理论与应用研究小组.金融科技知识图谱[M].北京:中信出版集团,2021.

[26] 孔德超.大数据征信初探:基于个人征信视角[J].现代管理科学,2016(4):39-41.

[27] 黎四奇.社会信用建构:基于大数据征信治理的探究[J].财经法学,2021(4):3-22.

[28] 李红.中美互联网企业商业模式创新比较研究[D].北京:中国科学院研究生院,2011.

[29] 李怀."新经济"的冲击:结构变迁与理论演进[J].经济学动态,2001(2):10-14.

[30] 李建军,朱烨辰.数字货币理论与实践研究进展[J].经济学动态,2017(10):115-127.

[31] 李建军.金融科技理论与实践[M].北京:中国财政经济出版社,2021.

[32] 李三希,王泰茗,武玙璠.数字经济的信息摩擦:信息经济学视角的分析[J].北京交通大学学报(社会科学版),2021,20(4):12-22.

[33] 李文博,孙冬冬,刘红婷.浅谈互联网金融的机遇与挑战[J].商场现代化,2013(20):195.

[34] 李文红,蒋则沈.金融科技(FinTech)发展与监管:一个监管者的视角[J].金融监管研究,2017(3):1-13.

[35] 刘鹏.中国商业银行变革与转型:经济市场化中商业银行的作用与可持续发展[M].北京:中国金融出版社,2014.

[36] 刘伟毅.互联网金融:大数据时代的金融革命[M].北京:中国经济出版社,2014.

[37] 刘晓星.大数据金融[M].北京:清华大学出版社,2018.

[38] 刘春航,廖媛媛,王梦熊,等.金融科技对金融稳定的影响及各国应关注的金融科技监管问题[J].金融监管研究,2017(9):1-20.

[39] 马克思.资本论:第一卷[M].北京:人民出版社,2004:101.

[40] 梅塔,阿加什,底特律.数字货币:货币革命进行时[M].AI人工智能翻译组,译.北京:电子工业出版社,2020:8-24.

[41] 秦荣生,赖家材.金融科技发展应用与安全[M].北京:人民出版社,2020.

[42] 清华大学经济管理学院数字金融资产研究中心.数字金融:未来已来[M].北京:人民日报出版社,2020.

[43] 单建军.征信类数字金融服务模式探析[J].青海金融,2020(3):24-27.

[44] 沈建光,金天,龚谨,等. 产业数字化[M]. 北京:中信出版集团,2020.
[45] 宋涛. 政治经济学教程[M]. 7版. 北京:中国人民大学出版社,2006:40.
[46] 田晓丽,李鹏燕,刘岱. 大数据背景下数字金融信用风险评估与防范[J]. 河北金融,2021(8):20-22+33.
[47] 田中道昭. 新金融帝国[M]. 杨晨,译. 杭州:浙江人民出版社,2020.
[48] 童颖曼. 传统金融机构的互联网金融转型策略:以中国平安为例[D]. 成都:西南财经大学,2016.
[49] 王信,郭冬生. 去现金化的现状及思考[J]. 中国金融,2017(16):31-33.
[50] 王阳雯. FinTech+:金融科技的创新、创业与案例[M]. 北京:经济管理出版社,2018.
[51] 王勇,王蒲生. 大数据征信的隐私风险与应对策略[J]. 自然辩证法研究,2016,32(7):118-122.
[52] 吴飞虹. 大数据应用下商业银行渠道建设转型研究[J]. 金融纵横,2015(8):41-48.
[53] 吴旭莉. 大数据时代的个人信用信息保护:以个人征信制度的完善为契机[J]. 厦门大学学报(哲学社会科学版),2019(1):161-172.
[54] 肖旭,戚聿东. 产业数字化转型的价值维度与理论逻辑[J]. 改革,2019(8):61-70.
[55] 肖子龙. 智能投顾面面观之AI慕课[EB/OL]. (2017-11-13)[2022-04-09]. https://www.jianshu.com/p/437c895794e0?utm_campaign=haruki&utm_content=note&utm_medium=reader_share&utm_source=weixin.
[56] 谢平,石午光. 金融产品货币化的理论探索[J]. 国际金融研究,2016(2):3-10.
[57] 谢平,邹传伟,刘海二. 互联网金融监管的必要性与核心原则[J]. 国际金融研究,2014(8):3-9.
[58] 徐二明,谢广营. 传统金融到互联网金融的制度变迁:相对价格与路径依赖[J]. 经济与管理研究,2016,37(3):38-45.
[59] 薛风召,黄铭. 对直接金融和间接金融的简单比较[J]. 经济研究导刊,2014(12):101-103.
[60] 阎庆民,杨爽. 互联网+银行变革与监管[M]. 北京:中信出版社,2015.
[61] 杨大鹏. 数字产业化的模式与路径研究:以浙江为例[J]. 中共杭州市委党校学报,2019(5):76-82.
[62] 杨越非,侯芳. 智能投顾在中国:直面挑战、把握机遇、决胜未来[R]. 北京:埃森哲研究部,2018.
[63] 姚前,谢华美,刘松灵,等. 征信大数据:理论与实践[M]. 北京:中国金融出版社,2018.
[64] 姚前. 数字货币初探[M]. 北京:中国金融出版社,2018:243-260.
[65] 姚前. 数字货币研究前沿:第一辑[M]. 北京:中国金融出版社,2018:3-16.
[66] 姚前. 央行数字货币研发的观察与思考[J]. 当代金融家,2021(6):117-119.
[67] 易纲,吴有昌. 货币银行学[M]. 上海:格致出版社,2014.

[68] 赫拉利. 人类简史:从动物到上帝[M]. 林俊宏,译. 北京:中信出版社,2017.
[69] 于斌,陈晓华. 金融科技概论[M]. 北京:人民邮电出版社,2017.
[70] 翟相娟. 个人敏感信息法定采集范围之检视:以大数据征信为背景[J]. 首都师范大学学报(社会科学版),2021(1):69-75.
[71] 张冬梅. 产业经济学[M]. 北京:社会科学文献出版社,2013.
[72] 张继强,何颖雯. 从 Betterment 看海外智能投顾行业[R]. 南京:华泰研究,2022.
[73] 张童莲,华立庚,黎文娟. 我国互联网金融可持续发展研究:基于 PEST 分析法[J]. 嘉应学院学报,2015,33(1):38-42.
[74] 张云. 大数据金融[M]. 北京:中国财政经济出版社,2020.
[75] 曾康霖. 怎样看待直接融资与间接融资[J]. 金融研究,1993(10):7-11.
[76] 赵成国,江文歆,庄雷. 区块链数字货币信用创造机制研究:基于货币价值属性视角[J]. 财会月刊,2020(9):156-160.
[77] 周韬雄,蔺钰尧. 美国智能投顾 Betterment 解析:个性化机器人投资顾问[R]. 上海:华鑫证券私募基金研究中心,2020.
[78] 祝合良,王春娟. "双循环"新发展格局战略背景下产业数字化转型:理论与对策[J]. 财贸经济,2021,42(3):14-27.
[79] 王烁,张继伟,霍侃. 专访周小川:央行行长周小川谈人民币汇率改革、宏观审慎政策框架和数字货币[J]. 财新周刊,2016(6):52-61.
[80] BLACK F. Banking and interest rates in a world without Money:the effects of uncontrolled banking[J]. Business Cycles and Equilibrium, Updated Edition, 1970.
[81] COASE R H. The nature of the firm[J]. Economica, 1937, 4(16):386-405.
[82] COWEN T, KROSZNER R. Explorations in the new monetary economics[M]. Oxford:Blackwell, 1994.
[83] DIAMOND P A. Mobility costs, frictional unemployment, and efficiency[J]. Journal of Political Economy, 1981, 89(4):798-812.
[84] D'ACUNTO F, PRABHALA N, Rossi A G. The promises and pitfalls of robo-advising[J]. The Review of Financial Studies, 2019, 32(5):1983-2020.
[85] HICKS J, HICKS J R, JOHN H. A market theory of money[M]. Oxford:Oxford University Press on Demand, 1989.
[86] HOU X, GAO Z, WANG Q. Internet finance development and banking market discipline:evidence from China[J]. Journal of Financial Stability, 2016, 22:88-100.
[87] LAIDLER D. The definition of money:theoretical and empirical problems[J]. Journal of Money, Credit and Banking, 1969, 1(3):508-525.
[88] SCHMIDT C G, WAGNER S M. Blockchain and supply chain relations:a transaction cost theory perspective[J]. Journal of Purchasing and Supply Management, 2019, 25(4):1-13.
[89] STAHL D O. Oligopolistic pricing with sequential consumer search[J]. The

American Economic Review, 1989: 700 - 712.

[90] WHITE L H. Competitive payments systems and the unit of account[J]. The American Economic Review, 1984, 74(4): 699 - 712.

[91] WILLIAMSON O E. Markets and hierarchies: analysis and antitrust implications: a study in the economics of internal organization[J]. University of Illinois at Urbana-Champaign's Academy for Entrepreneurial Leadership Historical Research Reference in Entrepreneurship, 1975.

[92] WOLINSKY A. True monopolistic competition as a result of imperfect information[J]. The Quarterly Journal of Economics, 1986, 101(3): 493 - 511.